MONTBÉLIARD

PENDANT LA GRANDE GUERRE

POUR LA LIBERTÉ DU MONDE

1914-1918

AVEC

LE LIVRE D'OR

DES HÉROS MONTBÉLIARDAIS

LIVRE DES MORTS — LIVRE DES DISPARUS

LIVRE DES PRISONNIERS — LIVRE DES DÉCORÉS

PAR

Julien MAUVEAUX

ARCHIVISTE DE LA VILLE DE MONTBÉLIARD

(Section historique)

Officier de l'Instruction publique

TOME DEUXIÈME

PARIS

LIBRAIRIE HONORÉ CHAMPION

5, Quai Malaquais

1920

MONTBÉLIARD

PENDANT LA GRANDE GUERRE

POUR LA LIBERTÉ DU MONDE

1914-1918

AVEC

LE LIVRE D'OR

DES HÉROS MONTBÉLIARDAIS

MONTBÉLIARD

PENDANT LA GRANDE GUERRE

POUR LA LIBERTÉ DU MONDE

1914-1918

AVEC

LE LIVRE D'OR

DES HÉROS MONTBÉLIARDAIS

LIVRE DES MORTS — LIVRE DES DISPARUS
LIVRE DES PRISONNIERS — LIVRE DES DÉCORÉS

PAR

Julien MAUVEAUX

ARCHIVISTE DE LA VILLE DE MONTBÉLIARD
(Section historique)
Officier de l'Instruction publique

TOME DEUXIÈME

PARIS
LIBRAIRIE HONORÉ CHAMPION
5, Quai Malaquais

1920

PUBLICATIONS DE JULIEN MAUVEAUX

VERS

Les Dolents, sonnets. Paris, Léon Vannier, 1890, épuisé.

Campenottes, poésies montbéliardaises, Montbéliard, Ad. Pétermann 1894, épuisé.

Yang-Ha, poème couronné par la Société dunkerquoise. Besançon, Imprimerie du *Progrès*, 1895, épuisé.

La Mort du comte Etienne, épisode dramatique. Besançon, Imprimerie du *Progrès*, 1899, épuisé.

Les Rescapés, vers de la vingtième année. Besançon, Imp. Millot frères 1918.

PROSE

Phryné. Paris, A. Charles, 1899, épuisé.

La Recherche du père en tant que géniteur. Paris, Marchal et Billard, 1900.

La Reprise, comédie en 1 acte. Besançon, Edit. du *Progrès Comtois*, 1901, épuisé.

Lèvres rouges et balcons fleuris. Paris. Librairie des Contes modernes, 1903, épuisé.

La Libre Pensée en face des dogmes. Paris, Marchal et Billard 1903.

La Conception théologique et la Conception humaine. Paris, Marchal et Billard, 1906.

Contes libres penseurs, préface de Ch. BEAUQUIER. Paris, Schleicher frères, 1908.

L'esprit maçonnique et le monde profane. Montbéliard. Imp. Barbier, 1913.

Diderot, l'encyclopédiste et le penseur. Montbéliard, Imp. Barbier, 1914.

Travaux sur l'Histoire du Comté de Montbéliard

Note sur l'occupation de Montbéliard en janvier 1699. Montbéliard, 1902.

Rixes entre Montbéliard et Héricourt, à la fin du XVIIIe siècle. Montbéliard, 1903.

Le Service des incendies dans la ville de Montbéliard depuis le XIIIe siècle. Montbéliard, 1905.

Hugues Bois de Chesne, poète et chroniqueur montbéliardais (1586-1671). Montbéliard. 1906.

La Poste montbéliardaise aux XVIIe et XVIIIe siècles. Montbéliard 1907.

Inventaire sommaire des archives communales et hospitalières de la ville de Montbéliard, antérieures à 1793 (collection publiée sous la direction du Ministre de l'Instruction publique). Montbéliard, 1910.

Une Montbéliardaise en condition, 2e partie du XVIIIe siècle. Montbéliard, 1912.

Armorial du comté de Montbéliard et des seigneuries, avec 100 armoiries en couleurs. Montbéliard, 1913.

Le Fonds Beurnier aux Archives communales de Montbéliard. Paris, Honoré Champion, 1919.

Montbéliard pendant la Grande Guerre 1914-1918 et le Livre d'Or des Héros montbéliardais. Paris, Honoré Champion, 1926.

A la même librairie Champion
(En collaboration avec M. Léon NARDIN)

Histoire des corporations d'arts et métiers des ville et comté de Montbéliard et des seigneuries en dépendant, avec une planche de sceaux. Paris, 1900, 2 vol. in-8°, 510 et 276 pp.

Archives et archivistes de la principauté de Montbéliard. Paris, 1918.

A l'impression

Le colonel Berdot (1749-1825), au service du Danemark, de la Prusse, de la Hesse et de l'Angleterre (campagnes d'Amérique : 1776-1781) ; au service de la France et de la République (campagnes aux armées du Rhin, de la Moselle et de Sambre et Meuse : 1792-1794).

En préparation

Après les gémissements de Pascal.

LA RÉPERCUSSION
DE LA GUERRE
SUR LA COMMUNE

LIVRE PREMIER

ORGANISATION DE LA COMMUNE

CHAPITRE PREMIER

L'ORGANE EXÉCUTIF. — L'ORGANE DÉLIBÉRANT

I. *L'organe exécutif.*

Maire et adjoints. — § 1. Rapports avec le Pouvoir central. — § 2. Rapports avec l'autorité militaire. (Commandement de la 7e région. — Gouvernement de Belfort. — Direction des Etapes de la VIIe armée.— Commandement d'Etapes. — Service de l'Intendance. — Recrutement. — Commandants de la Place de Montbéliard. — Commissaires militaires de la gare. — Service des voies de communication. — Gouverneurs des forts et troupes de passage.)

II. *L'organe délibérant.*

Conseillers municipaux. — Membres mobilisés. — Décès. — Séances de l'assemblée communale.

I. L'ORGANE EXÉCUTIF

Maire et adjoints

La municipalité élue en 1912 se composait de : MM. Gustave Ulmann, maire, Henri Caillods, premier adjoint et Ernest Schwander, deuxième adjoint.

Aux maires incombaient toutes les charges, toutes les réalisations *pratiques* qui découlaient des lois et règlements concernant les réquisitions, le logement et le cantonnement des troupes, le recrutement, les laisser-passer, les étrangers, les réfugiés, les allocations, le ravitaillement, les journées patriotiques, les questions agricoles, etc... Leur tâche, déjà si compliquée en temps de paix et qu'il leur fallut poursuivre avec un personnel de fortune s'augmenta d'attributions dont la multiplicité tous les jours accrue rendrait fastidieux le dénombrement. A côté de la besogne matérielle qui est considérable et dont nous avons essayé de donner un aperçu dans notre chapitre : A l'hôtel de ville, les maires ont une mission morale à remplir. Chaque commune de France, depuis la guerre, ne forme qu'une seule famille et le maire partout est devenu le père de ses administrés. C'est vers lui que chacun se tourne, c'est de lui qu'on attend, comme d'une providence, la solution de tous les problèmes, de toutes les difficultés... L'espèce de pouvoir magique que lui prête l'espérance populaire se retourne contre lui. Dans le champ du possible, son action a vite fait de rencontrer des bornes, et on ne lui pardonne pas ses limites.

Le maire reçoit les demandes, les réclamations, les plaintes à la mairie, chez lui, dans la rue. Il fait la guerre aux pessimistes, il secoue, il invigore les faibles, il protège les âmes contre le découragement ; il « *tient* » et autour de lui, il fait « *tenir* ». Il calme, il console, il pacifie. Il rappelle leurs devoirs à celles qui sont sur le point de l'oublier. Pour la collectivité, pour la patrie, il exhorte, il commande ; souvent il prie. Il est le bon berger qui doit conduire son troupeau hors de la tourmente.

M. le maire Gustave Ulmann réunissait les qualités d'intelligence et de cœur, les vertus morales qu'exigeait un pareil rôle dans une ville de l'importance de la nôtre, placée dès le début dans la zone des armées combattantes. Il avait l'expérience des hommes et des choses ; il connaissait les affaires et les âmes. Le commerce et l'industrie sont la pépinière des plus fins psychologues. Devenu sceptique, il était demeuré enthousiaste. Il était juste et parternel ; il était ferme et il était bon.

De toutes les missions incombant aux municipalités, la plus douloureuse consistait à annoncer aux familles le décès des leurs, tués à l'ennemi ou morts dans les hôpitaux.

Cet office suprême, il ne voulut confier à personne le soin cruel de le remplir. Il se fit l'annonciateur des tristes nouvelles. Quand il entrait dans une maison, tout le monde se mettait à sangloter. Il serrait les mains, il trouvait des paroles de sympathie, de réconfort et de relèvement appropriées à chaque infortune. Plus de quatre cents montbéliardais ont succombé, pendant la grande guerre pour la défense de la patrie et de la civilisation. M. Gustave Ulmann a été mêlé aux douleurs de toutes ces familles ; il a bu l'amertume de toutes ces larmes, fatale rançon de la victoire (1).

MM. les adjoints Henri Caillods et Ernest Schwander partagèrent avec les conseillers municipaux, appelés à les substituer en cas d'absence ou d'empêchement (2), la lourde charge de la mairie pendant les hostilités.

Dès le début, pour les distinguer des autres pièces administratives, la mairie marqua les papiers relatifs à la guerre, d'un timbre spécial au millésime de 1914. Elle dut créer de nouveaux timbres en 1915, 1916 et 1917, et un cinquième hélas, pour 1918.

Voici les fac-similé de ces empreintes.

(1) Dans la séance du 25 novembre 1919, le conseil rendit pleine justice au *Maire de la grande guerre*, en votant à l'unanimité la motion suivante, qui avait été déposée sur le bureau par M. le conseiller Edouard Bruat, au nom de ses collègues :

« Le conseil municipal,

« Se faisant l'interprète de la population montbéliardaise,

« Considérant avec quel dévouement, quel sentiment de la justice et quelle paternelle bonté, le premier magistrat de la cité s'est acquitté, pendant l'affreuse guerre, de sa lourde et pénible charge de maire,

« Adresse à M. Gustave ULMANN, l'expression de sa reconnaissance.

« *Il a bien mérité de la ville de Montbéliard.* »

Les Montbéliardais, aux élections municipales du 30 novembre 1919, ont ratifié cet hommage par 1016 suffrages sur 1461 voix exprimées. M. Ulmann a été réélu maire, le 12 décembre suivant, par 21 suffrages sur 22 voix exprimées.

(2) Notamment MM. Bruat et Walter (travaux et voirie), Bruot (état-civil), Schindler (questions agricoles).

§ 1. — Rapports avec le pouvoir central

Au moment où éclata la guerre, la préfecture du Doubs avait à sa tête depuis plusieurs années, M. Albert Milleteau, administrateur émérite, qui, à la bienveillance, joignait la fermeté. En août 1918, M. Pugeault lui succéda. Ce dernier mourut en mars, l'année suivante, et fut remplacé par M. Bacou.

L'agent du pouvoir central à Montbéliard était M. Gustave Graux, fils de l'ancien préfet du Doubs, mais il était à la veille de nous quitter.

M. Graux, qui, par ses connaissances administratives, l'aménité de son caractère et la sincérité de ses sentiments démocratiques, s'était acquis tant d'autorité et de sympathie comme sous-préfet de Montbéliard, avait été nommé, au commencement de juillet 1914, chef adjoint au secrétariat d'Etat au ministère de l'Intérieur.

Après avoir vécu les premiers jours d'angoisse de la mobilisation au milieu des Montbéliardais, M. Graux remit ses services le 4 août, à M. Langeron, secrétaire général du Doubs, ancien chef de cabinet du ministre du Travail, qui, nommé à la sous-préfecture de Montbéliard par décret du 15 juillet 1914, venait d'être installé dans ses fonctions.

Avant de rejoindre son régiment, M. Graux adressa une circulaire aux maires pour les prier de reporter sur son successeur la confiance et l'amitié qu'ils lui témoignaient (1).

M. Langeron qui n'était pas un inconnu pour les magistrats municipaux de notre arrondissement puisqu'il avait été déjà en relations avec eux comme secrétaire général à Besançon, ne pouvait se présenter sous de meilleurs auspices.

Le gouvernement, du reste, avait eu la main heureuse dans son choix. Très affable, grand travailleur, le nouveau sous-préfet prenait possession de son poste au moment où commençait d'échoir à son administration une énorme besogne. Pendant les trois années qu'il resta au milieu de nous, il remplit ses fonctions avec un tact parfait, une activité et un dévouement que rien ne rebutait et qui surent venir à bout de toutes les difficultés.

Appelé par le gouvernement au poste d'honneur de Lunéville, M. Langeron nous quitta fin juillet 1917 (1). Il fut remplacé par M. Delaporte, secrétaire général du Cher, dont nous ne tardâmes point à apprécier l'affabilité exquise, la haute culture, tout le dévouement et le cœur.

M. Emile Perrenot, secrétaire en chef de la sous-préfecture et M. Louis Quidort, aidés d'un personnel zélé de volontaires, furent les précieux collaborateurs des sous-préfets de Montbéliard dans la dure période des cinq années de guerre.

§ 2. — Rapports avec l'autorité militaire

La municipalité fut appelée à entretenir de nombreux rapports avec les autorités militaires régionales et locales, permanentes ou momentanées. Nous allons passer en revue celles-ci sommairement.

---

(1) M. Graux, soldat au 27e régiment d'infanterie, fut blessé grièvement à l'Hartmannswillerkopf en août 1915.

(2) Le *Journal Officiel* du 1er janvier 1919, a porté à la connaissance du pays la belle conduite de M. Langeron, sous-préfet de Lunéville, « les qualités particulières de sang-froid » qu'il a témoignées en « dirigeant dans des conditions difficiles et dangereuses les évacuations de divers villages bombardés par obus à gaz toxiques ». Il a été nommé depuis chevalier de la Légion d'honneur et administrateur du Territoire de Belfort.

Commandement de la 7ᵉ Région. — De juillet 1914 à 1919, le commandement de la 7ᵉ région fut exercé par les généraux Brochin, Ferry, Vidal et Delétoille.

Gouvernement militaire de Belfort. — La Place de Montbéliard faisait partie du gouvernement militaire de Belfort, qui eut à sa tête le général de division Thevenet, jusqu'au 15 août 1915.

A cette date, le général de brigade Lecomte, commande provisoirement la Place de Belfort. Le 20 août, le général de division Chatelain a pris ce commandement.

Fin août, le général de division Demange commande .a région fortifiée de Belfort (la R. F. B.).

Direction des Etapes de la VIIᵉ armée ou D. E. S. — En novembre, le général de division Chatelain, qui le 8 commande la R. F. B., prend le 20 le titre de commandant du groupement de Belfort. Montbéliard, après avoir dépendu du territoire de la R. F. B., relève dorénavant, par suite des nouvelles limites données à celle-ci, du général directeur des étapes et services (D. E. S.) de la VIIᵉ armée, lequel eut son quartier général à Remiremont (1), puis à Lure.

Commandement d'Etapes de la VIIᵉ armée. — Le commandement d'Etapes de la VIIᵉ armée s'installa en notre ville le 19 mars 1916, dans les anciens locaux de la banque Louis Morel, place St-Martin. Le lendemain, à midi, il accrocha un écriteau à la porte dés bureaux et arbora un drapeau tricolore qui fit face au fanion rouge-blanc-rouge du général commandant la 88ᵉ division logé, commé les divisionnaires précédents, dans la maison Rossel-Marti, à l'entrée de la rue d'Héricourt.

Le commandement d'étapes comprenait : un commandant, M. le chef de bataillon Lecomte, 4 officiers, 3 sous-officiers et 100 hommes.

L'administration communale fut surtout en rapport avec le capitaine Dierstein, officier aimable et bienveillant.

---

(1) La VIIᵉ armée fut commandée successivement par les généraux de Maud'huy (avril 1915), de Villaret (1915-16), Debeney (déc. 1916 à juillet 1917), de Boissoudy, etc.

Le commandant Lecomte fut remplacé en décembre 1916 par le commandant Derche auquel succéda en janvier 1918, le colonel Hepp.

Service de l'Intendance. — L'Intendant général de Besançon, était M. Dubos.

Au sous-intendant Vernay, chef en 1914 des services administratifs de la 1re sous-intendance militaire de la Place de Belfort, succédèrent, en 1915, le lieutenant-colonel Bracq, puis le commandant Mansion, enfin en juin 1917, le capitaine Torau-Bayle.

Bureau de recrutement de Belfort. — Le bureau de recrutement de Belfort, transféré à Vesoul et ensuite à Clermont-Ferrand à raison de la guerre, fut réinstallé à Belfort le 7 août 1915.

Le commandant Tinel ayant été promu lieutenant-colonel en 1915, le chef de bataillon L'Ecallarot fut nommé au commandement du bureau.

Commandants de la Place de Montbéliard. — Le commandement de la place de Montbéliard était exercé, conformément aux règlements militaires, par l'officier le plus élevé en grade, présent dans la place.

Au début de la mobilisation, le capitaine Jaugey, commandant le 15e bataillon de chasseurs à pied, qui fut tué à l'ennemi, exerça ce commandement. En avril 1916, le lieutenant-colonel du génie Chambeau était commandant d'armes. Le commandement de la place passa en juillet 1916, au lieutenant-colonel d'artillerie Louvot, puis à son départ, au commandant Derche ; enfin, en 1918, au colonel Hepp, commandant d'Etapes comme le précédent.

Commissaires militaires de la gare. — Le commandant de cavalerie Maillard remplit les fonctions de commissaire militaire du 2 août 1914 au 31 octobre 1915. Le commandant Dalloz qu'il remplaça à la gare de Morvillars lui succéda à partir du 1er novembre 1915.

Le capitaine Schneegans, arrivé en même temps que le commandant Maillard, avait quitté la gare au commencement de 1915.

Au commandant Dalloz succédèrent en novembre 1916, le capitaine Melard ; en 1917, les capitaines Colle, Raffour et Parel ; en 1918, les capitaines Foriasky et Fernique ; en 1919, le capitaine Foriasky déjà cité.

Service des voies de communication. — Le capitaine Blanck du 49e régiment d'infanterie territoriale, commanda le service des voies de communication à partir de la mobilisation jusqu'à fin juillet 1916. Le poste 1, groupe 1 de la section A de Belfort des gardes des voies, était composé de 40 hommes environ. Il fut installé dans les premiers jours de la mobilisation à l'usine J.-Ch. Goguel, où il demeura jusqu'au 1er août 1915. A partir de cette date jusqu'au 4 novembre, le poste fut établi salle Tivoli, avenue Carnot, ensuite dans un local de M. Philippe Faivre, même avenue. Il assura la garde des ouvrages du chemin de fer jusqu'à novembre 1918.

Gouverneurs des forts et troupes de passage. — Enfin la municipalité eut des relations nombreuses avec les gouverneurs des forts de la Chaux et du Mont-Bart, les commandants des troupes de passage et notamment les généraux commandant les divisions qui vinrent se reconstituer et prendre du repos à Montbéliard (1).

II. — L'ORGANE DÉLIBÉRANT

Le Conseil municipal qui siégeait à l'hôtel de ville de Montbéliard à la déclaration de guerre avait été élu en mai 1912.

Il se composait (2), sans parler de la municipalité, de MM. Georges Bernard, Henri Coulon, Daniel Schindler, Emile Roméis, Georges Bedeville, Charles L'Epée, Gaston Dorland, Charles Faivre, Emile Gret, Charles Bruot, Charles Walter, Jules-Louis Guillot, René Mégnin, Charles Hufflen,

---

(1) Pour les Forts, voir : LA DÉFENSE NATIONALE, première partie, livre III, chap. 2 ; pour les divisions de passage, voir même partie, livre I, chap. 3.

(2) M. Henri Faivre avait démissionné en 1912.

Charles Sittler, Jules Dormois, Edouard Bruat, Edouard Begin, Joseph Graber.

Neuf membres du conseil, — dont huit dès les premiers jours, — furent mobilisés et prirent part à la campagne. Ce sont MM. Georges Bernard, infirmier à la 7e section à Belfort : Emile Roméis, cycliste au 49e régiment d'infanterie territoriale ; Gaston Dorland, soldat au 7e escadron du train des équipages ; Charles Walter, chef de bataillon au 50e régiment d'infanterie territoriale ; René Mégnin, sergent au 15e bataillon de chasseurs à pied ; Jules Dormois, brancardier au 35e régiment d'infanterie ; Joseph Graber, caporal au 49e régiment d'infanterie territoriale ; Charles L'Epée, soldat au même régiment, incorporé en décembre 1914.

M. Georges Bernard et M. Charles Walter, rentrés dans leurs foyers, participèrent de nouveau à l'administration communale, le premier à partir de mars, le second à partir de juin 1915. M. Walter, pour sa belle conduite aux armées avait été nommé chevalier de la légion d'honneur en 1915.

M. Joseph Graber reprit place au Conseil en 1918 ; ses collègues en 1919.

Pendant la durée de la guerre, l'assemblée communale perdit cinq de ses membres.

M. Guillot, capitaine commandant la 13e Cie du 51e régiment territorial, décéda à Peigney (Hte-Marne, le 15 janvier 1916. Bon, paternel dans le service, il était fort aimé de ses hommes. Au conseil municipal, dans les diverses commissions, il avait mis tout son dévouement au service de la ville de Montbéliard.

En 1918, le Conseil perdit MM. Emile Gret, Daniel Schindler et Joseph Graber. M. Gret faisait partie depuis plus de vingt ans de l'assemblée communale où il jouissait d'une légitime autorité. MM. Schindler et Graber furent pendant la guerre des conseillers précieux pour l'administration communale dans les questions agricoles.

En 1919, il perdit encore M. Charles Hufflen, ébéniste habile ayant suivi les traces des Carlin et des Couleru ; il concourut avec dévouement, dans les premiers jours de la guerre, au ravitailement de la population.

Malgré la mobilisation d'une partie de ses membres, le Conseil municipal devait, pour délibérer valablement, réunir le quorum prévu par la loi municipale. Aux termes de la loi du 5 juin 1915, les conseillers mobilisés ne furent plus comptés désormais parmi les membres en exercice pour 'e calcul de la majorité.

Le Conseil municipal se réunit pendant la durée de la guerre dans le cabinet du maire : la chambre du conseil, affectée d'abord au bureau des réquisitions, avait été utilisée ensuite comme salle de classe par le collège Cuvier, puis employée à d'autres services.

Il tint depuis la guerre : 5 séances en 1914 ; 12 en 1915 ; 12 en 1916 ; 8 en 1917 et 10 en 1918.

CHAPITRE II

LES AGENTS COMMUNAUX

Bureaux de la mairie. — Architecture et Voirie. — Octroi. — Police.— Abattoir. — Recette municipale. — Affichage et publications municipales. — Amélioration de la situation du personnel communal.

Bureaux de la mairie. — Les trois-cinquièmes du personnel de la mairie furent atteints par la mobilisation.

M. Pierre Dorian se rendit à la 7ᵉ section des Commis Ouvriers d'administration, à Belfort ; M. Louis Meyer fut versé au 49ᵉ régiment territorial d'infanterie ; M. Léopold Tabourey, comme maréchal-des-logis, rejoignit le 9ᵉ régiment d'artillerie à pied.

M. Jean Fuhrer, par son âge, n'était pas encore soumis aux obligations militaires. M. Julien Mauveaux, qui appartenait à la réserve de l'armée territoriale, était classé à raison de ses fonctions de secrétaire de la mairie dans la non-disponibilité, position où il fut maintenu par la loi Dalbiez.

Nous avons examiné ailleurs le fonctionnement des nombreux services créés par la guerre à l'hôtel de ville (1). Nous n'y reviendrons pas.

Jusqu'en juillet 1915, les deux agents communaux étaient secondés dans la besogne de la mairie proprement dite par MM. Charles Corne, Edouard Lévy, Robert et Henri Jeangirard.

Mais M. Lévy contracta un engagement militaire et MM. Jeangirard reprirent la continuation de leurs études.

Le personnel ne comptait plus, fin juillet, que trois personnes. Mlle Marie Favre-Danne entra à cette date dans les bureaux. En 1916, Mlle Yvonne Bermyn, en 1918, Mlle Marie-Louise Faivre furent nommées également employées auxiliaires. Toutes trois remplirent leurs fonctions avec exactitude, zèle et dévouement, jusqu'à la rentrée, en 1919, du personnel mobilisé.

Jeune, intelligent, actif, d'un dévouement à toute épreuve, M. Jean Fuhrer (2) a fourni pendant les longues années de cette terrible guerre, une somme énorme de travail à laquelle c'est une joie pour nous de rendre publiquement hommage. En 1918, il fut nommé secrétaire général de la mairie en remplacement de M. Mauveaux, nommé receveur municipal.

M. Charles Corne (3), employé bénévole entré à la mairie avec la guerre et qui s'était promis de n'en sortir qu'avec la paix, mérite aussi par les services désintéressés qu'il a rendus à notre ville, la reconnaissance de nos concitoyens.

Nous qui les avons vus à l'œuvre l'un et l'autre, nous éprouvons pour ces deux bons citoyens le même sentiment d'estime, de gratitude et d'affection. Les années 1914-1918 ont attaché les cœurs par des liens que la mort seulement pourra rompre.

M. Louis Meyer, promu caporal, qui avait eu une jambe brisée en Alsace, fut renvoyé chez lui en congé temporaire fin février 1916. Il rentra pendant sa convalescence dans les bureaux de la mairie où il fut maintenu et assura avec un grand dévouement le service de la comptabilité et des laisser-passer.

---

(1) Voir : *La Guerre.* IV. A l'hôtel de ville.

(2) M. Fuhrer, de la classe 1915, ajourné les 31 oc. 1914, 15 mai 1915, 18 juin 1916, 19 mai 1917, fut réformé en 1918.

(3) M. Corne, en 1919, est entré définitivement dans le personnel de la mairie.

2*

Architecture et Voirie. — M. Victor Villeval, agent du service vicinal, allait occuper le poste d'architecte-voyer de la ville devenu vacant par la démission de M. Marlier, son titulaire, lorsqu'il fut mobilisé comme soldat au 332° régiment d'infanterie.

Blessé le 30 octobre 1914 au combat de Vailly, il fut porté comme disparu.

M. André Barré, dessinateur, ajourné de la classe 1914, assura la marche des services jusqu'en août 1916, époque où il fut incorporé au 7° régiment du génie. M. Louis Pitey, caporal au 69° régiment d'infanterie, qui avait été grièvement blèssé sur le front, occupa ensuite ces fonctions.

Trois agents avaient été rappelés sous les drapeaux. Ce sont : MM. Séverin Verdy, cantonnier-chef, soldat au 49° régiment d'infanterie territoriale ; Emile Guigon, mécanicien du service des eaux, soldat au 9° régiment d'artillerie ; Gaston Fuhrer, aide-mécanicien, brigadier au 47° régiment d'artillerie.

Octroi. — Le service de l'octroi dirigé avec tant de compétence par M. Damann, contrôleur des contributions indirectes, son préposé en chef, perdit un seul agent par la mobilisation : M. Emile Coulon, soldat au 235° R. I., qui, pendant vingt mois, prit part aux opérations militaires en Orient et ne rentra dans le service qu'en janvier 1919.

Police. — La police municipale fut surtout éprouvée. M. Félix Siess, commissaire, fut privé du concours de son brigadier et de cinq agents.

Plus loin, au chapitre : *Paix publique,* nous parlerons des gardés civils et des agents de police auxiliaires qui furent appelés à remplacer le personnel mobilisé.

M. Siess, qui s'était acquitté avec tact et dévouement de fonctions devenues particulièrement délicates et difficiles dans une ville frontière de la zone des armées, fut nommé commissaire spécial en mars 1917. M. Ramel lui succéda. Il demeura quelques mois seulement parmi nous. M. Paul Bourcevet (sous-lieutenant au 54° R. I., décoré de la médaille militaire et de la croix de guerre), prit la direction du commissariat en juillet 1917.

Abattoir. — Nos deux inspecteurs-vétérinaires rejoignirent les armées ; M. Ernest Barrillot, comme médecin-vétérinaire au 47e régiment d'artillerie ; M. Henri Carray, comme vétérinaire aide-major de 2e classe de réserve au 7e escadron du train.

Recette municipale. — Notre receveur M. Henri Caillods avait un employé, M. Georges Thierry, qui fut mobilisé tout de suite au 35e régiment de ligne.

Après son départ, M. Georges Bédeville apporta une collaboration dévouée à notre receveur dans les opérations de la Recette.

M. Henri Caillods — ce grand coeur et cet homme de bien — décéda en janvier 1918, regretté par toute la population qui lui fit des funérailles imposantes.

Par décret du Président de la République du 4 mars, M. Julien Mauveaux fut nommé receveur municipal en remplacement du défunt.

Affichage et publications municipales. — L'appariteur de la ville, M. Auguste Berner, incorporé au 47e régiment d'artillerie, comme maréchal des logis, décéda sous les drapeaux, à Besançon, le 11 février 1915.

Son fils, nommé aux mêmes fonctions, ayant été mobilisé à son tour, Mme Berner mère, continua le service d'affichage ; M. Henri Helfer, puis M. Lambelet, garde-champêtre, assurèrent le service des publications de la mairie pour la partie de la ville sise à l'ouest de la voie ferrée.

Le jeune Michel-Etienne Mauveaux (1), alors âgé de 10 ans, assura lui-même bénévolement, ces publications dans le quartier de la Prairie dès les premiers jours d'août 1914 jusqu'à la signature de la paix (28 juin 1919).

Le nombre des agents communaux mobilisés (Recette municipale et Hôpital mis à part), s'élève à 20, soit à peu près moitié de l'effectif d'avant guerre.

––––––––––

(1) Un tambour d'honneur lui avait été voté par le conseil municipal dans sa séance du 15 octobre 1918. Ce fut sur cette petite caisse que le 24 juin 1919, il battit partout en ville la victoire.

Amélioration de la situation du personnel communal·

La municipalité et le conseil municipal pendant la guerre donnèrent plus d'une fois au personnel communal des marques de leur sollicitude.

Pendant toute la durée des hostillités, les employés communaux mobilisés reçurent mensuellement leur traitement.

Le réglement d'une caisse de retraites pour les employés de l'administration communale et de l'hôpital, soumis au conseil municipal dans sa séance du 28 septembre 1914 et voté le 13 septembre 1917, fut approuvé par décret du Président de la République du 15 janvier 1918. Ce réglément commença d'entrer en vigueur en 1918.

Tenant compte de la cherté croissante de la vie à Montbéliard, le conseil municipal dans sa séance du 11 avril 1917, améliora la situation des employés titulaires et présents, en leur accordant une indemnité égale à 30 % du salaire jusqu'à 100 francs, avec majoration de 20 et 10 % pour les tranches de 100 à 150 et au-dessus de 150 francs.

Le 13 juin 1918, le conseil municipal éleva le barême à 60, 40 et 20 % et, le 11 décembre de la même année, à 86 % du salaire, dans les limites du maximum légal d'indemnité de cherté de vie.

Par sa délibération du 28 mai 1918, il allouait en outre une indemnité mensuelle de 5 francs par enfant au-dessous de 13 ans.

A partir de février 1919, il étendit aux petits retraités communaux le bénéfice de l'indemnité de cherté de vie.

LIVRE SECOND

LE BUDGET

CHAPITRE PREMIER

FINANCES DE LA VILLE. — LES BUDGETS PENDANT LA GUERRE

La ville de Montbéliard, au point de vue économique, eut à faire face, dès le début de la guerre, à une série de difficultés, conséquence du grand conflit européen.

Elle vit diminuer ses ressources (octroi, abonnements aux eaux, taxes diverses) en même temps que s'accroître, avec le renchérissement considérable de la vie, le montant de ses dépenses (1).

L'examen, au cours de la guerre, de la situation de l'octroi qui constitue le plus clair de ses revenus, permettra au lecteur de se faire une idée, par comparaison, des moins-values que subirent presque tous les articles de recettes du budget.

En 1916, pour subventionner extraordinairement l'hôpital, atteint lui aussi par la cherté de la vie, et pour couvrir son propre déficit, la ville fit un emprunt de 100.000 francs auprès de MM. Robert et Pierre Peugeot et Ch. Surleau (acte du 12 décembre, approuvé le 27).

En 1918, le relèvement des droits d'octroi et des droits de places, le versement par le Trésor public de centimes dont le paiement avait été jusque-là différé, la participation de l'Etat dans le déficit d'octroi résultant de la suppression des alcools, etc., toutes ces causes améliorèrent la situation finan-

---

(1) En 1918, charge supplémentaire pour traitements du personnel : 45046 frs 31.

cière. Il y a lieu cependant de remarquer que cette situation fut parfois délicate et que si notre ville s'est tirée à son honneur des difficultées traversées, ce résultat est dû à un persévérant effort de compression et d'économie au cours des 51 mois de guerre effective.

Le Budget de la ville

Exercice 1914 (1). — Recettes .... 575.610 fr. 50
Dépenses .... 547.554 fr. 93
Excédant de recette..... 28.055 fr. 57

Le résultat définitif de l'exercice 1913 ayant présenté un excédent de recette de ...... 41.233 fr. 38
Le résultat définitif de l'exercice 1914 est un excédent de recette de .... 69.288 fr. 95

Exercice 1915. — Recettes .... 461.863 fr. 39
Dépenses .. .. 478.192 fr. 34
Excédent de dépense...... 16.328 fr. 95

Le résultat définitif de l'exercice 1914 ayant présenté un excédent de recette de ...... 69.288 fr. 95
Le résultat définitif de l'exercice 1915 est un excédent de recette de .... 52.960 fr. 00

Exercice 1916. — Recettes .... 555.904 fr. 71
Dépenses . ... 521.120 fr. 38
Excédent de recette .... 34.784 fr. 33

Le résultat définitif de l'exercice 1915 ayant présenté un excédent de recette de ...... 52.960 fr. 00
Le résultat définitif de l'exercice 1916 est un excédent de recette de .... 87.744 fr. 33

---

(1) Les recettes en 1913 s'étaient élevées à 687.775 frs 17, les dépenses à 685.284 frs 75. A partir de juillet 1914, les recettes fléchissent ; pour maintenir l'équilibre on n'engage plus que les dépenses strictement indispensables.

Les moins-values d'octroi par rapport à 1913 sont : en 1914, de 27.000 francs en chiffres ronds ; en 1915, de 64.000 fr. ; en 1916, de 53.000 ; en 1917, de 30.000 ; et en 1918, de 17.600.

Exercice 1917. — Recettes .... 475.847 fr. 51
Dépenses .. .. 504.038 fr. 21
Excédent de dépense ... 28.130 fr. 70
Le résultat définitif de l'exercice 1916 ayant
présenté un excédent de recette de .... 87.744 fr. 33
Le résultat définitif de l'exercice 1917 est un
excédent de recette de .... 59.613 fr. 63

Exercice 1918. — Recettes .... 723.247 fr. 06
Dépenses .. .. 678.865 fr. 84
Excédent de recette .... 44.381 fr. 22
Le résultat définitif de l'exercice 1917 ayant
présenté un excédent de recette de .... 59.613 fr. 63
Le résultat définitif de l'exercice 1918 est un
excédent de recette de .... 103.994 fr. 85

<hr>

CHAPITRE II

SERVICES COMMUNAUX AFFÉRENTS AUX RECETTES

Principales recettes en dehors de l'octroi

Les *droits de places* qui produisaient 12.780 fr. en 1913, s'abaissent à partir de 1915 (6.507, 6.659 et 6.339 fr.). Avec le relèvement des tarifs, ils remontent à 8775 fr. en 1918.

Les *abonnements aux eaux* (24.611 fr. en 1913) s'abaissent à 19.651 en 1916 pour se relever en 1918 à 21.817 fr.

Les *taxes d'abatage* (8765 fr. en 1913) descendent à 6759 et 6771 fr. en 1914-15. Elles se relèvent ensuite : 7333 fr. pour 1916, 9188 fr. pour 1917, 8593 pour 1918.

Les *revenus des biens communaux et ruraux* (14.763 fr. en 1913), fléchissent à 9173 fr. en 1916 pour remonter à 11.557 fr. en 1918.

La *redevance* de 1 centime par mc. payée à la ville par la société d'éclairage (5669 fr. en 1913), se maintient en 1914 et 1915, passe à 6098 en 1916, s'abaisse à 5195 en 1917 (restrictions dans l'éclairage) pour atteindre 6378 fr. en 1918.

Centimes. Les différents centimes ordinaires et extraordinaires donnent à partir de 1914, une plus-value.

En 1918, la quote-part dans le produit des patentes (3324 fr. en 1913) s'élève à 6531 fr. ; les 5 centimes additionnels ordinaires (2181 fr. en 1913) produisent 3090 fr. ; les 5 centimes pour la vicinalité (4.902 fr. en 1913) passent à 7.825 fr.; les 4 centimes pour gardes-champêtres (3922 fr. en 1913), apportent 6214 fr. ; les 50 centimes ½ additionnels pour insuffisance de revenus (43.144 en 1913), atteignent 78.459 fr., soit une augmentation voisine du double.

D'autre part, les recettes extraordinaires (61.624 fr. en 1913) suivent à peu près une semblable progression ; elles s'élèvent en 1918 à 93.479 fr. contre 66.718 fr. de dépenses.

Cette plus-value des centimes tant ordinaires qu'extraordinaires a compensé heureusement la diminution des recettes communales ; elle a permis à la ville, avec la subvention de l'Etat pour dépenses supplémentaires d'administration et quelques autres recettes extraordinaires, de supporter jusqu'ici les charges croissantes résultant pour elle et ses autres établissements, de l'augmentation du prix de la vie, en hausse encore en 1920.

Octroi de la ville

Année 1914. — Les recettes de l'octroi pour 1914, (129.476 frs, 36) présentent une diminution de 27093 frs, 71 par rapport aux recettes de 1913 (156.570 frs, 07).

La guerre est venue brusquement tarir la principale source des revenus communaux, source qui s'accroissait annuellement depuis 1911.

En fin juillet, à la veille des hostilités, la situation était cependant excellente. Les recouvrements à cette date présentaient une plus-value de 6664 frs, 27, sur la même période de 1913, année qui elle-même avait produit une plus-value sur 1912 de 18.305 fr. 70. Les cinq derniers mois de 1914, suffirent à nous ramener trois années en arrière au chiffre des produits de 1911, privant notre budget de 12.523 frs de ressources escomptées.

Les causes de la diminution de recettes constatée en 1914 proviennent du ralentissement dans la consommation des denrées par suite du départ de la garnison, du départ aussi de nombreux contribuables mobilisés ou ayant choisi une autre résidence ; de la diminution des ressources des habitants résultant de l'arrêt des affaires, d'où restriction volontaire de la consommation ; de l'arrêt des constructions immobilières ; de la réquisition enfin des chevaux et des automobiles.

1° *Boissons*. — Diminution de 9802 frs, 07.

2° *Comestibles*. — Diminution de 7834 frs, 44. Elle atteint surtout le bœuf, le porc, le lapin, le gibier (dont la chasse est interdite), les poissons et les conserves.

3° *Combustibles*. — Diminution de 1559 frs, 49. Elle affecte notamment le bois de chauffage et les essences (nombreuses automobiles réquisitionnées).

4° *Fourrages*. — Diminution de 1461 frs, 98 résultant de la réquisition des chevaux.

5° *Matériaux*. — Diminution de 5344 frs, 61. Il y a, depuis juillet, un arrêt complet dans la construction.

6° *Objets divers*. — Diminution de 1.091 frs 12.

Année 1915. — Les recettes de l'octroi en 1915 (92.336 frs. 02 présentent une diminution de 37.140 frs, 34 par rapport aux recettes de 1914 qui elles-mêmes accusaient déjà une moins-value de 27.093 frs, 71 par rapport aux recettes de 1913. La différence entre les prévisions de recettes d'octroi (154.000 frs) inscrites au budget de la ville pour 1915, et le montant des recettes d'octroi effectuées s'élève à la somme de : 61.663 frs, 98. Déficit considérable prévu dès la fin de 1914 et auquel l'administration n'a pu faire face qu'au moyen d'un effort correspondant de compression et d'économie dans les dépenses.

La moins-value porte sur l'ensemble des produits imposés. Les causes sont les mêmes qu'en 1914. Les mesures militaires prises en vue de restreindre la consommation des spiritueux dans la zone des armées privent également la ville de ressources importantes. La hausse croissante des denrées et la di-

_minution des ressources des habitants ont pour conséquence une restriction de la consommation des objets taxés.

On remarque cependant un relèvement sur les produits des derniers mois. Les transactions commerciales reprennent quelque activité grâce à la présence des unités qui séjournent à Montbéliard et au retour de mobilisés détachés dans les usines travaillant pour la défense nationale.

1° *Boissons.* — Diminution de 10.791 frs. 21 (notamment alcool, 5981 frs. 68 ; bière, 5978 frs. 65). Au contraire, un bénéfice de 1246 frs. 21 est réalisé sur les vins. La suppression de l'alcool favorise la consommation de cette dernière boisson, malgré son prix élevé et croissant.

2° *Comestibles.* — Diminution de 8045 frs. 54, portant sur tous les articles et atteignant particulièrement : boeuf, porc, lapins, poulets, poissons et fromages.

3° *Combustibles.* — Diminution de 2085 frs. 64. Elle porte notamment sur les huiles minérales (— 1100 frs.) dont la consommation a beaucoup faibli en raison de la réquisition des automobiles et du développement de l'usage du gaz pour l'éclairage et le chauffage.

4° *Fourrages.* — Diminution de 2584 frs. 03, qu'explique la diminution du nombre des chevaux.

5° *Matériaux.* — Diminution de 13.740 fr. 56.
La construction est pour ainsi dire nulle en 1915.

6° *Objets divers.* — Augmentation de 106 fr. 64.
Cette plus-value est fournie par le savon commun (530 fr. d'augmentation) et semble devoir être attribuée aux envois faits sur le front.

Année 1916. — Les recettes de l'octroi en 1916 s'élèvent à 103.134 fr. 79, soit une augmentation de 10.798 fr. 77 par rapport à 1915, une moins value de 26.341 fr. 57 par rapport à 1914 et une moins value de 53.435 fr. 28 par rapport à 1913. Les prévisions de recettes inscrites au budget de la ville sont supérieures de 18.865 fr. 21 au montant des recettes effectuées.

Bien que la situation financière de l'octroi présente encore une diminution de 33 % sur une année normale (1913), elle marque néanmoins une reprise appréciable des transactions qui semble résulter du retour dans la région de nombreux ouvriers mobilisés, détachés dans les usines travaillant pour la défense nationale.

Comme en 1915, l'octroi a été privé de la présence des militaires composant la garnison ; très peu de troupes séjournent à Montbéliard en 1916, en dehors des services sanitaires et de l'arrière.

Les cours élevés des denrées taxées s'opposent au développement de leur consommation. Les difficultés de transports ont également une répercussion défavorable sur le rendement de l'octroi.

1° *Boissons*. — Diminution de 1.170 fr. 33.

Elle porte sur les alcools et les vinaigres.

La circulation de l'alcool dans la zone des armées a été interdite par l'autorité militaire. La vente en est également interdite dans les débits.

Les cours élevés de l'alcool amènent d'autre part une diminution de la consommation du vinaigre.

Ces causes ont développé l'usage des boissons hygiéniques qui accusent une augmentation de 1.309 fr. 76.

Le chapitre « boissons » est en diminution de près de 22.000 francs sur une année normale.

2° *Comestibles*. — Augmentation de 7.709 fr. 60, fournie notamment par les viandes de bœuf (4.872 fr. 99), veau (1.551 fr. 36) et mouton (557 fr. 40).

La moins value de ce chapitre est encore d'environ 8.000 francs par rapport à une année normale.

3° *Combustibles*. — Augmentation de 714 fr. 70, portant sur le bois, le coke et les huiles minérales employés de préférence, à cause du prix de plus en plus élevé de la houille.

Chapitre en diminution de 3.000 francs sur une année normale.

4° *Fourrages*. — Augmentation de 862 fr. 22 sur l'avoine.

Les recettes du chapitre sont de 3.000 francs inférieures à celles d'une année normale.

5° *Matériaux*. — Augmentation de 1.445 fr. 54. Nous perdons encore 18.000 francs sur ce chapitre.

6° *Objets divers*. — Augmentation de 1.237 fr. 04 fournie par les vernis (caisses livrées à l'autorité militaire) et par les savons (envoi aux soldats prisonniers).

Année 1917. — Les recettes de l'octroi s'élèvent à 126.501 fr. 76, soit une augmentation de 23.366 fr. 97 par rapport à 1916, une plus value de 34.165 fr. 74 par rapport à 1915 et une moins value : 1° de 2.974 fr. 60 par rapport à 1914 ; 2° de 30.068 fr. 31 par rapport à 1913. Les prévisions de recettes inscrites au budget sont inférieures de 1.501 fr. 76 au montant des recettes effectuées.

Les produits de plusieurs chapitres de perception ont atteint les chiffres du temps de paix. Si les recettes sont encore inférieures de 30.000 francs environ de celles d'une année normale (1913), cette moins-value résulte de l'état de guerre : suppression de la circulation et de la vente de l'alcool, perte : 10.000 francs ; restriction sur la consommation, perte sur la bière : 10.000 francs ; défaut de construction de bâtiments, perte sur les matériaux : 10.000 francs.

1° *Boissons*. — Augmentation de 2.757 fr. 40.

2° *Comestibles*. — Augmentation de 9.360 francs fournie notamment par les viandes de bœuf (3.579 fr. 72), de veau 1.169 fr. 68), les conserves (667 fr. 10), les fromages (692 fr. 40).

3° *Combustibles*. — Augmentation de 2.903 fr 72 portant sur le bois, les fagots, le charbon de bois et la houille.

4° *Fourrages*. — Augmentation de 1.364 fr. 46 portant presqu'entièrement sur l'avoine militaire.

5° *Matériaux*. — Augmentation de 7.246 fr. 13, résultant de la construction des nouvelles usines Peugeot ; mais cette plus-value n'est qu'apparente puisque les droits d'octroi seront remboursés en bloc par la ville à la société constructrice.

6° *Objets divers*. — Diminution de 264 fr. 74 portant sur les vernis et sur le savon commun.

Année 1918. — La loi du 23 février 1918 a supprimé les droits d'octroi sur l'alcool, le vin, le cidre, la bière, à l'exception de la taxe sur les vins en bouteilles ; mais il en est tenu compte aux communes au moyen du versement par l'Etat d'une somme correspondant aux droits d'octroi perçus sur ces liquides en 1913. De ce chef, la ville reçoit pour 1918 la somme de 47.788 fr. 93. Les recettes de l'octroi pour l'année s'étant élevée à 91.109 fr. 58, il en résulte que l'octroi, indirectement ou directement, a fourni comme recettes brutes : 138.898 fr. 51 ; soit une plus-value de 12.396 fr. 75 par rapport à 1917 et une moins-value de 17.671 fr. 56 par rapport à 1913. Le montant des recettes effectuées est supérieur de 10.898 fr. 51 aux prévisions budgétaires.

Le rendement des taxes est diminué par les mesures restrictives, l'absence presque totale des transports, la rareté des produits et leur prix excessif.

Dans sa séance du 15 juin, le conseil municipal éleva le tarif de l'octroi pour presque tous les objets dont les taxes n'atteignaient pas le maximum légal.

1° *Boissons*. — La diminution de 28.035 fr. 17 est compensée par l'allocation de l'Etat dont il a été parlé ci-dessus.

2° *Comestibles*. — Diminution de 7.404 fr. 23 qui porte sur les viandes de bœuf (4.670 fr.), de veau, de porc et la charcuterie, les huitres (710 fr.).

3° *Combustibles*. — Diminution de 1.474 fr. 80. Elle s'explique par la rareté et la cherté du bois et de la houille, ainsi que par la température assez douce du dernier trimestre.

4° *Fourrages*. — Diminution de 125 fr. 47.

5° *Matériaux*. — Augmentation plus apparente que réelle de 3.526 fr. 63 correspondant à des droits qui seront remboursés.

6° *Objets divers*. — Diminution de 1.879 fr. 14 (savon et vernis).

Il a été dressé 25 procès-verbaux ; la part de la ville sur les transactions intervenues est de 857 fr. 10.

CHAPITRE III

SERVICES COMMUNAUX AFFÉRENTS AUX DÉPENSES

I. Voirie et Travaux.

II. Œuvres collectives.

§ 1. Approvisionnements (marchés et foires. — Abattoir).

§ 2. Enseignement : a) Écoles primaires communales (Ecole de garçons ; id. de jeunes filles) ; b) Cours d'adultes ; c) Cours municipal de dessin ; d) Collège Cuvier ; e) Collège de jeunes filles ; f) Ecole pratique de commerce et d'industrie ; g) Bibliothèque et Musée.

III. Assistance.

§ 1. Santé publique (Personnel médical. — Vaccination. — Maladies contagieuses: — Epizootie rabique).

§ 2. Hôpital mixte. I. Hôpital civil. — II. Hôpital militaire.

§ 3. Bureau de bienfaisance.

§ 4. Orphelinat de la Croix-d'Or.

§ 5. Crèche Rosalie Morel.

IV. Paix publique.

§ 1. Gardes-civils.

§ 2. Police municipale. — Agents auxiliaires.

§ 3. Compagnie de Sapeurs-Pompiers.

I. VOIRIE ET TRAVAUX

Voirie. — La mobilisation de M. Villeval, qui était sur le point d'être nommé architecte-voyer en remplacement de M. Marlier, démissionnaire, laissa les services à la direction de M. André Barré, dessinateur ; il s'acquitta de sa lourde tâche avec dévouement jusqu'à son incorporation, en 1916. Un jeune caporal blessé aux armées, M. Pitey, lui succéda. Il remplit l'emploi consciencieusement, y montrant activité et initiative.

Privé de ses chevaux par la réquisition, sans personnel, sans matériaux, le service de voirie se tira de la situation le mieux qu'il pût pour assurer l'entretien et le balayage des rues ainsi que le transport et l'enfouissement journalier des débris de l'abatage militaire.

La circulation des énormes camions automobiles dont on intensifiait la fabrication à Sochaux, qu'on essayait ensuite avec la charge réglementaire ; le va et vient de ceux des usines, de ceux des armées, le passage de l'artillerie, tout cela défonça les rues qui, par le mol hiver 1915-16, devinrent des cloaques. Entre les deux gares, en février 1916, quatre cents voitures de pierres disparurent en dix jours dans la chaussée, sans l'améliorer. Après le rechargement cylindré fait par le génie en septembre, l'avenue de la gare pendant l'hiver 1916-17 redevint un marécage. Il n'était point de matériaux assez durs pour résister à la meule des milliers de véhicules de guerre qui, de 1914 à fin 1918, sillonnèrent nos routes jour et nuit.

Dans les trottoirs qu'on n'avait pu réparer en 1914, s'étaient creusées des excavations d'autant plus dangereuses que la ville n'avait plus d'éclairage. En automne 1916, il ne fut pas possible de trouver d'asphalteurs. On reboucha les trous avec du ciment. Ce n'est qu'en 1917-18 qu'on pût procéder aux travaux de réfection (environ 10,000 frs.).

Pendant la guerre, nous obtînmes le concours de la main d'oeuvre militaire pour l'enlèvement des boues et poussières. La circulation des camions rendait souvent le travail à peu près vain. Il serait resté complètement inaperçu certains jours sans la présence, sur la chaussée, des R. A. T. qui l'exécutaient.

Travaux. — La guerre immédiatement suspendit les travaux en cours : achèvement des bâtiments du collège de jeunes filles, recherches d'eaux alluviales, etc. On dut ajourner les travaux d'agrandissement de l'Ecole Pratique, le projet d'un réseau général d'égoûts, le projet d'adduction d'eau.

La ville, pour des raisons d'hygiène publique, engagea de grosses dépenses en 1914-15 dans la réfection du barrage de Nommay.

II. ŒUVRES COLLECTIVES

§ 1. *Approvisionnements*

Marchés et foires. — Ils ont eu lieu régulièrement. Les foires d'avril 1917, de juin et juillet 1918 furent interdites aux animaux aux pieds fourchus à raison de la fièvre aphteuse.

La présence des troupes dans la région, la rareté des subsistances, provenant du dehors, l'élévation du taux des salaires dans l'industrie et l'habitude bientôt prise d'acheter à tout prix rendirent prospères les marchés d'approvisionnement locaux.

Les paysans d'Alsace firent leur première apparition à 'a foire de décembre 1918.

Abattoir. — En l'absence de MM. Barrillot et Garray, vétérinaires-inspecteurs, mobilisés, la direction de l'établissement fut confiée (arrêté municipal du 9 août 1914), à M. Jules Donzé, qui n'accepta ces fonctions que par devoir. Un arrêté préfectoral du 18 avril 1915, l'agréa ensuite comme inspecteur chargé de la surveillance des boucheries et charcuteries. Déjà souffrant, M. Donzé mourut le 20 avril 1916, d'une maladie contractée dans son poste pernicieux. Il eut comme successeur M. Pierre Barbier (arrêté municipal du 10 mai 1916).

L'autorité militaire utilisa notre établissement pendant la guerre pour l'abatage des animaux destinés notamment aux divisions cantonnées dans la région.

" Le nombre des animaux abattus s'est élevé :

en 1914 à 5687 têtes dont 2173 bovins
en 1915 à 4965   —   2958   —
en 1916 à 5636   —   2750   —
en 1917 à 6353   —   3642   —
en 1918 à 5357   —   2857   —

En tenant compte des viandes foraines introduites et consommées en ville et des viandes sorties de l'abattoir et consommées à l'extérieur, on a consommé à Montbéliard : 493 tonnes de viandes en 1914 ; 360 tonnes en 1915 ; 449 tonnes en 1916 ; 634 tonnes en 1917 et 530 tonnes en 1918.

§ 2. *Enseignement.*

a) ÉCOLES PRIMAIRES COMMUNALES

Ecole de garçons.

Année scolaire 1914-15. — A la rentrée d'octobre, étaient mobilisés MM. les instituteurs dont les noms suivent :

Reuche Alph. (cl. 1889), incorporé au 9e R. d'artillerie.
Tissot Edmond. (cl. 1889), incorporé au 9e R. d'artillerie.

Marthe Florian (cl. 1890), incorporé au 49ᵉ R. I .T.

Euvrard Paul (cl. 1891), incorporé au 9ᵉ R. d'artillerie.

Pourchot Lucien (cl. 1892), incorporé au 9ᵉ R. d'artillerie.

Engel Henri (cl. 1909), incorporé au 21ᵉ B. de ch. à pied.

Carray Adolphe (cl. 1910), incorporé au 42ᵉ R. I.

COLIN Sadi (cl. 1912), incorporé au 35ᵉ R. I. mort pour la France à Saint-Christophe (Aisne), le 13 septembre 1914.

Le service de l'enseignement primaire continua d'être assuré, sous la direction de M. Charles Jeangirard, par MM. Camus, Carray, Lagarce et Mattey, et par des institutrices intérimaires, nommées en remplacement des maîtres mobilisés.

Malgré le bouleversement apporté dans les familles, ainsi que dans l'esprit et les habitudes des enfants, 45 d'entre eux, sur 48 aspirants, reçurent en fin d'année le certificat d'études primaires.

Dès le 16 août, des classes de vacances eurent lieu matin et soir ; elles étaient accessibles à tous.

Année 1915-16. — Sur 49 aspirants, 46 obtinrent le certificat d'études primaires.

Année 1916-17. — Sur 38 aspirants, 38 obtinrent le certificat d'études primaires (dont 3 Alsaciens réfugiés de Pfetterhouse).

Année 1917-18. — Sur 30 élèves présentés, 29 obtinrent le certificat d'études primaires.

Ecole de jeunes filles.

Année 1914-15. — L'immeuble des Fossés, au mois d'août et de septembre 1914, fut occupé par des troupes de passage ; mais il était libre à la rentrée.

Sous la direction de Mlle Renaud et de Mmes les institutrices, les élèves travaillèrent désormais à la confection d'un grand nombre d'ouvrages pour nos soldats ; elles participèrent à toutes les journées nationales. Les succès obtenus en fin d'année montrent que les études ne furent pas négligées pour autant et que maîtresses et élèves surent concilier noblement tous les devoirs.

Au brevet élémentaire, sur 5 élèves présentées, 4 furent reçues ; au certificat d'études primaires, l'école pour 29 aspirantes inscrivit 29 succès.

Année 1915-16. — L'école des Fossés continua, cette seconde année de guerre, à mener de front avec la même ardeur ses travaux scolaires et patriotiques.

Résultats aux examens. — Au brevet élémentaire, sur 10 élèves qui se présentèrent 9 furent reçues ; au certficat d'études primaires, sur 27 aspirantes 26 furent également reçues.

Enfin au concours d'admission à l'Ecole normale d'institutrices de Besançon (70 aspirantes pour 19 places), l'école de Montbéliard eut 2 élèves admises et 2 admissibles.

Année 1916-17. — *Résultats aux examens.* Brevet élémentaire : sur 12 élèves présentées, 9 reçues. Concours d'admission à l'Ecole normale d'institutrices de Besançon : 2 élèves présentées, 2 admises. Certificat d'études primaires : sur 39 aspirantes, 37 reçues (dont 4 Alsaciennes réfugiées de Pfetterhouse et Soultz).

Année 1917-18. — *Résultats aux examens :* brevet élémentaire : 14 élèves présentées, 13 reçues. Concours à l'Ecole normale de Besançon : sur 4 élèves présentées, 2 admises, 2 admissibles. Certificat d'études primaires : 18 reçues sur 18 élèves présentées.

b) COURS D'ADULTES

Année 1914-15. — Les cours d'adultes furent réouverts le 8 décembre. Les leçons portèrent principalement sur ce qui a trait à la guerre.

Les jeunes filles travaillèrent aux différentes oeuvres du soldat.

Année 1915-16. — Les cours furent réouverts le 14 décembre. Les maîtres s'inspirèrent des circonstances, cette année encore, pour donner leur enseignement.

Année 1916-17. — Les cours furent réouverts le 28 novembre. Une dizaine de jeunes gens de 13 à 16 ans y assistèrent seulement. Ce petit nombre s'explique par l'organisation intensive du travail de jour et de nuit dans les usines.

Les cours d'adultes à l'école de jeunes filles furent consacrés au travail pour les oeuvres de guerre.

Année 1917-18. — Ouverts le 4 décembre 1917, les cours prirent fin le 11 mars 1918. Malgré les difficultés du recrutement (départ aux armées, travail intensif de jour et de nuit dans les usines, etc.), seize adultes de 13 à 16 ans, assistèrent à ces cours qui comportaient 2 séances de 1 h. ½ par semaine.

Les cours d'adultes (jeunes gens et jeunes filles), s'inspirèrent des événements du jour pour l'établissement de leurs programmes.

c) COURS MUNICIPAL DE DESSIN

Le cours municipal de dessin continua de fonctionner pendant la guerre sous la direction de MM. Auragnier, professeur à l'Ecole pratique, et Hézard, professeur au Collège Cuvier.

Dans le courant de la troisième année de guerre, M. Leydet, inspecteur de l'enseignement du dessin, constate avec satisfaction que la fréquentation est toujours très bonne. Plus de 90 élèves de 14 à 16 ans environ, écoliers ou apprentis, suivent avec beaucoup d'assiduité les leçons des professeurs. Les résultats sont aussi satisfaisants que ceux des années précédentes et les travaux aussi nombreux.

En 1918, onze élèves (dont cinq jeunes filles) obtiennent le diplôme du cours de dessin d'imitation. Quatorze récompenses sont attribuées dans les trois divisions du cours de dessin géométrique et industriel.

d) COLLÈGE CUVIER

Dès la mobilisation, les bâtiments du collège Cuvier furent occupés par l'Union des femmes de France pour l'établissement de l'hôpital auxiliaire n° 103.

A la rentrée d'octobre 1914, les classes furent installées au cercle de la place Ferrer, au cercle l'Union, à l'ancienne école maternelle de la rue St-Georges et dans la salle Dorian. L'internat fut supprimé.

A la rentrée d'octobre 1915, quatre salles du collège avaient été rendues à l'enseignement ; mais cette restitution fut éphémère. A la fin du mois, une partie du collège servait d'infirmerie à la 157ᵉ division d'infanterie. L'apparition de quelques cas de maladies suspectes fit licencier les élèves.

Outre les locaux énumérés plus haut, les services d'enseignement occupèrent désormais l'école de jeunes filles des Fossés, la salle Pasteur, la salle des cours de dessin municipaux, la salle des avocats au tribunal, la chambre du conseil municipal et la salle du bureau de bienfaisance à l'hôtel de ville ainsi qu'une salle chez M. Georges Lods, professeur.

Les locaux du cercle l'Union devinrent indisponibles, au cours de l'année scolaire 1915-16 par suite de l'expiration du bail.

Les diverses tentatives faites pendant les trois premières années de la guerre pour rendre les bâtiments du collège à leur destination, n'aboutirent point. On opposait une fin de non recevoir à l'autorité civile en disant que la ville restait située dans la zone des armées. Il est inutile d'insister sur le grave préjudice qui fut causé à notre enseignement secondaire de garçons par cette dissémination des classes à travers la ville. La guerre, en privant les enfants de leurs professeurs et de la surveillance de leurs pères, en obsédant leur esprit, en les empêchant de prendre des habitudes d'ordre et de travail paisible, était déjà suffisante, sans cela, pour abaisser le niveau des études.

Une décision du sous-secrétaire d'Etat du service de santé militaire rendit enfit les locaux du collège à leur destination normale à partir du 1ᵉʳ octobre 1917. Dans le courant de 1918 on envisagea leur reprise par le service de santé. La seconde victoire de la Marne écarta définitivement cette éventualité.

Année 1914-15. — La rentrée eut lieu le 1ᵉʳ octobre dans les divers locaux substitués aux bâtiments du collège.

Etaient alors mobilisés ou le furent au cours de l'année scolaire, MM.

Barré, professeur d'histoire, soldat au 6ᵉ rég. d'infanterie.

BOULAY, professeur de 3ᵉ, sous-lieutenant au 162ᵉ R. I., mort à l'hôpital militaire de Béziers, le 20 octobre 1914.

Bourgeois, répétiteur, brigadier au 14ᵉ R. chass. à cheval.

Druesne, professeur d'anglais, sergent au 171e R. I. Blessé à la tête, 24 juin 1916.

Fournier, prof. de math., maréchal-des-logis au 9e R. d'artillerie à pied.

Helmstetter, prof. de 5e, caporal au 55e R. I.

Martin, prof. de 6e, maréchal-des-logis au 47e R. d'artillerie. Blessé d'éclats d'obus, juillet 1916.

Paquot, prof. de seconde, soldat au 172e R. I. Prisonnier de guerre à Munster (Westph.). 26 février 1916.

Pourchot, prof. de 9e, maréchal-des-logis au 9e R. d'artillerie à pied.

Renaux, prof. de première, soldat au 44e R. I.

Sauret, prof. de gymnastique, sergent au 171e R. I.

Vallet Arthur, prof. de sciences nat., sergent au 44e R. d'I. territoriale.

VALET Prosper-Francisque, prof. de math., soldat au 35e R. I. Tombé au champ d'honneur à Berry-au-Bac (Aisne), 3 novembre 1914.

Le service de l'enseignement continua d'être assuré par les professeurs désignés ci-dessus jusqu'à leur incorporation et par MM. Bobay, Cheval, Guyot, Hézard, Jodry, Métin, Mlle Olivier, MM. Prenez et Ressy, faisant partie du personnel normal de l'établissement dirigé par M. Jules Maneville, principal.

Personnel auxiliaire. — Ils furent aidés dans leur tâche par M. Louis Meunier, professeur honoraire (sciences naturelles); Mlle Bouchemousse, ancienne élève de l'école de Sèvres (enseignement du français, de l'histoire et de la géographie en 5e et 6e A B), et M. Plantefol, étudiant (enseignement du latin en 5e et 6e A).

Le nombre des élèves qui était de 186 (dont 30 internes) en 1913-14 descendit à 135.

Les élèves titulaires des prix de fondation renoncèrent dorénavant à leurs prix dont l'argent fut affecté à des oeuvres en faveur du soldat. Eux-mêmes et leurs professeurs prêtèrent une aide continue et généreuse à toutes les œuvres de guerre.

Résultats aux examens. a) baccalauréat. 1re partie. — latin-grec : 1 admission ; latin-langues vivantes : 1 admission et 1 admissibilité ; latin-sciences : 3 admissions ; sciences-langues vivantes : 5 admissions. 2ᵉ partie. — mathématique : 5 admissions ; philosophie : 5 admissions. b) brevet élémentaire : 1.

Année 1915-16. — La rentrée eut lieu le 3 octobre. L'internat resta supprimé et la même mesure fut prise pour l'externat surveillé dont le recrutement avait complètement tari. L'effectif scolaire (120 élèves), en subit le contre-coup, aggravé par les difficultés des communications entre Héricourt et notre ville et par la nécessité pour beaucoup de familles de réduire leurs dépenses.

Les cours de sciences naturelles dans le premier cycle et les cours de gymnastique furent rétablis.

Personnel auxiliaire. — Mlle Bouchemousse, déjà professeur auxiliaire, et Mlle Iselin, pourvue du brevet supérieur et du diplôme de fin d'études secondaires (enseignement du français et de l'anglais).

Résultats aux examens du baccalauréat. 1ʳᵉ partie. — latin-grec : 3 admissions ; latin-langues vivantes : 1 admissibilité; latin-sciences : 5 admissibilités ; sciences-langues vivantes : 1 admission. 2ᵉ partie. — mathématique : 3 admissions et 2 admissibilités. Philosophie : 5 admissions (Mlle Cheval).

Année 1916-17. — La rentrée eut lieu le 3 octobre dans les locaux de fortune de l'année précédente. L'effectif scolaire comptait 121 élèves.

Personnel auxiliaire. — M. Sécheroux, licencié ès-lettres (enseignement du français, de l'histoire et de la géographie) ;

Mlle Trognon, professeur au collège de jeunes filles (enseignement des sciences naturelles) ;

M. Renaud, instituteur (gymnastique) ;

Mlle Iselin, déjà professeur auxiliaire.

Résultats aux examens. a) baccalauréat. 1ʳᵉ partie. — latin-langues vivantes : 4 admissions (Mlle Ahnne) ; latin-sciences : 5 admissions et 2 admissibilités. 2ᵉ partie. mathématique : 3 admissions et 1 admissibilité ; philosophie : 3 admissions (Mlle Réssy, mention assez bien). b) certificat d'études secondaires : 6.

Année 1917-18. — La rentrée s'effectua en octobre dans l'établissement rendu à sa destination ; le nombre des élèves fut de 134.

Du personnel auxiliaire de l'année précédente ne demeura que Mlle Troghon.

Résultats aux examens. a) baccalauréat. 1re partie. — latin-grec : 3 admissions, et 1 admissibilité ; latin-langues vivantes : 1 admission ; latin-sciences : 2 admissions et 1 admissibilité. 2e partie. mathématique : 2 admissions et 2 admissibilités ; philosophie : 2 admissions ; 3 admissibilités (Mlle Ahnne). b) certificats d'études secondaires : 5.

Des subventions extraordinaires d'équilibre (7094 francs en 1916 ; 8524 francs en 1917 ; 10.152 francs en 1918) furent inscrites au budget de la ville pour couvrir le déficit éventuel du collège. Elle ne furent employées que partiellement.

e) COLLÈGE DE JEUNES FILLES « EDITH CAVELL ».

Année 1914-15. — Les immeubles du collège de jeunes filles occupés pendant les vacances par les troupes de passage étaient redevenus libres au moment de la rentrée.

L'aménagement intérieur du collège récemment construit n'était pas terminé à la déclaration de guerre ; les hostilités interrompirent tous les travaux.

Le recrutement des élèves subit aussi le contre-coup des évènements. L'effectif des classes de l'enseignement secondaire qui était en octobre 1913 de 115 élèves descendit au chiffre de 72.

Sans négliger leurs études, les élèves de l'établissement se consacrèrent dorénavant, sous la direction de Mlle Siebert et des professeurs-dames, à toutes les œuvres patriotiques destinées à venir en aide à nos soldats dans les tranchées, aux prisonniers, aux réfugiés français et alliés.

Le traité constitutif intervenu entre la ville et l'Etat sous les dates des 16 juillet 1912-27 août 1913, avait prévu pour le collège, succédant aux cours secondaires de jeunes filles, un régime transitoire commencé le 1er octobre 1913 et ne comportant que les cinq années d'études secondaires instituées par l'arrêté du 14 janvier 1882.

Le traité fut mis en vigueur dans sa plénitude à partir du 16 avril 1915. Dorénavant, le collège comprit une classe enfantine et des classes primaires. Ces classes jusqu'alors existaient dans les locaux, mais elles y formaient une école libre.

L'internat, non encore organisé pour pouvoir fonctionner au compte de la ville, demeura privé pendant toute la durée de la guerre.

Résultats aux examens. Brevet supérieur : 5 ; certificat d'études secondaires : 8 ; brevet élémentaire : 12.

Année 1915-16. — A la rentrée de 1915, l'effectif scolaire se relève sensiblement. L'établissement compte 101 élèves pour les classes de l'enseignement secondaire et 47 pour celles de l'enseignement primaire, soit ensemble 148 élèves.

Résultats aux examens. — Brevet supérieur : 5 ; brevet élémentaire : 8 ; certificat d'études secondaires : 6 ; diplôme de fin d'études secondaires : 4 ; certificat d'études primaires supérieures : 1.

Année 1916-17. — L'enseignement secondaire groupe 108 élèves, l'enseignement primaire 57, soit un ensemble de 165 élèves pour l'établissement.

Résultats aux examens. — Brevet supérieur : 4 admissions, 2 admissibilités ; brevet élémentaire : 4 admissions ; certificat d'études secondaires : 6 ; diplômes de fin d'études secondaires : 4 ; admissions à l'Ecole normale de Besançon : 2.

Année 1917-18. — A la rentrée, l'enseignement primaire compte 63 élèves, l'enseignement secondaire 101, ensemble un effectif de 164 élèves.

Résultats aux examens. — Brevet supérieur : 2 admissions ; brevet élémentaire : 7 ; certificat d'études secondaires : 9 ; diplômes de fin d'études secondaires : 5.

Budget du collège. — La subvention communale annuelle prévue par le traité devient insuffisante dès 1915, pour assurer le fonctionnement de l'établissement. Des subventions d'équilibre furent désormais inscrites au budget de la ville (1.915 fr. 95 en 1915 ; 7.849 fr. 62 en 1916 ; 2.950 fr. en 1917 ; 750 fr. en 1918 ; 2.525 fr. en 1919).

f) ÉCOLE PRATIQUE DE COMMERCE ET D'INDUSTRIE

Année 1914-15. — Le nombre des élèves qui était de 184 fin 1913 ne subit aucune variation du fait de la guerre : 180

fin 1914, divisés en six années d'enseignement, quatre pour l'industrie et deux pour le commerce.

Parmi les professeurs de l'établissement que dirigeait M. G. Dailloux, avaient été mobilisés, MM.

HOLIN Maurice-François, né le 30 juillet 1878 à Famars (Nord), sous-lieutenant au 56e R. I. T., tué par éclats d'obus le 21 décembre 1917, au camp Bouquet (Vosges).

D'Herbomez, sergent infirmier à la 14e D.

Trémant, sergent au 41e R. I.

Roux, soldat au 49e R. I. T.

Ducoté, soldat à la 27e section de Parc Convois-Autos.

Les services d'enseignement furent d'abord assurés par MM. Auragnier et Dailloux, directeur. Ce n'est qu'au bout d'un mois que quelques professeurs détachés d'autres écoles techniques vinrent renforcer les cadres.

L'Ecole était d'autre part privée du concours de trois maitres-ouvriers, MM.

FAIVRE Jules-Henri, mobilisé au 5e régiment de génie, mort à l'hôpital militaire Bégin, de St-Mandé, le 17 octobre 1916. C'est pendant l'hiver 1915-16, en travaillant sous la pluie et dans la neige à la réfection des voies ferrées, que Jules Faivre contracta la maladie qui devait l'emporter.

Il était né le 5 janvier 1870 à Clairegoutte.

Maître-forgeron à l'Ecole pratique depuis près de vingt ans, par son caractère, sa franchise, son dévouement aux idées de coopération, de mutualité et d'affranchissement intellectuel, il s'était acquis de chaudes sympathies dans la région.

Cordier (Arnold), mobilisé à la 7e section d'infirmiers, à Belfort.

Maurice (Edmond), mobilisé au 7e escadron du train, à Belfort.

MM. Bonotaux et Mazimann assurèrent le service des ateliers avec la collaboration de MM. Woelflé et Walter, nommés à titre temporaire en septembre 1914.

Le concierge de l'école, M. Tondre (François) avait été mobilisé au 9e régiment d'artillerie à Belfort.

Pour conserver ses machines-outils menacées de réquisition, l'école dut entreprendre les fabrications de guerre. Nous examinons dans le chapitre consacré aux usines, la participation brillante qu'elle a eue dans la défense nationale.

Résultats de fin d'année. — 5 élèves de 4ᵉ année ont obtenu leur attestation de capacité ; 29 réussirent à l'examen du certificat d'études pratiques industrielles ; 2 élèves passèrent avec succès l'examen de sténographie du 2ᵉ degré, 3 élèves celui du 1ᵉʳ degré.

L'école, dès 1915, prit ses dispositions pour aider à la défense nationale en fabriquant des obus, des pièces de camions, etc. (voir : usines).

Année 1915-16. — A la rentrée qui eut lieu le 1ᵉʳ octobre 1915, l'effectif scolaire comptait 180 élèves.

La sortie des élèves de 3ᵉ année fixée habituellement en juillet, fut effectuée, à raison de la guerre, le 6 mai 1916 pour permettre aux jeunes gens d'apporter plus tôt leur concours aux usines travaillant pour la défense nationale.

Trente six élèves avaient passé avec succès l'examen du certificat d'études pratiques industrielles. Dix élèves qui s'étaient particulièrement distingués dans la fabrication des obus de 75, reçurent une gratification pour leur travail de vacances.

La section commerciale ne passa les examens qu'en juillet · 9 élèves obtinrent le certificat d'études pratiques commerciales.

Année 1916-17. — A la rentrée d'octobre, il fut question de créer à l'école une section de réapprentissage pour 40 mutilés de la guerre. Les difficultés qui se présentèrent ne permirent pas de donner suite au projet.

L'effectif scolaire comprenait 187 élèves.

Au cours de l'année, furent délégués temporairement par le ministre dans les fonctions de maîtres-auxiliaires : MM. Teissier Pierre, Rigoulot et Camus.

La sortie des élèves de 3ᵉ année eut lieu le 30 avril, pour leur permettre d'entrer dans les usines faisant les munitions de guerre. 32 avaient passé avec succès l'examen du certificat d'études pratiques commerciales.

Année 1917-18. — L'effectif compte 180 élèves.

38 élèves, à la sortie de la 3ᵉ année, obtiennent le diplôme d'études pratiques industrielles ; 6 élèves de la section commerciale subissent également avec succès les examens du diplôme institué pour cette section.

Budget de l'Ecole pratique. — Les subventions communales à cet établissement, pendant la durée de la guerre, ont été : en 1914, de 9.524 fr. 39 ; en 1915, de 8.138 fr. 71 ; en 1916, de 7.964 fr. 89 ; en 1917, de 6.246 fr. 82 et en 1918, de 12.821 fr. 22.

g) BIBLIOTHÈQUE ET MUSÉE

M. le professeur Louis Meunier continua d'assurer, pendant la guerre, avec un dévouement de tous les instants, la conservation et la mise à la disposition des travailleurs, de ces deux dépôts. La bibliothèque fut fréquentée par de nombreux militaires de tous grades. Leur départ, souvent précipité, la négligence de quelques-uns à rendre ou à renvoyer les volumes empruntés, fut pour notre conservateur une source de perpétuels soucis (1).

III. ASSISTANCE

§ 1. *Santé publique*

Personnel médical. — MM. les Docteurs Caillods, Pfister et Tuefferd fils étant mobilisés, restaient comme médecins

---

(1) Pendant l'impression de ce livre, nous avons eu la grande douleur de perdre notre cher et vénéré professeur qui décéda le 28 mai 1919. dans sa 75e année.

M. Meunier, depuis notre installation à la recette municipale, en avril 1918, nous rendait visite presque chaque matin dans ce nouveau local. plus facilement accessible au mauvais état de sa santé que notre cabinet du premier étage. Si quelque chose pouvait atténuer pour nous le regret de sa perte, ce serait la pensée d'avoir vécu dans l'intimité complète du maître pendant toute la dernière année de sa vie ; la satisfaction aussi d'avoir pu constater que sa science expérimentale profonde et le résultat de ses méditations sur l'univers et l'homme s'accordaient avec nos conclusions personnelles en matière psychologique, éthique et sociologique. et notamment pour reconnaître le caractère illusoire de la métaphysique. Les obsèques de M. Meunier ont eu lieu le 1er mai aux frais de la ville de Montbéliard reconnaissante. Des discours prononcés par M. Ulmann. maire. Maneville, principal du collège Cuvier, Rossel, président de la société d'Emulation, et Schwander, au nom de la Commission administrative de l'hôpital mixte, ont retracé la carrière du savant, du lettré, de l'artiste et de l'homme de bien. Ils ont fait ressortir son influence sur le développement intellectuel de plusieurs générations comme aussi sur les productions de la pensée montbéliardaise pendant un demi siècle.

à Montbéliard MM. Flamand, Perdrizet et Vesseaux. MM.
Bosquette, Morin et Tuefferd père, qui n'exerçaient plus,
rentrèrent en activité. Avec leurs collègues, ils se dévouèrent
désormais pour soigner les malades de la ville et des communes, assurer les services des hôpitaux, de l'assistance médicale gratuite, des vaccinations, etc. Ils ont bien mérité de
la reconnaissance publique, notamment — *primus inter pares*
— le vénérable Dr Tuefferd père, leur doyen, dont le retour
à l'activité médicale fut un véritable apostolat.

Vaccinations. — Des séances extraordinaires eurent lieu
en août et septembre 1914. Les séances légales furent faites
normalement les années suivantes.

Maladies contagieuses. — En 1914, aucun cas depuis la
guerre.

1915. — Une courte épidémie de fièvre typhoïde éclata
en août et septembre (8 cas). A Bethoncourt, fin août, il y
eut 15 cas.

1916. — 1 cas de typhoïde en avril ; 2 diphtéries, en juin
et décembre ; 1 rougeole et 1 scarlatine en décembre.

1917. — 6 cas de scarlatine (2 soldats) dont 3 pendant le
dernier trimestre, 1 typhoïde, 1 rougeole, 2 méningites cérébro-spinales (soldats ou ouvriers coloniaux).

1918. — 1 cas de scarlatine en février. La grippe dite « espagnole » fit son apparition dans le troisième trimestre et
causa 5 décès. Dans le 4e trimestre, elle causa 86 décès, dont
53 parmi les militaires. La mort frappe surtout les personnes
de 20 à 39 ans (65 décès), ensuite celles de 40 à 59 ans (15
décès). Les enfants et jeunes gens jusqu'à 19 ans fournissent
5 décès. Au-dessus de 60 ans, on trouve un décès.

Le 26 octobre, le transport des corps dans les églises fut
interdit par la municipalité, et les écoles furent fermées jusqu'au 11 novembre.

Epizootie rabique. — Le 4 juin 1915, une femme fut mordue
par un chien reconnu atteint de la rage. 5 personnes furent
envoyées à l'institut Pasteur à Paris, dans le courant du
mois. Un enfant, mordu le 8 novembre, y subit également
le traitement spécial.

§ 2. HÔPITAL MIXTE

I. *Hôpital civil*

MM. Caillods, Pfister et Tuefferd fils étant mobilisés, les anciens docteurs et leurs collègues en exercice assurèrent les services médicaux et chirurgicaux de notre établissement hospitalier dirigé par Mme Eyreau, infirmière en chef.

L'économe, M. BOICHOSEY (Gaston-Louis) sergent réserviste au 55e bataillon de chasseurs à pied, était tombé au champ d'honneur le 8 septembre 1914, à Lagny. M. Edouard Zettwoog, mécanicien, avait été mobilisé dès le début des hostilités.

M. Albert Mailhet, ancien économe, n'hésita pas, malgré son grand âge, à mettre de nouveau ses services à la disposition de l'administration ; Mlle Emilie Mailhet, sa fille, qui le secondait, prit toute la charge quand M. Mailhet éprouva trop de peine à se déplacer. M. Octave Pechin, nommé administrateur, apporta, d'autre part, dès le mois de décembre 1914, une collaboration précieuse à la commission administrative (1). Depuis la guerre, il rendait les plus grands services à l'établissement.

Médecins, administrateurs et personnel, en ces circonstances difficiles, firent preuve d'un admirable dévouement. Les communes de l'arrondissement, les sociétés, les particuliers, les Montbéliardais à l'étranger, les étrangers eux-mêmes adressèrent des fonds, du linge et des denrées pour venir en aide à nos malades civils, à nos soldats malades, éclopés et blessés (2).

---

(1) La commission était composée de MM. Léon Parrot, Dubois, Meunier, Péchin, Rang et Schwander.

(2) Des concerts, des ventes, des collectes eurent lieu souvent pendant la guerre au profit des différents hôpitaux de Montbéliard. La générosité se montra inlassable, surtout pour nos blessés.

En avril 1917, grâce à notre compatriote Mlle Lucie Fenouil, l'*American French Club*, de Philadelphie, envoya 2000 dollars à l'hôpital ; en mai 1917, le *French War Relief Comittee* de la même ville lui fit parvenir une caisse de pansements, des effets, etc.

Des personnes lui abandonnèrent leurs indemnités militaires de logement, comme MM. Bodmer, Chenevière, Zimmerli et Cie, Schwander, Mme Kiger, etc...

Année 1914. — En 1913, le nombre des malades hospitalisés à charge de la ville s'était élevé à 280 pour 12.036 journées. Le nombre des malades à charge des communes avait été de 131 représentant 5.611 journées. Il y avait eu 226 entrées payantes formant 6.760 journées. Enfin 11 vieillards figuraient avec 4.015 journées d'hospitalisation. Au total : 648 hospitalisés et 28.422 journées d'hospitalisation. Les chiffres de 1914 présentent une légère augmentation.

Malades à charge de la ville	263 pour	11.196 journées.
— — des communes	166 —	9.238 —
Malades payants	207 —	4.936 —
Vieillards (Hospice)	25 —	4.328 —
Hospitalisés	661 —	29.698 —

Année 1915.

Malades à charge de la ville	204 pour	9.256 journées.
— — des communes.	120 —	5.615 —
Malades payants	252 —	9.225 —
Vieillards (Hospice)	21 —	5.155 —
Hospitalisés	597 —	29.251 —

La communication téléphonique entre l'hôpital et l'hôtel de ville, supprimée au début de la guerre, fut rétablie le 18 septembre.

Année 1916.

Malades à charge de la ville	236 pour	8.962 journées.
— — des communes .	157 —	9.542 —
Malades payants	396 —	8.817 —
Vieillards (Hospice)	22 —	6.426 —
Hospitalisés	811 —	33.747 —

En mars, pour procurer à notre hôpital, dont la population s'accroissait, les lits, avec ou sans literie, qui lui faisaient défaut, un appel fut adressé aux habitants. En quelques jours, la générosité montbéliardaise para aux besoins de l'administration.

Année 1917.

Malades à charge de la ville	233 pour	7.611 journées.
— — des communes .	178 —	10.600 —
Malades payants	472 —	10.119 —
Vieillards (Hospice)	27 —	5.771 —
Hospitalisés	910 —	34.101 —

A partir du 1ᵉʳ janvier 1917, le prix de journée des malades placés au titre de l'assistance gratuite fut fixé à 3.25 en médecine et 4.25 en chirurgie (arrêtés préfectoraux des 14 novembre 1917 et 14 janvier 1918).

Année 1918.

Malades à charge de la ville	287 pour 9.149 journées.	
— — des communes .	186 — 8.399	—
Malades payants	358 — 7.913	—
Vieillards (Hospice)	23 — 6.469	—
Hospitalisés	854 — 31.930	—

II. *Hôpital militaire*

Année 1914. — Depuis la mobilisation (2 août) au 31 décembre 1914, l'hôpital reçut en traitement 477 militaires formant un ensemble de 6.641 journées d'hospitalisation.

Pour l'année entière :

7 officiers	pour	47 journées.	
34 sous officiers	—	517	—
641 cap. et soldats	—	11.508	—
soit 682 militaires	—	11.072	—

Du début de la guerre au 11 décembre 1915, M. Tuefferd père assura comme médecin-chef la direction du service, exercée depuis par des médecins de l'armée.

Année 1915.

6 officiers	pour	60 journées	
36 sous-officiers	—	881	—
627 cap. et soldats	—	13.742	—
soit 669 militaires	—	14.683	—

Année 1916. — Depuis que notre ville devint un centre hospitalier, les opérations se multiplièrent, tous les grands malades étant envoyés à l'hôpital mixte par le médecin-chef de la Place.

Le prix élevé des produits pharmaceutiques et des articles de pansements, l'augmentation extraordinaire du prix des denrées et du combustible obligèrent la commission administrative à demander un relèvement des prix des journées.

La convention militaire en date du 31 décembre 1904 avait fixé comme suit le prix des journées de traitement :

Caporaux et soldats, 2 fr. 20 ; sous-officiers, 2 fr. 70 ; officiers, 4 fr.; officiers supérieurs, 5 fr.

L'Etat, par appendice du 29 novembre 1916 à la convention du 31 décembre 1904, accepta pour l'année 1915 alors écoulée les prix de 2.63, 2.83, 4.18 et 5 francs. A partir du 1er janvier 1916 et jusqu'à la fin des hostilités, les prix furent fixés à 2.95, 3.15, 4.78 et 5.28.

Les tarifs de sépulture furent eux-mêmes élevés à partir du 1er janvier 1915 à 40.25, 46.25, 68.25 et 80 fr. 25, suivant le grade.

L'hôpital reçut au cours de 1916 :

33 officiers	pour	596	journées.
92 sous-officiers	—	1.079	—
982 cap. et soldats	—	13.142	—
soit 1.107 militaires	—	14.817	—

Année 1917. — Au mois de février, M. le docteur Bourgeau, chef de clinique à la Maternité de Besançon, fut nommé médecin-chef de l'hôpital mixte, fonctions qu'il exerçait à l'hôpital Jeanne d'Arc à Dole. Les Drs Bossy, Le Gunier, Ducatillon et Douvre lui succédèrent au cours de l'année.

L'hôpital reçut en 1917 :

35 officiers	pour	536	journées.
67 sous-officiers	—	1.398	—
669 cap. et soldats	—	12.205	—
soit 771 militaires	—	14.139	—

Année 1918. — L'hôpital reçut :

97 officiers	pour	1.331	journées
57 sous-officiers	—	1.120	—
624 cap. et soldats	—	11.766	—
soit 778 militaires	—	14.217	—

BUDGET DE L'HOPITAL

Exercice 1914. — Recettes .... 235.314 fr. 15
Dépenses .. .. 216.793 fr. 99
Excédent de recette .... 18.520 fr. 16

Le résultat définitif de l'exercice 1913 ayant
présenté un excédent de recette de .... 336 fr. 55
Le résultat définitif de l'exercice 1914 est
un excédent de recette de .... 18.856 fr. 71
Les subventions de la ville, tant ordinaires qu'extraordinaires, s'élevèrent à 35.500 francs.

Exercice 1915. — Recettes .... 129.843 fr. 66
Dépenses .. .. 135.652 fr. 72
Excédent de *dépense* ... 5.809 fr. 66
Le résultat définitif de l'exercice 1914 ayant
présenté un excédent de recette de .... 18.856 fr. 71
Le résultat définitif de l'exercice 1915 est
un excédent de recette de .... 13.047 fr. 05
La ville avait versé une subvention de 25.000 francs.

Exercice 1916. — Recettes .... 187.215 fr. 62
Dépenses .. .. 182.527 fr. 13
Excédent de recette .... 4.638 fr. 49
Le résultat définitif de l'exercice 1915 ayant
présenté un excédent de recette de .... 13.047 fr. 05
Le résultat définitif de l'exercice 1916 est
un excédent de recette de .... 17.735 fr. 54
Pour permettre à l'hôpital de régler certaines dépenses
non encore acquittées de l'exercice 1915, et pour l'aider à
supporter la crise de surenchérissement, la ville vota à notre
établissement hospitalier un ensemble de crédits s'élevant
à 68.938 francs.

Exercice 1917. — Recettes .... 209.145 fr. 62
Dépenses .. .. 218.665 fr. 53
Excédent de *dépense* ... 9.519 fr. 91
Le résultat définitif de l'exercice 1916 ayant
présenté un excédent de recette de .... 17.735 fr. 54
Le résultat définitif de l'exercice 1917 est
un excédent de recette de .... 8.215 fr. 63
Subvention de la ville : 25.000 francs.

Exercice 1918. — Recettes .... 226.285 fr. 56
Dépenses .. .. 231.153 fr. 41
Excédent de *dépense* ... 4.867 fr. 85

Le résultat définitif de l'exercice 1917 ayant
présenté un excédent de recette de .... 8.215 fr. 63
Le résultat définitif de l'exercice 1918 est
un excédent de recette de .... 3.347 fr. 78
Subvention de la ville en 1918 : 50.000 francs.

Pour permettre à l'établissement de régler le solde de ses dépenses au 31 mars 1919, la ville lui vota, en 1919, une subvention spéciale de 52.313 fr. 97, en sus de la subvention ordinaire s'élevant à 25.000 francs.

§ 3. *Bureau de Bienfaisance*

Le Bureau qui, en hiver 1913, donnait des secours à 152 familles, vit ce chiffre s'élever à 169 en été 1914.

Au début de la guerre, son assistance s'étendit à 434 familles. Ce nombre diminua bientôt grâce aux allocations militaires accordées par l'Etat aux familles de mobilisés. En avril 1917, le Bureau ne secourut plus que 104 familles.

De 1914 à 1918, on distribua du pain, du combustible, des sabots, quelquefois de la viande ; dans les premiers moments, les distributions avaient lieu presque tous les jours, puis elles se firent trois fois, deux fois, enfin une seule fois par semaine. On continua d'accorder des secours de loyer aux plus nécessiteux.

Le Bureau, dont l'excédent des dépenses sur les recettes ne tarda pas à absorber les réserves des exercices précédents vit sa situation s'améliorer, puis prospérer, grâce aux droits des pauvres sur les spectacles cinématographiques. Les établissements l'*Etoile Cinéma*, tenu par M. Beleney, et le *Tivoli Cinéma*, tenu par M. Choulet, donnaient plusieurs représentations par semaine et leurs salles étaient toujours combles.

Exercice 1914. — Recettes .... 6.353 fr. 12
Dépenses . ... 9.355 fr. 30
Excédent de *dépense* ... 3.002 fr. 18

---

(1) La Commission administrative était composée de MM. Bosquette, Breuleux, Camus, Paur, Pétrequin et Joseph Rossel. M. Charles Corne lui prêta pendant la guerre un concours désintéressé et dévoué.

Le résultat définitif de l'exercice 1913 étant
un excédent de recette de ....   6.803 fr. 50
Le résultat définitif de l'exercice 1914 est
un excédent de recette de ....   3.801 fr. 32

Exercice 1915. — Recettes 6.157 fr.64
                Dépenses . ...   8.955 fr. 51
                Excédent de *dépense* ...   2.797 fr. 87
Le résultat définitif de l'exercice 1914 étant
un excédent de recette de ....   3.801 fr. 32
. Le résultat définitif de l'exercice 1915 est
un excédent de recette de ....   1.003 fr. 45

Exercice 1916. — Recettes ....   8.183 fr. 62
                Dépenses . ...   7.158 fr. 05
                Excédent de recette .....   1.025 fr. 57
Le résultat définitif de l'exercice 1915 étant
un excédent de recette de ....   1.003 fr. 45
Le résultat définitif de l'exercice 1916 est
un excédent de recette de ....   2.029 fr. 02

Exercice 1917. — Recettes ....   13.299 fr. 99
                Dépenses . ...   7.226 fr. 90
                Excédent de recette ....   6.073 fr. 09
Le résultat définitif de l'exercice 1916 étant
un excédent de recette de ....   2.029 fr. 02
Le résultat définitif de l'exercice 1917 est
un excédent de recette de ....   8.102 fr. 11

Exercice 1918. — Recettes ....   21.140 fr. 39
                Dépenses . ...   12.026 fr. 54
                Excédent de recette ....   9.113 fr. 85
Le résultat définitif de l'exercice 1917 étant
un excédent de recette de ....   8.102 fr. 11
Le résultat définitif de l'exercice 1918 est
est excédent de recette de ....   17.215 fr. 96

§ 4. *Orphelinat de la Croix d'Or*

Pendant la guerre, l'établissement charitable de la Croix
d'Or épuisa toutes ses réserves pour faire face aux augmenta-
tions de dépenses résultant du renchérissement de la vie.

La ville vint à son aide en prenant à sa charge les travaux de réparations exécutés en 1917 à la ferme de la Grange-'a-Dame et en inscrivant à son budget additionnel de 1918 le déficit de l'exercice 1917.

La Croix d'Or, légataire du Dr Louis Beurnier, bénéficia désormais des loyers de cet important domaine agricole, ce qui améliora sa situation financière dès 1918.

Exercice 1914. — Recettes ....   5.139 fr. 33
              Dépenses . ...   4.948 fr. 03
              Excédent de recette ....   191 fr. 30

Le résultat définitif de l'exercice 1913 étant un excédent de recette de ....   2.752 fr. 01

Le résultat définitif de l'exercice 1914 est un excédent de recette de ....   2.943 fr. 31

Exercice 1915. — Recettes ....   5.389 fr. 60
              Dépenses . ...   6.048 fr. 18
              Excédent de *dépense* ...   658 fr. 58

Le résultat définitif de l'exercice 1914 étant un excédent de recette de ....   2.943 fr. 31

Le résultat définitif de l'exercice 1915 est un excédent de recette de ....   2.284 fr. 73

Exercice 1916. — Recettes ....   5.079 fr. 57
              Dépenses . ...   6.589 fr. 63
              Excédent de *dépense* ...   1.510 fr. 06

Le résultat définitif de l'exercice 1915 étant un excédent de recette de ....   2.284 fr. 73

Le résultat définitif de l'exercice 1916 est un excédent de recette de ....   774 fr. 67

Exercice 1917. — Recettes ....   6.116 fr. 70
              Dépenses . ...   8.106 fr. 60
              Excédent de *dépense* ...   1.989 fr. 90

---

(1) La Commission administrative est formée des membres de la Commission de l'hôpital et de trois parents du fondateur (actuellement MM. Albert Rossel, Léon Wetzel et Frédéric Rossel).

Le résultat définitif de l'exercice 1916 étant
un excédent de recette de ....   774 fr. 67
Le résultat définitif de l'exercice 1917 est
un excédent de dépense de ....   1.215 fr. 23
que la ville prit à sa charge au budget additionnel de 1918.

Exercice 1918. — Recettes ....   10.287 fr. 01
Dépenses . ...   8.690 fr. 94
Excédent de recette ....   1.596 fr. 07
Le résultat définitif de l'exercice 1917 étant
un excédent de dépense pris en charge par la
ville, le résultat définitif de l'exercice 1918 est
un excédent de recette de ....   1.596 fr. 07

Pour permettre à l'établissement d'équilibrer ses recettes
et ses dépenses au 31 mars 1919, la ville lui vota en juin un
crédit supplémentaire de 3.537 fr. 01.

§ 5. *Crêche Rosalie Morel*

La Crêche, atteinte par le surenchérissement du coût de
la vie et ne disposant que d'un budget fort modeste, put
franchir la crise grâce à la générosité de son comité de
patronage, présidé par M. le Dr Jeanmaire, et grâce à l'aide
communale.

IV. — PAIX PUBLIQUE

§ 1. *Gardes-civils*

Un décret du 7 janvier 1914 avait prévu l'organisation pour
le temps de mobilisation, de corps spéciaux de gardes-civils
recrutés parmi les hommes dégagés de toute obligation militaire, et ayant pour mission de coopérer au maintien de
l'ordre et de participer aux mesures de sécurité générale en
temps de guerre.

Un corps spécial de gardes-civils, comprenant 58 hommes
fut créé à Montbéliard par arrêté du sous-préfet, agissant par
délégation du préfet du Doubs, en date du 7 août 1914.

M. Émile Blazer, capitaine commandant la Cie de sapeurs-
pompiers, fut nommé chef de ce corps composé de MM.

Armbruster Charles, buraliste.
Bader Frédéric, employé de banque.
Bernardin Auguste, huissier.
Bissinger Ernest, mécanicien.
Bloch Léon, sculpteur.
Blum Alexandre, négociant.
Blum Elie, négociant.
Bonamour Emile, propriétaire.
Bonnet Arthur-Emile, herboriste.
Bonnot Lucien, comptable.
Bourquin Alphonse, propriétaire.
Bouverot Lucien, coiffeur.
Bruat Edmond, entrepreneur de charpentes.
Bruat Edouard, entrepreneur, conseiller municipal.
Bruot Charles, horloger, conseiller municipal.
Chagros Léon, menuisier.
Claude Achille, quincaillier.
Collange Armand, typographe.
Demet Charles-Louis, épicier.
Dijon Emile, négociant.
Donzé Emile-Charles, agent d'assurances.
Faber Jean-Baptiste, horticulteur.
Fossard Louis, employé.
Gilliotte Léon-Louis, horloger.
Gret Emile, cafetier, conseiller municipal.
Griffiths William, chemisier.
Gros Georges-Prosper, dessinateur.
Hennequin Eugène, entrepreneur de peinture.
Holliger Henri, charpentier.
Holliger Jules, sellier.
Kurtz Emile, comptable.
Lachiche Joseph, bijoutier.
Lévy Léon, fabricant d'horlogerie.
Marchand Georges-Louis, propriétaire.
Meckert Charles, horticulteur.
Meunier Charles, vérificateur des poids et mesures.
Meurin Emile, ouvrier d'usine.
Muller Georges-Léon, employé.
Nicolas Joseph, agent des droits de places.
Parrot Alfred, propriétaire.
Pélot Pierre, libraire.

Petitjean Jean, agent d'assurances.
Pfaff Louis-Frédéric, charpentier.
Plain Julien-Edmond, employé.
Plançon Emile, cafetier.
Pommey Louis, fruitier.
Potiez Désiré, horticulteur.
Riedinger Charles, marchand-tailleur.
Roth Charles, comptable.
Roux Jean, mercier.
Rouzot Jules, ferblantier.
Roy Charles, horloger.
Sungauer Joseph, entrepreneur de plomberie.
Tarby Joseph, cafetier.
Thierry Georges, négociant.
Tourot Louis, entrepreneur de menuiserie.
Weill Achille, négociant.

Un arrêté du 17 septembre 1914 nomma comme gardes-civils, en remplacements de démissionnaires, MM.
Ablitzer Charles, ouvrier sur bois.
Chenus Henri, négociant.
Dollé Eugène, horloger.
Ganglof Charles, ouvrier sur bois.
Kiger Henri, ouvrier d'usine.
Mangeol Gustave, horloger.
Mendu Louis, employé de commerce.
Meyer Joseph.
Monnin Jules, relieur.
Monnin Louis, tailleur de limes.
Pommey Gaston, encaisseur.
Renaud Auguste, employé d'industrie.
Weill Abraham, marchand de bestiaux.
Zobenbuhler Eugène.

A cette liste, il y a lieu d'ajouter les noms des deux personnes ci-après, nommées postérieurement, MM.
Nappiot Paul, comptable.
Séguer Jules, employé d'industrie.

M. Armand Bloch, l'artiste montbéliardais, venu au pays et n'étant pas domicilié, servit à titre de volontaire.

L'arrêté du 13 octobre 1914 réduisit le corps à 37 hommes.

L'arrêté du 14 octobre modifiant le précédent, arrêta l'effectif à 38 hommes.

Les gardes-civils étaient munis d'un revolver et de 25 cartouches ; ils avaient reçu comme insigne distinctif de leurs fonctions, un brassard de couleur vert olive, portant le nom du département, un numéro d'ordre et le sceau de la préfecture.

Dans une ville pleine d'étrangers comme l'était la nôtre en août 1914, le corps des gardes-civils rendit les plus grands services, en assurant l'ordre et la sécurité générale, celle les personnes, des habitations, des édifices publics et des ouvrages militaires.

Dans la ville, presque vide de Montbéliardais, et devenue bientôt le lieu de passage d'une population flottante faite des éléments les plus divers, les patrouilles des gardes rassuraient l'habitant, heureux d'entendre sonner leurs pas dans la nuit. Ils fournissaient un poste à la Recette des finances, à l'usine à gaz et au réservoir d'eau de la citadelle, les sources du Parc étant elles-mêmes confiées à la surveillance des gardes-civils de Bethoncourt.

Tout en remplissant leur mission de police, ils collaborèrent précieusement aux services de renseignements administratifs et militaires, de réquisition et de ravitaillement.

Sans ces auxiliaires dévoués, ces concitoyens sur qui on pouvait compter en toutes circonstances et toujours prêts à « marcher » pour la défense du pays et le bien de la cité, l'hôtel de ville n'eut pas été à même de s'acquitter de l'énorme besogne qui lui incombait.

Nos gardes civils se rendaient parfaitement compte du rôle qu'ils devaient remplir et ils avaient le sentiment très vif de leur dignité.

En août 1914, la gendarmerie eut la prétention de leur faire garder, sous son contrôle personnel, le Château de Montbéliard évacué. M. le capitaine Blazer, chef du corps, répondit : « La garde communale est composée d'hommes dévoués mais libres. Ils veulent bien faire pour se rendre utiles toutes les gardes nombreuses dont on les a chargés depuis quelque temps, mais ils se refusent à être mis sous la surveillance des gendarmes. »

Cette réponse ferme à une autorité trop exigeante est bien celle qu'on attendait des descendants de ces bourgeois qui, pendant cinq siècles, défendirent leurs franchises contre les empiètements des Wurtemberg.

Les gardes-civils recevaient une indemnité de 2 fr. 50 par jour.

Patriotes et généreux, nous les voyons, fin septembre 1914, prélever une somme de 3.400 francs sur leur traitement, au profit de l'oeuvre du soldat, des soupes populaires et du chauffage des nécessiteux. A d'autres oeuvres, en octobre, ils versent le produit de la masse volontaire qu'ils avaient constituée depuis le 1ᵉʳ septembre et qui s'élevait à 1562 francs.

Les corps de gardes-civils « qui ont répondu avec tant de patriotisme à l'appel qui leur avait été adressé au moment où les circonstances l'exigeaient... qui ont rendu de réels services et fait preuve en toute occasion... d'un zèle et d'un dévouement constants (1) », furent supprimés par décret du 20 octobre 1914, à partir du 1ᵉʳ novembre suivant. Les services auxquels ils étaient chargés de pourvoir pouvaient dorénavant être assurés par les moyens ordinaires.

A la date du 30 octobre 1914, M. Milleteau, préfet du Doubs, adressa à nos gardes-civils « ses meilleurs remerciements pour le zèle patriotique dont ils avaient témoigné et pour les services rendus. »

§ 2. *Police municipale.* — *Agents auxiliaires*

Le personnel de la police municipale placé sous les ordres de M. Siess, commissaire, fut immédiatement réduit par la mobilisation

Nos agents furent incorporés, savoir :

M. BARBERET, Henri-Alfred, au 358ᵉ Rég. d'infant., mort au champ d'honneur, à Vauquois (Argonne), le 3 août 1916.

M. Bouverot Paul, comme caporal au 5ᵉ bataillon de tirailleurs sénégalais. Blessé, croix de guerre.

M. Cointot Charles-Eug., comme soldat au 244ᵉ d'artillerie de campagne.

M. Dubret Louis, comme soldat au 42ᵉ R. I. Blessé à la guerre.

---

(1) Rapport des Ministres de la Guerre, des Finances et de l'Intérieur au Président de la République, du 20 octobre 1914.

Les gardes-champêtres Sieg, Péter et Lambelet restaient à leur poste.

Un sursis d'appel avait été accordé par le ministre de l'Intérieur au brigadier Mougenot Paul et aux agents Poux Joseph et Thiébaud Charles.

Au commencement de 1915, les deux premiers furent rappelés aux armées, savoir :

M. Mougenot, en qualité de sergent au 51e régiment d'infanterie. Fait prisonnier le 13 avril 1915 à Marcheville et interné à Celle (Hanovre), il reprit sa place dans le personnel en janvier 1919.

M. Poux, comme soldat au 132e R. I.

L'agent Thiébaud, rappelé lui-même en mars 1917, fut versé comme brigadier au 7e escadron du train.

En 1917, l'agent Dubret, en 1918, les agents Poux et Thiébaud, furent mis en sursis d'appel et réintégrés dans leur emploi.

Les corps de gardes-civils avaient été supprimés par décret du 20 octobre 1914. Un décret du 7 novembre suivant autorisa la nomination d'agents de police auxiliaires pendant la durée de la guerre. Leur solde (3 francs, 6 francs et enfin 9 fr. 50 par jour), était à la charge de l'Etat. La ville, à partir de 1916 et jusqu'au relèvement de leur solde, leur alloua en outre 0 fr. 50 par jour.

Voici les noms des personnes qui occupèrent ces emplois :

1er poste. — MM. Bourquin Alphonse, arrêté préfectoral du 27 janvier 1915 ; Lallement Alphonse, arrêté préfectoral du 3 janvier 1918.

2e poste. — MM. Dépoutot Emile, arrêté préfectoral du 27 janvier 1915 ; Gilliotte Charles, arrêté préfectoral du 9 mars 1916 ; Vergon Gaston-Ch., 10 janvier 1917.

3e poste. — MM. Pégeot Eugène, arrêté préfectoral du 27 janvier 1915 ; Parizonnet Joseph, arrêté préfectoral du 12 décembre 1916 ; Faivre Louis-Edmond, arrêté préfectoral du 3 janvier 1918.

4e poste. — MM. Tschoffen Constant, arrêté préfectoral du 27 janvier 1915 ; Maillot Emile, arrêté préfectoral du 15 juillet 1915 ; Bulle Ch.-Emile-Joseph, arrêté préfectoral du 12 septembre 1915.

5° poste. Supprimé puis rétabli en mars 1917.— MM. Meyrat Albert, arrêté préfectoral du 13 août 1916 ; Tabaran Félix, arrêté préfectoral du 8 mai 1917.

Pendant la durée de la guerre, le tribunal de l'arrondissement était présidé par M. Mercy. Un seul juge n'avait pas été mobilisé : M. Kurtz, juge d'instruction. M. Cuny, procureur de la République, appelé aux armées comme rapporteur au conseil de guerre, fut remplacé par M. Joly, auquel succéda en février 1919, M. Flize. La mairie entretint d'excellentes relations avec ces fonctionnaires aimables.

§ 3. *Compagnie de sapeurs-pompiers*

La mobilisation ne laissa en ville que MM. Blazer (1), capitaine, Rossel, lieutenant, et une dizaine de sous-officiers et sapeurs. Le sous-lieutenant Buzer, quoique placé dans la non-disponibilité, avait rejoint son régiment.

Le 7 novembre 1914, l'autorité militaire retira à la Compagnie une partie de ses effets d'uniforme qui lui furent remboursés plus tard par une somme de 1553 fr. 20. Le 28 février 1915, ses armes (fusils et baïonnettes), étaient à leur tour dirigées sur le parc d'artillerie de Besançon.

La Compagnie ainsi réduite prit part sous la direction de ses officiers à un assez grand nombre d'incendies dont les plus importants ont été ceux des immeubles Zurcher (1915), Jacob (déc. 1916), et Ienn (janv. 1919).

---

(1) M. le capitaine Emile Blazer, membre du Conseil supérieur des sapeurs-pompiers, chef du corps des gardes-civils en 1914, et président de l'oeuvre des Orphelins de guerre de l'arrondissement, fut nommé chevalier de la Légion d'honneur,— distinction bien méritée, — en 1919.

LA RÉPERCUSSION

DE LA GUERRE

SUR LA CITÉ

i

CHAPITRE PREMIER

LA POPULATION

Variation du chiffre de la population. — Accroissement de la population municipale. — Naissances. — Décès. — Mariages. — Divorces

Population

D'après le dernier recensement officiel de 1911, le chiffre de la population montbéliardaise totale s'élevait à 10.392 habitants. En défalquant la population comptée à part (garnison 975), il restait comme chiffre de la population municipale : 9.417 habitants.

Des opérations de statistique auxquelles nous avons procédé, il semble résulter que 1.850 hommes environ, domiciliés dans la comunme, ont été mobilisés avant le 1er septembre 1914, soit, sur 27 classes (1887-1914), une moyenne de 68 hommes par classe, c'est-à-dire plus du cinquième de la population.

En septembre 1916, l'établissement de la carte de ménage fait ressortir que le nombre des Montbéliardais aux armées s'élève à 1.293 hommes et que la population municipale est, à cette date, de 8.315 habitants (hommes nés avant 1867 : 700 ; hommes de 15 à 19 ans : 451 ; enfants au-dessous de 15 ans : 2.608 ; femmes : 4.356 ; ajournés, réformés et mobilisés d'usine : 200).

En avril 1918, la population civile dépassait 12.000 habitants ; au 1er septembre de la même année, elle atteignait le chiffre de 12.285 habitants.

Accroissement de la population municipale

Année 1911......	9.417 habitants.	
Sept. 1914......	7.557	—
Sept. 1916......	8.315	—
Avril 1918......	12.000	—
Sept. 1918......	12.285	—

Naissances

Le nombre des naissances (197 en 1913) est de 179 en 1914. Il s'abaisse à 123 en 1915, à 111 en 1916 ; puis se relève : 121 en 1917, 153 en 1918, en même temps que s'accroît le chiffre de la population par immigration.

Alors que la moyenne des naissances des 7 derniers trimestres est de 49,24 le 4ᵉ trimestre de 1914 fournit 31 naissances, le 1ᵉʳ trimestre de 1915, 50 naissances. Dans les quatre trimestres suivants où toutes les naissances correspondent cette fois à des conceptions de la période de guerre, la natalité subit un grand fléchissement. Les 3ᵉ et 4ᵉ trimestre de 1915 et le 1ᵉʳ trimestre de 1916 donnent : 16, 21 et 19 naissances seulement. Ensuite la natalité se relève : 32, 37 et 23 naissances pour les trois derniers trimestres de 1916. Les quatre trimestres de 1917 fournissent 30, 34, 24 et 33 naissances, soit une moyenne de 30,25 naissances par trimestre. En 1918, avec 27, 38, 51 et 37 naissances, la moyenne trimestrielle atteint 38,25 naissances, relèvement parallèle à l'augmentation de la population résultant de l'immigration. Le chiffre de notre population étant de 12.000 habitants en 1918, les 153 naissances de la même année donnent 12,75 naissances à Montbéliard par 1.000 habitants, chiffre bien inférieur à celui de 18,02 naissances par 1.000 qu'on trouve en France dans la période 1911-1915 et qui est cependant le plus bas auquel nous soyons descendus depuis 1874.

Décès

Nombre de décès (domiciliés ou non domiciliés)

	ÉTRANGERS A LA VILLE (Hôpital)		MILITAIRES (Hôpitaux)		VILLE (Domiciliés)		TOTAL
Année 1913....	31	+	3	+	186	=	220
— 1914....	40	+	4	+	176	=	220
— 1915....	38	+	4	+	164	=	206
— 1916....	45	+	16	+	154	=	215
— 1917....	62	+	32	+	165	=	259
— 1918....	56	+	100	+	217	=	373

Répartition de la totalité des décès par âge

	MOINS DE 1 AN	1 A 19 ANS	20 A 39	40 A 59	60 ET AU-DESSUS
Année 1913....	34	21	34	53	78
— 1914....	27	18	40	59	76
— 1915....	11	21	44	68	62
— 1916....	13	25	43	63	71
— 1917....	24	24	54	92	65
— 1918....	22	24	138	104	85

Comparaison des naissances et des décès

	NAISSANCES	DÉCÈS	GAINS	PERTES
Année 1913....	197	186	11	
— 1914....	179	176	3	
— 1915....	123	164		41
— 1916....	111	154		43
— 1917....	121	165		44
— 1918....	153	217		64
Total (1913-1918)...	884	1.062	14	192

Pendant la période 1914-18, les décès sont supérieurs aux naissances de 178 unités, soit pour les cinq années de guerre, de 35,6 unités par an.

	1913	1914	1915	1916	1917	1918
Mariages	87	58	43	42	59	71
Divorces	8	1	1	4	4	7

CHAPITRE II

L'INDIVIDU

1. Vie matérielle. — 2. Vie intellectuelle (arts, peinture et sculpture, musique ; lettres : journaux et littérature, théâtre, cinématographes).— 3. Vie morale (mœurs de la femme ; id. de l'enfant ; id. de l'homme. Les cultes).

1. Vie matérielle

Le renchérissement du coût de la vie que nous avons examiné ailleurs, atteignit d'abord l'alimentation, puis le chauffage et l'éclairage, enfin le vêtement. L'élévation des sa'aires dans l'industrie permit aux ouvriers de se tirer d'affaires. Les familles comptant de grands enfants dans les usines connurent même l'aisance. Les principales victimes de la crise furent les petits rentiers, les petits fonctionnaires de l'Etat et surtout les petits propriétaires vivant des loyers de leurs immeubles.

Protégés par le moratorium, les locataires qui pourraient s'acquitter, cessent souvent de payer leurs loyers. Et tandis que les propriétaires se resserrent, meurent quasi de faim, meurent quelquefois réellement, ils font bombance en achetant à tout prix fruits rares, primeurs, morceaux de choix. Pour narguer son propriétaire demeurant au rez de chaussée, un locataire féroce descendait par la fenêtre, au bout d'une ficelle, des os de poulet qu'il lui faisait danser devant le nez...

2. Vie intellectuelle

ARTS (*Peinture et sculpture*). — Les vitrines de M. Emile Blazer permirent aux manifestations artistiques de se produire en public.

M. Henri Sauldubois, en novembre 1914, expose un dessin : *Le Songe d'un Trissu.*

De M. Paul Bruet, plusieurs portraits : notamment, en 1915, celui de l'*adjudant Pierre Rossel*, tué à Vingré ; en 1916, celui du *lieutenant Bonamour*, aussi mort pour la France, une autre toile représente : *un poilu* ; en 1917, le portrait d'un jeune soldat : *René Morel.*

M. Paul Dubois expose (juillet 1916), *l'Aube* (lithographie) et des aquarelles où il fait revivre le passage en notre ville de la division marocaine.

M. Bermyn, ancien professeur au Collège Cuvier, produit une scène d'intérieur (mars 1917), des portraits.

En mars 1917, M. Zingg fut envoyé en mission sur le front d'Alsace pour y peindre des épisodes de guerre. L'Etat et le Musée de la guerre acquirent plusieurs de ses oeuvres. Une exposition des peintures exécutées par les artistes envoyés en mission eut lieu au musée du Luxembourg, en août. Les tableaux de notre compatriote obtinrent un grand succès.

De M. Armand Bloch (en juin 1915), on put voir, dans les ateliers de son frère, un beau buste en marbre du capitaine Fernand Japy, tué à Montreux-Jeune ; chez M. Blazer, des médaillons du général Joffre.

(*Musique*).— De très nombreux concerts eurent lieu au théâtre au bénéfice des oeuvres de guerre ; ils étaient organisés soit par des divisions en cantonnement, soit par les Montbéliardais, notamment à l'occasion des Journées nationales. Mme Bourquin-Bedeville donna plusieurs auditions en faveur des mêmes œuvres.

Au mois d'août 1915, voici les morceaux que les troupes de passage pouvaient trouver à la vitrine d'un magasin de musique (M. G. Bedeville, rue Cuvier) : Le conscrit chante ; La lettre des soldats de France ; Hymne à Mameli ; Hymne national italien ; Alsace-Lorraine ; Hymne serbe ; La lettre aux enfants de la France ; Le Rêve ; Qui vive ? ; Ballade des Poilus ; Le Rhin allemand ; Rosalie.

LETTRES (*Journaux, littérature*). — Le *Petit Montbéliardais* disparut dès le début de la guerre, interrompu par le départ aux armées de son directeur, M. Maurice Bécart.

Le Pays de Montbéliard et *l'Union Républicaine* s'entendirent pour paraître sur une page : le premier journal, le jeudi, le second, le dimanche. Plus tard le *Pays de Montbéliard* reprit son tirage bi-hebdomadaire.

Tous deux ont publié de nombreuses pièces de vers d'Henri Nodier (M. Alph. Bas), écrites pour stigmatiser le Boche et célébrer l'héroïque Poilu, ou encore sur des faits locaux : *Ils étaient quatre ; Vive la lune ! ; les femmes des mobilisés ; Tribulations d'un noctambule* (mars-août 1915) ; *Les Petites femmes* (1916). Ils ont publié également des poèmes envoyés du front d'Alsace par M. Henri Ritter.

Dans les librairies étaient exposés au fur et à mesure de leur parution, les livres nouveaux relatifs à la guerre (récits et romans).

(*Théâtre*). — Sauf pour les concerts organisés en faveur des oeuvres de guerre, le théâtre n'ouvrit point ses portes au public. Nous étions ici trop près du front dont on entendait le canon nuit et jour, pour songer, sans inconvenance, à donner pendant la guerre des représentations.

(*Cinémas*). — Le théâtre était remplacé par l'*Etoile-Cinéma* et le *Tivoli-Cinéma*, tenus le premier, rue de Velotte, par M. Beleney, le second, avenue des Fossés, par M. Choulet. Ces établissements étaient fréquentés surtout par les ouvriers mobilisés dans les usines, et leurs familles.

3. Vie morale

MŒURS DE LA FEMME. — Comme c'était prévu et inévitable, la moralité fléchit, surtout celle de la femme.

Faits. — Nombreuses sont les infractions pour ivresse, prostitution, outrage à la pudeur, excitations de mineurs à la débauche (1914-18).

Gourmandise (pâtisseries et rayons de volailles mis à sec au lendemain du paiement des allocations). — Goût immodéré de la toilette (celle-ci souvent scandaleuse). — Egoïsme: des jeunes filles ayant épousé des mobilisés avouent que « si un malheur arrivait, elles auraient une pension ». — Sexualité. Le séjour des divisions amène la présence ici de professionnelles dont l'exemple est pernicieux surtout pour les ouvrières. Dès 1914, on voit de celles-ci faire des « amis » dans les troupes de passage, les suivre ou les rejoindre dans leurs nouveaux cantonnements (Division marocaine, juillet 1915), même en abandonnant leurs enfants (août 1915). Des femmes cherchent à empêcher leur mari de venir en permission (dans un cas, le mari avait été blessé) ; d'autres s'éloignent de la ville dès que leur infidélité apparaît.

Drames passionnels. La constatation de l'adultère par le mari aboutit généralement à la séparation de fait, au divorce rarement.

Arrestation de faiseuses d'anges ; l'instruction révèle une vingtaine d'avortements (oct. 1916).

Recrudescence des maladies contagieuses. Création à l'hôpital d'un cabinet de consultations (1917).

Conclusions. — La femme mariée, demeurée au foyer, sans protecteur, est exposée à toutes les surprises des sens. Tous ces régiments qui viennent au repos, entre deux batailles, ont l'instinct excité. Milieu éminemment favorable à la corruption. La continence de la femme affronte partout le désir exacerbé de l'homme. Et les hommes sont jeunes, entreprenants, parés de gloire, rendus plus séduisants par la mort qui les frôle. Ce sont des passants qu'on ne reverra plus, qui demain peuvent tomber. Parmi celles qui succombent, — et il y en a dans toutes les « classes », quelques-unes ont l'excuse d'avoir voulu faire l'offrande d'une grande joie. Chez d'autres, ce don d'elles-mêmes est peut-être une manifestation inconsciente de patriotisme.

Ce que nous disons des femmes mariées s'applique partiellement aux célibataires. Ici, la lutte morale a été presque nulle; dans la plupart des cas, le milieu, les circonstances n'ont fait que hâter, précipiter l'abandon féminin. L'opinion publique n'est pas hostile. Dans un pays où la vie s'éteint, on est indulgent au geste qui peut en rallumer le flambeau. Les moeurs sont des nécessités sociales.

De la conduite de certaines femmes pendant la guerre, on peut, on doit s'attrister ; mais ce qui s'est passé est compréhensible. S'il en eut été autrement, nous n'aurions pas vécu dans l'humanité, c'est-à-dire au sein d'une animalité supérieure mais encore toute récente et qui ne peut se maintenir qu'à force de discipline.

La guerre a relâché tous les liens, elle a fait régresser certains êtres, incomplètement évolués, vers l'animalité tout court. Ce n'est, aussi bien, qu'une minorité. Toutes les autres femmes, douées d'une forte moralité, se sont encore enrichies moralement pendant ces années de guerre, dans le travail, le dévoûment et le sacrifice qui ont suffi à l'expansion de leur activité.

MŒURS DE L'ENFANT. — Le père aux armées, la mère à l'usine, l'enfant se trouve sans soins, abandonné. Vols, larcins, maraudage.

L'instruction des enfants est négligée. On leur a pris leurs maîtres ; on leur a pris, comme au collège, jusqu'à leur école. Ils apprennent comme ils peuvent, quand ils peuvent, où i's peuvent, dans des locaux quelquefois sans feu (hiver 1916-17). Et puis, si intéressant que soit le siège d'Alésia, la résistance formidable de notre Verdun les passionne davantage ; ils apprennent à lire dans les journaux dont ils suivent les communiqués. Le bruit du canon jour et nuit, la vie au milieu des troupes qui passent, la menace constante d'une attaque, les avions, les tirs de barrage, les bombardements aériens, voilà bien des circonstances atténuantes pour nos enfants, premières et innocentes victimes de la guerre.

Des mesures sont prises par la municipalité pour réprimer le vagabondage des rues et assurer la scolarité. Elles réussissent partiellement, rencontrant de trop nombreux obstacles.

Par contre, toute une jeunesse ardente développe son corps dans les exercices physiques, se fait du muscle. La patrie d'abord, la race ensuite en bénéficieront.

MŒURS DES HOMMES. — La conduite de ceux qui restent est généralement irréprochable. Sobriété, activité, volonté de mener la guerre jusqu'au bout. La surexcitation sexuelle qui caractérise ces années de guerre ne les atteint pas. Toutes les séductions de la femme sont, du reste, orientées vers l'homme du front.

LES CULTES. — Les sonneries de cloches interdites le 13 août 1914, furent réautorisées le 2 mars 1915. Les cloches des Halles et de l'hôtel de ville servirent à signaler l'approche des avions ennemis.

Le temple St-Martin, dès août 1914, ayant été transformé en magasin d'approvisionnement, les services religieux eurent lieu désormais exclusivement dans le temple St-Georges.

Pendant la grave épidémie dite « de grippe », du 4ᵉ trimestre de 1918, on interdit de porter les cercueils dans les églises.

La guerre n'introduit aucun changement dans l'exercice des différents cultes. Jusqu'à la fin de 1914, les assemblées religieuses paraissent avoir réuni plus de fidèles qu'en temps de paix. Le mouvement fléchit, s'enraya l'année suivante. Il semble bien que cette recrudescence de zèle ait été fonction des grandes angoisses des premiers mois de la guerre.

On observe une augmentation du nombre des enterrements civils. Ceux qui y recourent ne font souvent point partie de sociétés de libre pensée.

De nombreux services funèbres à la mémoire des soldats morts pour la patrie furent célébrés tant au temple St-Georges qu'à l'église St-Maimboeuf.

En 1915, le 9 septembre, M. Schwartz, grand rabbin de Bruxelles, parla au temple israélite, exhortant ses auditeurs à la patience et à la confiance, vertus qu'il avait prises pour sujet de sa conférence. Le 14 juillet 1918, le Rév. Dr Macfarland, venu des Etats-Unis d'Amérique, se fit entendre en anglais au temple St-Georges.

Un arrêté préfectoral du 9 juillet 1915 interdisait le port en public d'insignes aux couleurs nationales, s'ils étaient revêtus d'un emblème quelconque.

Des infractions, en décembre, furent relevées contre des personnes qui plantaient sur leur poitrine un petit drapeau français dont le blanc était chargé d'un coeur sommé d'une croix avec cette devise : Cœur de Jésus, sauvez la France.

Les couleurs de la France appartiennent à tous les Français, sans distinction d'opinions, de partis ou de croyances. En y mettant un signe quelconque, nous les mêlerions à nos querelles, à nos disputes. Il faut qu'elles planent au-dessus.

CHAPITRE III

AGRICULTURE

L'agriculture en 1914

Août. — Moyennement chaud, humide. Vents dominants du N.-E et S.-O. La température basse de fin juillet, se relève dès les premiers jours, s'abaisse les 6, 7 et 8. Hausse sensible du 9 au 14. A partir du 15, la température redescend et va avoisiner plus ou moins la normale. Dans la nuit du 12 au 13, tempête qui déracine des arbres et abat les fruits. Fortes chutes d'eau les 15, 16 et 17.

Septembre. — Chaud au début, froid ensuite, moyennement humide. Vents dominants du S.-O. La température, plutôt élevée du 1er au 11, baisse légèrement vers la deuxième décade, puis période de froid à partir du 20. Pluie : 120 m/m en 12 jours à Montbéliard.

---

(1) Nous avons utilisé pour la rédaction de ces notes climatologiques les travaux de l'observatoire de Besançon et nos observations personnelles.

Octobre. — Frais, pluvieux. Vents du N.-E. La température se relève dès les premiers jours, redescend à partir du 5 et avoisine plus cu moins la moyenne jusqu'au 27.

Novembre. — Plutôt froid, pluvieux. Vents du N.-E. La température déjà assez basse d'octobre s'accentue surtout dans la deuxième quinzaine. 14 jours de gelée.

Décembre. — Chaud, humide. Vents du S.-O. L'élévation de température s'accentue dès les premiers jours. Température moyenne très supérieure à la normale (5°95 au lieu de 1°96) ; c'est la plus élevée depuis 30 ans.

Dès les premiers jours d'août, des volontaires levés parmi les hommes non mobilisés de 16 à 60 ans, aidèrent nos cultivateurs ou du moins leurs femmes et leurs enfants, à faire la moisson.

Le 1er septembre, la municipalité mit l'embargo sur les bovidés existant dans la commune (174), de manière que l'autorité militaire ne pût s'en emparer sans son intervention et nous laissât les vaches laitières indispensables à l'alimentation des nouveau-nés et des malades.

Denrées récoltées sur le territoire de la commune

Seigle,	96 quintaux
Blé,	460 quintaux
Avoine,	324 quintaux
Pommes de terre	175 quintaux

Pour nourrir une population, on compte qu'une quantité de 500 grammes de blé est nécessaire par jour et par tête. L'alimentation en pain exigeait pour notre ville (9000 habitants environ), 1350 quintaux par mois.

Des blés, des farines, furent achetés au dehors.

La récolte des pommes de terre étant déficitaire dans la région, la commission municipale de ravitaillement en importa des centres de production.

Il y eut une quantité de fruits de toute sorte, pommes, poires, prunes, coings, dans tout le pays de Montbéliard et la Haute-Saône.

L'agriculture en 1915

Janvier. — Froid, pluvieux. Vents du S.-O. La température élevée de décembre persiste jusqu'au 13. A partir du 18, les minima restent au-dessous de o jusqu'au 31.

Avenue de la Prairie, la température la plus basse constatée pour le mois et pour l'hiver est : — 12°.

Secousse sismique ressentie à Montbéliard, le 18, vers 22 h. 45.

Février. — Froid avec pluie et neige. Vents du S.-O. Le froid persiste jusqu'au 5, s'atténue du 6 au 8, reparait jusqu'au 12 ; la deuxième quinzaine, plus douce, finit avec le froid.

Mars. — Froid, pluvieux, neigeux. Vents du S.-O. et du N.-E. Le froid humide de fin février persiste tout le mois et s'accentue dans la deuxième quinzaine.

Coup de tonnerre, le 1er à 13 h. 15.

Chutes de neige les 27 et 28.

Avril. — Froid avec neige, pluie et tempêtes. Vents du N.-E. Le froid de fin mars se maintient les deux premiers jours puis, du 3 au 12, période de froid, pluie et neige. Accalmie du 13 au 21, suivie d'une période humide .Du 26 au 30, temps chaud et ondées.

Crue du Doubs, les 7, 8 et 9.

Mai. — Chaud, beau, légèrement humide. Vents du S.-O. et du N.-E. La température se refroidit du 9 au 20. Belles journées chaudes du 21 au 27.

Juin. — Très chaud et très sec. Vents faibles surtout du S.-O. La température qui s'était abaissée fin mai se relève jusqu'au 8. Après cette date jusqu'au 18, belles et chaudes journées ; du 19 au 30 ,diminution marquée de la température.

Juillet. — D'abord beau, sec, ensuite humide et frais. Vents du S.-O. L'abaissement de la température cesse le 2 ; température normale jusqu'au 12 ; du 13 au 18 fléchissement provoqué par des pluies orageuses; belles journées du 19 au 23 ; pluies orageuses jusqu'au 28 ; pluies normales jusqu'à la fin.

Août. — Frais avec pluie un peu supérieure à la moyenne annuelle. Vents à peu près orientés également dans les deux directions S.-O et N.-E. La diminution de chaleur de fin juillet persiste jusqu'au 7 ; la température s'élève brusquement le 8 et le 9, où elle atteint le maximum du mois et de l'année avec 31° le 9. Du 10 au 22, malgré quelques belles journées (18-20) la température est au-dessous de la moyenne. Elle se réchauffe du 23 au 28 pour s'abaisser le 29, 30 et surtout le 31.

Le 1er août, vers 20 heures 30, violent orage sur Montbéliard et la région.

Le 15 août, deux cigognes se posent sur le clocher du temple St-Martin, puis passent la nuit sur le Château qu'elles quittent le 16 à la première heure.

Septembre. — Frais, humidité dépassant la moyenne. Vents du N.-E. et du S.-O. L'abaissement de la température se maintient jusqu'au 5 ; changement brusque le 6 jusqu'au 25. Du 15 au 24, belles journées. Du 25 au 30, période de froid humide.

Violente bourrasque dans la nuit du 26 au 27.

Octobre. — Sec et froid, malgré quelques belles journées. Vents dominants du N.-E. Le froid de fin septembre se prolonge pendant la première décade qui est sèche. Du 11 au 13, période plus chaude et pluvieuse, puis, jusqu'au 24, temps clair, sec et plutôt froid. La dernière semaine du mois est humide et le froid augmente, avec des minima voisins ou au-dessous de o.

Jaunissement et chute précoce des feuilles.

Novembre. — Très humide, et froid dans la première quinzaine ; neigeux et extrêmement froid dans la deuxième. Vents du S.-O. et du N.-E.

Ouragan très violent les 12 et 13, accompagné de pluies torrentielles. Des arbres sont déracinés ; des lignes électriques brisées ; des cheminées nombreuses, enlevées des toits.

Nuit du 15 au 16, minima avenue de la Prairie : — 5°.

La première neige durable fait son apparition le 17 avant le jour. Elle fond presque toute le 18, qui est une journée ensoleillée.

Nouvelle chute de neige le 26, à 19 heures.

Dans la nuit du 26 au 27, le thermomètres marque — 9°, avenue de la Prairie, et la nuit suivante — 11°.

Dégel et brouillard intense le 30.

Décembre. — Remarquablement doux, chaud et humide. Vents prédominants du S.-O. Période humide et chaude jusqu'au 11. Période plus froide jusqu'au 23. Du 23 au 31, la chaleur réapparaît, très anormale avec humidité persistante.

Le 30, au bord du canal de la Savoureuse, avenue de la Prairie, des pervenches sont fleuries dans le talus.

Nos exploitations agricoles disposaient au moment des semailles de 24 travailleurs civils et de 39 chevaux. En avril, l'autorité militaire envoya pour les travaux du printemps la main-d'oeuvre nécessaire aux rares fermiers qui avaient demandé son concours.

Le nombre d'hectares affectés à la production des fourrages était de 239. Pour la fenaison, 25 cultivateurs ayant besoin de 48 ouvriers agricoles sollicitèrent l'aide de la Compagnie des travailleurs militaires du 99° régiment territorial, établie à Audincourt. 126 travailleurs seulement avaient pu être mis à la disposition de l'arrondissement de Montbéliard. Les travaux de la plaine terminés, ils furent dirigés ensuite sur les cantons de Pont-de-Roide et de St-Hippolyte. Quelques fils de cultivateurs obtinrent des permissions spéciales de quinze jours.

Le foin récolté sur le territoire de la commune, s'éleva à 10.000 quintaux, soit la quantité nécessaire à sa consommation pendant dix mois environ.

Fin juillet, le lieutenant-colonel Chevalier, gouverneur du Mont-Bart, mit à la disposition de la ville 4 ouvriers agricoles pour une durée de quinze jours. On les envoya aux cultivateurs dont le personnel était le plus réduit.

En août, la rigueur militaire fléchit devant les besoins de l'agriculture. Les soldats des dépôts exerçant réellement la profession de cultivateur avant la guerre purent obtenir aisément une permission agricole au vu d'un certificat du maire. D'autres vinrent travailler aux champs en faisant attester par l'employeur que le soldat demandé s'entendait à la culture et que sa présence était nécessaire pour la rentrée des récoltes.

Grâce à ces mesures, la moisson se fit assez rapidement.

Denrées existant dans la commune au 5 septembre 1915

Blé,	137 quintaux
Avoine,	262 quintaux
Orge,	28 quintaux
Fourrages,	2075 quintaux
Pailles diverses,	805 quintaux

La récolte des pommes de terre fut abondante dans toute la région. Le territoire de la commune en produisit environ 500 quintaux.

Les fruits furent assez nombreux, mais il y en eut beaucoup moins qu'en 1914.

La récolte abondante en foin et la hausse du prix du lait favorisèrent l'élevage du bétail bovin qui avait été si éprouvé par les réquisitions du début de la guerre.

L'agriculture en 1916

Janvier. — Exceptionnellement doux, très chaud. Vents prédominants du S.-O. La période humide de fin décembre se prolonge jusqu'au 15. Du 15 au 31, température très douce avec quelques journées pluvieuses seulement.

Pluie: 73 m/m à Montbéliard. Le 4, giroflées fleuries dans les jardins. Le 10, au Parc, les pâquerettes fleurissent dans les champs ; le gazon verdit. Le 13, le bois-joli commence à se couvrir d'étoiles roses, avenue de la Prairie. Le 20, les primevères font des taches blanches dans le terreau des parterres ; le cognassier du Japon entr'ouvre ses bourgeons rouges ; les oiseaux chantent dès le matin.

Février. — Inclément, froid, sans températures très basses ; vents prédominants du S.-O. La période chaude de fin janvier se prolonge jusqu'au 6. Du 7 au 29, recrudescence de froid, neige et gelées.

Pluie : 154 m/m à Montbéliard.

Mars. — Première décade froide et neigeuse ; deuxième relativement belle et douce ; le mauvais temps réapparaît dans la troisième, mais finit par trois belles journées. Vents du S.-O.

Pluie : 96 m/m à Montbéliard.

Le 1er mars, on ressent à Montbéliard, la secousse sismique observée à Besançon, à 20 h. 53 m. 51 s.

Avril. — Beau début, puis période hivernale avec pluie froide et neige; dernière semaine très douce. Vents du S.-O. et du N.-E. Belles journées dans la première huitaine ; du 9 au 23, période de froid, de pluie et de neige ; du 2 au 30, journées printanières.

Pluie : 102 m/m à Montbéliard.

Le froid humide de la deuxième décade provoque la coulure des fruits.

Le 15, la neige tombe comme en plein hiver. Avenue de la Prairie, la glace atteint 5 m/m d'épaisseur. Le 22, à 10 heures, orage accompagné de quatre coups de tonnerre. L'obscurité devient telle qu'on est obligé d'éclairer les magasins à l'électricité.

Mai. — Plutôt beau et chaud sans excès. Vents partagés entre le S.-O. et le N.-E. La période si belle de fin avril se poursuit jusqu'au 4 ; période orageuse-pluvieuse du 5 au 8 ; belles, mais fraîches journées, du 9 au 12 ; période humide du 13 au 16 ; splendides journées jusqu'au 24, puis période orageuse jusqu'au 29 ; le mois s'achève avec un léger relèvement de la température.

Pluie : 67 m/m à Montbéliard.

Juin. — Nuageux, pluvieux et très froid. Vents du S.-O. Pluie et abaissement de la température du 2 au 15. Le 12, la neige fait son apparition sur les sommets de la frontière franco-suisse. Le 14, on allume le poêle de la mairie où le thermomètre marque seulement + 12°. La pluie revient du 17 au 20. Belles journées du 21 au 23. Pluie du 24 au 29, belle journée le 30.

Pluie : 124 m/m à Montbéliard.

Juillet. — Frais dans son ensemble. Vents partagés entre le S.-O. et le N.-E. Du 1er au 17, période froide, pluvieuse ; du 18 au 31, presque toutes les journées sont belles, température voisine de la normale.

Pluie : 154 m/m à Montbéliard.

Août. — Première quinzaine, chaude et belle ; orages du 16 au 20 et fin humide. Vents du S.-O. prédominants.

Pluie : 134 m/m à Montbéliard.

Septembre. — Froid et humide. Vents faibles du S.-O. et du N.-E. Débute avec trois belles journées ; puis temps gris, froid et humide, sauf les 9 et 10, succède jusqu'au 21 ; belles journées d'été du 22 au 27, ensuite journées froides et très pluvieuses.

Pluie : 94 m/m à Montbéliard.

Précoces brouillards ; gelées blanches, 15 et 16.

Octobre. — Température surpassant légèrement la normale ; chaleur irrégulièrement répartie et amoindrie par l'humidité. Vents faibles, orientés le plus souvent vers l'O.

Première quinzaine douce et relativement sèche ; dans la deuxième, la température s'abaisse du 15 au 20 ; gelées les 21, 22, 23, puis les moyennes diurnes se relèvent et dépassent la normale en fin de mois. Les premiers flocons de neige tombent à Montbéliard le 20 à midi.

Pluie : 124 m/m à Montbéliard.

Novembre. — Mois doux et très humide. Vents très faibles orientés dans les directions S.-O. et N.-E. Première quinzaine chaude, humide ; la température s'abaisse dès le 15, et la seconde quinzaine compte 8 jours de gelées.

Pluie : 125 m/m à Montbéliard.

Décembre. — Humide et neigeux. Vents assez calmes au début, puis violents vers la fin et de direction dominante S.-O. L'abaissement subit de la température a lieu le 20, où nous enregistrons — 10° à Montbéliard (Avenue de la Prairie). Après une chute de neige, la température se radoucit jusqu'à la fin du mois. Journée printanière le 28.

Pluie et neige : 144 m/m à Montbéliard.

Il importait de mettre en oeuvre tous les moyens susceptibles de porter au maximum la production agricole du pays.

Les décrets des 2 et 9 février 1916 décidèrent la constitution dans chaque commune rurale d'un comité permanent chargé d'organiser le travail des champs et d'assurer la culture de toutes les terres situées dans la commune.

Les comités d'action agricole sont nommés par les conseils municipaux assistés de trois cultivateurs choisis préalablement par l'assemblée communale.

Dans sa séance du 20 février le conseil municipal de Montbéliard s'adjoignit MM. Louis Zurcher-Coulon, Joseph Widmer, Charles Courvoisier.

Il désigna pour faire partie du comité d'action agricole les personnes dont les noms suivent :

MMmes Philippe-Faivre, Graber Jeune, aux Gouttes et Jean Ruffier, à la Chiffogne.

MM. Georges-Emile Bretey, Buffet, à la Petite-Hollande, Jean Graber Aîné, aux Gouttes, Joseph Graber, à la Petite-Hollande, Daniel Schindler, Louis Coulon-Zurcher, Joseph Widmer, Charles Courvoisier.

Le comité, dont la présidence appartient de droit au maire, désigna M. Schindler comme vice-président et comme conseiller technique, M. George, professeur d'agriculture de l'arrondissement.

Les familles des agriculteurs de profession mobilisés remplissant les conditions pour solliciter en faveur de leur chef une permission agricole de quinze jours en vue des travaux du printemps, furent invitées à constituer leur dossier avant le 1er mars. La mairie reçut et transmit cinq demandes.

On invita d'autre part les agriculteurs ayant besoin de main-d'œuvre militaire à se déclarer. Onze cultivateurs, cultivant une surface de 296 hect. demandèrent 20 travailleurs militaires qui leur furent envoyés le 17 mars.

Une commission parlementaire chargée de faire une enquête sur la situation agricole de la zone des armées, se rendit à Montbéliard, dimanche 2 avril, et assista à 9 heures à l'hôtel de ville à la réunion du comité cantonal d'action agricole de Montbéliard et des délégués des autres comités cantonaux de l'arrondissement.

M. Ulmann, maire, reçut la commission. Elle était composée de MM. Braibant, député des Ardennes ; Cosnier, député de l'Indre ; Camuzet, député de la Côte-d'Or, et était accompagnée par MM. Milleteau, préfet ; Langeron, sous-préfet, et Rousset, directeur des services agricoles du Doubs.

Elle entendit les doléances des cultivateurs qu'elle trouva ici, comme dans les autres départements visités, préoccupés surtout par la question de la main-d'œuvre. Elle leur promit de s'employer à obtenir que les militaires agricoles pûssent travailler leur propre terre avant d'aller chez les autres et qu'on leur accordât des permissions de 15 jours aux quatre époques où leur présence est surtout nécessaire chez eux : travaux de printemps, fenaison, moisson, semailles d'automne.

MM. Turbergue, maire de Bourguignon ; Ch. Monnot, maire de Maiche et Louys, ancien maire d'Audincourt, présentèrent de nombreuses observations et des critiques sur les réquisitions, le prix d'achat du bétail, les indemnités aux travailleurs agricoles, les stocks de fourrage, etc. La commission les enregistra pour les porter devant la Commission de l'agriculture.

M. Cosnier recommanda aux agriculteurs l'emploi des moteurs mécaniques et félicita vivement les éleveurs du bétail de la race montbéliarde, lesquels sont parvenus à reconstituer un troupeau aussi nombreux qu'avant la guerre. Il leur adressa un appel pressant pour les engager à persévérer dans cette voie, en vue du repeuplement ultérieur des étables de la Belgique et de nos départements envahis. Elever, conclut-il, est l'intérêt et le devoir de tous les agriculteurs de la région.

Le Comité d'action agricole, réuni le 11 mai 1916, s'occupa des demandes de travailleurs militaires. Vingt cultivateurs formulèrent des demandes afin d'obtenir 37 travailleurs pour la fenaison et 22 travailleurs pour la moisson.

Contrariée par les pluies, la fenaison s'effectua au prix des plus grandes difficultés. Le foin récolté sur le territoire de la commune fut de 8.500 q. environ.

Un recensement de nos animaux de ferme donne les chiffres suivants au 10 juin : chevaux, 44 ; bovins, 182 (dont 137 vaches) ; ovins, 21 ; porcins, 2 ; caprins, 1.

Les céréales récoltées en 1916 ont été pour 19 cultivateurs :

blé, 518 hectol.

avoine, 1.016 —

orge, 81 —

seigle, 97 —·

L'année, moyenne en blé (21 hl. à l'hect.), fut bonne en avoine (35 hectol. à l'hect.) et nulle pour la pomme de terre.

Les fruits ont été rares ; les pommiers seuls ont donné un semblant de récolte.

Le Doubs étant déficitaire d'une moitié environ pour la récolte du blé, le préfet, le 18 septembre, frappa d'une réquisition générale tous les blés du département. Il restait disponible à Montbéliard, dans les greniers des cultivateurs, après réserve de leur semence, 225 q. de blé qui furent livrés aux moulins de Bavans.

L'agriculture en 1917

Janvier. — Froid, humide et neigeux jusqu'au 20 ; très froid dans la dernière décade où la bise prédomine.

Nuit du 22 au 23 — 6° (Avenue de la Prairie).
    23 au 24 — 11°
    27 au 28 — 11°
    28 au 29 — 14°
Le 30 à 8 heures. — 11°.

Le canal du Rhône au Rhin, l'Allan, sont gelés. Le canal de la Savoureuse, avenue de la Prairie, supporte le 30 le poids d'un homme.

Février. — Très froid jusqu'au 11 ; belles journées jusqu'au 16, puis période pluvieuse jusqu'au 21 et belle fin de mois ensoleillée. Vents prédominants du N.-E.

Nuit du 1er au 2 — 16° (Avenue de la Prairie)
    3 au 4 — 18°.

Toutes les nuits de la première décade, le thermomètre descend au-dessous de — 10°. Gel des pommes de terre dans les caves.

Pluie et neige : 17 m/m à Montbéliard.

Mars. — Neigeux, pluvieux, froid. Vents orientés au S-.O. et au N.-E. Ouragan à Montbéliard dans la nuit du 29 au 30, qui dure toute la journée du 30, arrachant des toitures et renversant des cheminées, gelées pendant la première décade ; réchauffement de la température le 11, s'affaiblissant jusqu'au 15 ; puis nouvelles gelées.

Pluie et neige : 96 m/m à Montbéliard. La végétation reste engourdie; aucun travail de culture possible.

Avril. — Très froid, pluvieux, neigeux. Le beau et le chaud n'apparaissent que le 29.
Pluie : 74 m/m à Montbéliard.
La végétation reste stationnaire, jusqu'à la fin du mois, puis elle prend un rapide développement.

Mai. — Mois exceptionnel par sa chaleur et son humidité. Vents dominants du S.-O.
Pluie : 120 m/m à Montbéliard.

Juin. — Très chaud, orageux. Vents du S.-O..
Pluie : 124 m/m à Montbéliard.

Juillet. — Humide et frais, puis sec et assez chaud. Le 3, vers 11 heures, l'Allan, à la suite de trombes qui se sont produites en Suisse et à Montreux-Château, enfle avec une telle force, que, deux heures après, le niveau de la crue atteignait la chaussée de l'avenue Carnot.
Pluie : 129 m/m à Montbéliard.

Août. — Frais, humide dans son ensemble avec de belles journées ensoleillées. Vents généralement faibles, du S.-O.
Pluie : 154 m/m à Montbéliard.

Septembre. — Beau et sec. Vents faibles orientés S.-O. et N.-E. Pluie : 76 m/m à Montbéliard.

Octobre. — Froid, très humide. Vents du S.-O. Les basses températures commencent vers le 11. Pluie : 214 m/m à Montbéliard.

Novembre. — Frais, moyennement humide. Vents du S.-O. et N.-E. Pluie : 63 m/m à Montbéliard.

Décembre. — Très froid, sec, neigeux. Vents modérés du N.-E. Neige : 28 cm. à Montbéliard. 5 déc., — 7° ; 6 déc., — 10° ; 27 déc., — 15° ; 29 déc., — 16° (Avenue de la Prairie),— 18° (Avenue Carnot) ; 30 déc., — 14°.

Comme l'an dernier, le canal de la Savoureuse est complètement gelé, à partir de la nuit du 28 au 29.

« Ne laisser aucune terre inculte et improductive », tel fut le mot d'ordre donné en France au début de l'année 1917. Il fut entendu et on y obéit à Montbéliard. Une commission dont M. Louis George (1), professeur d'agriculture, constitua la cheville ouvrière, se forma en février pour la mise en valeur des terres que leurs propriétaires ne pouvaient pas cultiver.

Tous les terrains communaux du champ de foire et environ trois hectares de champs appartenant à des particuliers furent labourés, fumés et ensemencés. Suivant le sol, ils reçurent des céréales, des légumineuses ou des pommes de terre.

Dans sa séance du 9 mars 1917, le conseil municipal avait ouvert un crédit de 5000 francs pour l'exécution de ces travaux que les intempéries retardèrent jusqu'à la fin d'avril.

La jeunesse scolaire apporta elle-même son concours aux cultures exceptionnelles de guerre.

Le 30 juin, 600 têtes de choux furent vendues au marché de 0.30 à 0.70 centimes pièce. Le 16 juillet, les haricots verts s'écoulèrent au prix de 0.75 centimes le kilogramme. Le 26 novembre, la récolte des pommes de terre qui produisit environ 1000 doubles-décalitres fut mise en vente à raison de 3 francs le double. On attribua quatre doubles par ménage.

Les dépenses pour les cultures de guerre s'élevèrent à 3108 fr. 75 et les recettes à 4582 fr. 25, soit un bénéfice de

____

(1) Outre les services rendus à la population montbéliardaise, M. George entreprit de grandes cultures à Grand-Charmont. Sa science, son activité qui fut infatigable, son dévouement patriotique à la cause de la production agricole lui ont acquis des droits à toute notre reconnaissance.

1473 fr. 50. Ces cultures eurent un autre résultat qui prime tout : les produits furent un régularisateur des cours et augmentèrent le stock de la production nationale.

Blé,	251 quintaux
Avoine,	202 quintaux
Orge,	64 quintaux
Seigle,	16 quintaux

L'année médiocre en blé (20 p. 50 à l'h.), fut bonne en avoine (36 q. à l'hect.), et excellente en pommes de terre. Celles-ci en temps normal se fussent vendues 4 francs le sac de quatre doubles-décalitres ou 4 fr. 50 les 100 kilos.

L'année abondante en foin et en regain le fut pareillement en cerises, pommes, poires, prunes, etc... Cinq ateliers publics de distillation furent ouverts en ville pour l'utilisation des fruits.

Sans le blé, dont la production fut médiocre, l'année 1917 aurait été exceptionnelle.

L'agriculture en 1918

Janvier. — Froid du 1er au 15, chaud du 16 au 25, normal ensuite. Neige : 31 cm. à Montbéliard.

4 janvier, — 15° ; 5 janvier, — 19° ; 9 janvier, neige : 25 cm. ; 14 janvier, — 13°.

Février. — Plutôt chaud, peu humide. Vents faibles du S.-O. et N.-E. Pluie : 29 m/m à Montbéliard.

Mars. — Froid, puis chaud, assez sec. Vents faibles du N.-E. Vague de froid du 1er au 8 où la température se relève. Après le 25, forte baisse. Pluie : 53 m/m à Montbéliard.

Avril. — Froid, humide. Vents du S.-O. et N.-E. Pluie : 138 m/m à Montbéliard.

Mai. — Doux et pluvieux, ensuite sec et chaud. Vents faibles alternativement du S.-O. et du N.-E. Pluie : 45 m/m à Montbéliard.

Juin. — Froid et sec au début, ensuite pluvieux.

Juillet. — Moyennement chaud, sec et lumineux. Vents du S.-O. et du N.-E. Pluie : 39 m/m à Montbéliard.

Août. — Chaud et sec. Vents du S.-O. Pluie : 47 m/m à Montbéliard.

Septembre. — Doux, humide. Vents du S.-O.
Pluie : 195 m/m à Montbéliard.

Octobre. — Froid. Vents surtout du N.-E.
Pluie : 71 m/m à Montbéliard.

Novembre. — Chaud jusqu'au 13, ensuite succède une période froide
jusqu'au 24.
Pluie : 74 m/m à Montbéliard.

Décembre. — Chaud, humide. Vents du S.-O. La température se relève
dès le 4 et se maintient au-dessus de la normale à part un léger retour du
froid les 25-27.
Pluie : 199 m/m à Montbéliard.

La main d'oeuvre russe qui avait été mise à la disposition
de nos cultivateurs en avril leur fut presque immédiatement
retirée. A raison des événements du front, la main d'oeuvre
militaire française fut extrêmement réduite, de telle sorte
qu'ils n'eurent guère à compter que sur eux-mêmes pour
l'exécution de leurs travaux agricoles.

Les surfaces ensemencées en céréales ont été les suivantes :
blé d'automne, 25 h. 71 a. ; blé de printemps, 1 h. 75 a. ;
seigle, 1 h. 80 a. ; orge, 5 h. 38 a. ; avoine, 22 h. 75 a. ; mé-
teil, 35 a.

Sept h. 36 a. furent plantés en pommes de terre.

Au 30 juin, le recensement du bétail existant dans la commune donne les chiffres qui suivent : boeufs et taureaux, 10 ;
vaches pleines ou à lait, 192 ; génisses d'élevage, 16 ; veaux
de boucherie, 14 ; espèce ovine, 46 têtes ; espèce porcine, 38
têtes. Nombre de chevaux : 58.

Le foin fut excellent ; production d'une bonne moyenne. Il
y eut peu de cerises. Les fruits d'automne furent rares, seulement quelques pommes.

L'année assez bonne en blé (25 q. à l'h.), fut excellente en
avoine (40 q. à l'h.). L'orge et le seigle donnèrent 21 et 20 q.
à l'hectare.

La récolte de pommes de terre resta moyenne. On en trouvait à acheter, de celles du pays, avant la taxe, à 35 francs
les 100 kilos.

La plantation du champ de foire, dirigée par M. George,
professeur d'agriculture, donna de bons résultats. On écoula
ces pommes de terre en septembre, à raison de 10 kil. par
famille, au prix de 0.40 le kil., inférieur de dix centimes à
celui du commerce.

CHAPITRE IV

INDUSTRIE ET COMMERCE

§ 1. La mission économique canadienne (17 et 18 juillet 1916). — § 2. La commission industrielle américaine (4 octobre 1916).

Ce que fut l'industrie pendant la guerre, nous l'avons déjà dit en examinant la participation des usines montbéliardaises dans la défense nationale.

Malgré les difficultés de transport et les entraves résultant de notre situation, dès le début et jusqu'à la fin de guerre, dans la zone des armées, le commerce en général fut extrêmement prospère. Le cantonnement des armées et l'accroissement de la population ouvrière dans la région, créèrent des besoins auxquels il lui fut souvent impossible de satisfaire.

§ 1. *La mission économique canadienne*

(17 et 18 juillet 1916)

Cette mission venue en France pour étudier les voies et moyens à employer en vue d'établir, après la guerre, d'étroites relations économiques entre le Canada et notre pays, était dirigée par M. Damour, député des Landes, et se composait de personnalités appartenant à l'industrie et au commerce du Dominion.

Elle arriva de Besançon, lundi 17 juillet 1916 à 19 heures. Devant l'hôtel de ville, pavoisé aux couleurs des Alliés et au balcon duquel flottait un grand pavillon britannique, elle descendit de son auto-car chargé de fleurs, au milieu des applaudissements.

Sur le perron, M. *Gustave Ulmann*, maire de la ville, entouré du Conseil municipal : *M. Albert Roux*, vice-président de la Chambre consultative des Arts et manufactures, entouré des membres de cette compagnie, reçurent nos amis canadiens qui, à travers le vestibule fleuri et pavoisé, s'acheminèrent vers le salon de l'hôtel de ville.

Tandis que le champagne pétillait dans les coupes, M. Ulmann, maire, souhaita une bienvenue cordiale à nos hôtes.

M. Langeron, sous-préfet, présenta de son côté à la mission, le salut du gouvernement.

M. *Edmond Dupré*, ancien président de la Chambre de commerce de Québec, répondit en quelques paroles à ces deux allocutions. Il termina en disant que ses compatriotes n'avaient qu'un désir, c'était d'entrer en Allemagne à côté des armées anglo-françaises, ce qui serait pour eux la manière d'entrer aussi dans l'histoire et dans la gloire.

A 20 heures, un banquet réunit Canadiens et Français à l'hôtel de la Balance.

Au dessert, M. *Roux*, vice-président de la Chambre consultative, prit la parole pour excuser le président empêché, souhaiter la bienvenue aux membres de la mission et les assurer que si la façon dont ils étaient reçus si près du front était vraiment modeste, elle n'en était pas moins cordialement enthousiaste.

Après avoir montré l'effort qui a été fait dans notre coin de pays pour intensifier la défense nationale, il rendit hommage aux vertus canadiennes, à l'élan guerrier des soldats canadiens, à la vaillance de leur grand cœur où coule toujours le vieux sang français.

M. *Woodworth*, président de l'Association des manufacturiers canadiens de Montréal, examina les rapports qui doivent, après la guerre, unir Canadiens et Français. Le rôle économique que l'Allemagne remplissait au Canada, il appartient à la France, désormais, de le remplir.

M. *Charles Beaubien*, sénateur, montra ce qu'est le Dominion avec ses territoires immenses, ses richesses notamment en céréales et en forêts. Le milliard et demi d'affaires que l'Allemagne faisait avec son pays passera demain entre les mains de la France, grâce à la réciprocité des achats. C'est pour cela qu'il nous faut, dit-il, entrer en relations, nous envoyer de part et d'autre des spécialistes qui régleront l'action de nos deux pays.

Dans une péroraison magnifique, il fit l'éloge de la France qu'il salua avec respect et attendrissement.

Il savait que la race française avait fait et faisait toujours l'admiration du monde ; qu'elle était la race des preux et des chevaliers ; celle qui sait mourir toujours avec le sourire aux lèvres. Ce qu'il ignorait, c'est la façon dont, après deux ans de guerre, la France sait vivre par ses femmes, par ses vieillards, par ses enfants. En assistant au spectacle tous les jours renouvelé de ces enfants de dix à treize ans, travaillant aux champs comme des hommes, il voudrait que le monde entier eût ses yeux pour voir, son cœur pour sentir, sa mémoire pour se souvenir.

« La France, termina-t-il, est notre seconde mère. Elle est toujours le flambeau qui éclaire le monde ».

Les convives firent une ovation au sénateur canadien.

M. *Dupré*, ancien président de la Chambre de commerce de Québec, nous ouvrit le secret de l'âme canadienne avec une délicatesse de sentiment et un bonheur d'expression qui produisirent une profonde impression sur l'assistance.

« Vous ne savez pas, dit-il, l'émotion exquise qu'éprouve le Canadien, ce fils oublié du Nouveau Monde, lorsqu'en mettant le pied sur la terre de France, il foule le sol sacré de la patrie. Notre rapide voyage a été comme un conte des Mille et une Nuits, tellement nous avons été charmés, éblouis en parcourant ce coin de terre béni qu'on appelle la France. Nous emportons un souvenir très doux qui nous suivra jusqu'à la mort.

« Il faut avoir comme nous effectué ce voyage pour se rendre compte de la communauté des idées, de l'étroitesse des liens qui nous unissent à la France. Séparés de vous depuis trois siècles, nous nous retrouvons en vous. Nous comprenons pourquoi tant de nos gars ont abandonné leurs foyers pour accourir, dès 1914, au secours des deux mères patries menacées. Pour nous, Canadiens, lorsque nous arrivons en France, nous éprouvons une émotion et un plaisir auxquels restent étrangers tous les autres peuples : nous sommes chez nous.

« Il nous semble avoir vécu une vie antérieure. Nous avons le sentiment, au contact des hommes et des paysages, de retrouver de vieilles connaissances ; nous revivons un rêve. Nous nous sentons avec vous de même mentalité, de même sang et de même race ».

Ces paroles chaleureuses allèrent au cœur des convives qui acclamèrent l'orateur.

M. *Thourot*, conseiller général, qui avait fait violence à son état de santé pour venir fraterniser avec les Canadiens, leur dit toute la joie qu'il éprouvait dans cette inoubliable soirée où Canadiens et Français préparaient un avenir meilleur.

M. *Ulmann*, maire et président du banquet, termina la série des discours.

Il montra les liens qui, après cette affreuse guerre, resserreront plus étroitement les grandes nations entre elles pour une nouvelle ère de prospérité économique et l'avancement du progrès dans l'humanité.

A l'indissolubilité de ces liens, il leva son verre, disant que c'est par elle que sera rendue possible la justice dans la Société des Nations.

Le 18 juillet, la mission économique canadienne visita le château et l'hôpital militaire qui y était installé. Après une excursion à la citadelle, les membres de la mission se retrouvèrent à midi et demi à l'hôtel de la Balance où les délégués de la Chambre de commerce de Belfort les attendaient.

Au dessert, de nombreux discours furent encore prononcés. M. *Edmond Ienné*, de la Chambre consultative et vice-président du Comité d'exécution du monument Peugeot, rappela l'affaire de Joncherey, l'assassinat par l'Allemagne, plus de trente heures avant sa déclaration de guerre, du petit caporal du 44e régiment d'infanterie.

« Ce premier épisode tragique de la grande guerre, répondit M. Dupré, a été porté immédiatement par le télégraphe à notre connaissance. Les Canadiens savent avec quel héroïsme a succombé ce caporal de notre race ».

Au nom de la mission canadienne, il déclara verser, en vue du futur monument de protestation, une somme de 250 francs. Sur le champ, les membres de la mission s'inscrivirent individuellement, ce qui porta le montant des souscriptions à la somme de 675 francs. Le geste fraternel des Canadiens fut ovationné. Le secrétaire du Comité Peugeot donna l'accolade au sénateur Beaubien, promoteur de ce mouvement de solidarité.

La mission, accompagnée des membres de la Chambre consultative et de la Chambre de commerce de Belfort, visita dans l'après-midi les usines de MM. Japy frères à Beaucourt et Fesches-le-Châtel.

A 18 h. 30, elle entrait dans Belfort et se rendait à la réception que la municipalité et la Chambre de commerce lui avaient préparée à l'hôtel de ville.

§ 2. *La Commission industrielle américaine*

(4 octobre 1916)

La Commission industrielle américaine organisée sous les auspices de l'*American Manufacturers' Export Association* rendit en France, en automne 1916, la visite faite en Amérique, durant l'hiver précédent, par la mission commerciale française. Elle eut pour but de développer les relations commerciales et industrielles existant déjà entre les deux nations et d'étudier notamment les procédés les plus pratiques en vue d'utiliser les ressources et l'expérience de l'Amérique pour la reconstruction des communes françaises et la restauration de nos industries.

La mission, dirigée comme la précédente par M. Damour, député des Landes, se composait de techniciens et de personnalités appartenant au haut commerce et à la grande industrie américaine. Elle était présidée par M. W. W. Nichols, vice-président de l'*American Manufacturers' Export Association*.

Venant de Besançon, elle arriva à Montbéliard, mercredi 4 octobre 1916, à 11 heures 30, dans huit automobiles conduites par des soldats.

A l'hôtel de ville, pavoisé aux couleurs françaises et américaines et décoré de verdure et de fleurs, elle a été reçue par la municipalité, le conseil municipal et la Chambre Consultative des Arts et Manufactures qui lui ont offert un vin d'honneur.

M. G. Ulmann, maire, souhaita une cordiale bienvenue aux délégués de la grande République.

M. Langeron, sous-préfet, de son côté, présenta à la mission, en termes émouvants, le salut du gouvernement. Il porta un toast au président Wilson.

M. Nichols, chef de la mission, répondit au nom de ses collègues et au sien, en disant combien ils étaient touchés par l'accueil qui leur avait été préparé.

Après une visite à l'hôpital temporaire du Château, 'a

mission et ses hôtes se retrouvèrent à 13 heures, à l'Hôtel de la Balance, au déjeûner offert par la ville.

Au dessert, M. Albert Roux, vice-président de la Chambre consultative des Arts et Manufactures, remplaçant M. Pierre Peugeot, empêché, prononça un discours dans lequel il insista sur les rapports commerciaux et industriels qui devront s'établir entre les deux républiques après la guerre ; il remercia l'Amérique pour sa coopération industrielle, pour le rôle charitable aussi, qu'elle n'avait cessé de remplir depuis deux ans, mettant la science et le dévouement de ses médecins et de ses infirmières au service de la France blessée. C'est elle également qui a secouru nos populations affamées, celles de la Belgique, tombées sous le joug des envahisseurs.

Il termina en levant son verre aux Etats-Unis d'Amérique.

M. Nichols, président de la mission, remercia la municipalité de la cordiale réception qui lui était faite. Le peuple américain est impressionné par la bravoure des Français, par le travail splendide qu'ils fournissent depuis deux ans. En visitant la merveilleuse France, la mission ne peut retenir l'enthousiasme qui déborde de son coeur. Elle est frappée par le génie français qui se manifeste sous mille formes différentes et surtout par l'admirable sérénité et la confiance de tous les Français dans le succès final.

M. C. G. Pfeiffer, de New-York ,prit ensuite la parole.

« L'Amérique est neutre, c'est vrai. Comme citoyens, les Américains sont tenus à une certaine réserve. Mais ils sont des hommes, des individus qui ont aussi le droit et le devoir de parler.

Au nom de tous les membres de la mission, il tient à déclarer que cette guerre touche tout le monde et que son issue ne laisse personne indifférent. Il n'en dira pas davantage. ».

Après avoir remercié M. Damour, député des Landes, qui a pris l'initiative de mettre Français et Américains en rapport pendant la guerre pour préparer l'oeuvre commune à laquelle ils collaboreront lorsqu'elle sera terminée, il exprima ses sentiments de gratitude pour l'hospitalité témoignée par la ville de Montbéliard.

« Nous savons, dit-il, que vous êtes en guerre ; nous savons que ceux qui sont à cette table ont de cruelles préoccupations et de graves soucis. Vous nous les dissimulez pour mieux nous recevoir. Nous vous sommes reconnaissants pour cet héroïsme, que nous admirons et qui est bien français...»

M. Adler, secrétaire et membre de la Chambre de commerce de Besançon, au nom des Français présents, remercia avec émotion M. Pfeiffer, pour les paroles qu'il venait de prononcer et qui étaient allées au cœur de tous.

« Ici plus qu'ailleurs, dit-il, dans la zone des armées combattantes, nous éprouvons un besoin de sympathie. Cette sympathie que nous témoigne la grande République sœur nous est réconfortante. Sa charité s'est répandue parmi nous, elle nous est précieuse ; mais ce qui nous est précieux aussi, c'est de savoir que l'Amérique reconnaît que la France et ses Alliés portent dans le cataclysme déchaîné le drapeau de la civilisation (Applaudissements).

M. Ulmann, maire de Montbéliard, dans une allocution vibrante, remercia nos amis d'Amérique pour les sentiments de sympathie, de confiance, qu'ils nous exprimaient avec tant de cordialité.

« Les Barbares allemands ont été mal servis par leurs espions. Ils croyaient avoir à faire à un peuple endormi, tranchons le mot, à un peuple « pourri ». Ils se sont trompés. La France leur a montré qu'elle était toujours la France et qu'elle n'avait rien perdu de ses vertus guerrières et civiques.

Nous voulons la paix, une paix que nous leur imposerons dans l'intérêt de l'humanité tout entière, car si notre sang coule ce n'est pas seulement pour la France, mais pour la liberté de tous les peuples....»

Il but à la grande République américaine, sœur de la nôtre, et qui a le même idéal de liberté, d'égalité et de fraternité.

Le maire de Montbéliard fut chaleureusement applaudi.

A 15 heures, la mission visita les usines de la région. Le lendemain matin elle quitta Montbéliard et se rendit à Belfort.

CHAPITRE V

LES GROUPES

1. Sociétés mutualistes et de bienfaisance. — 2. Sociétés de sport. — 3. Sociétés et institutions diverses.

1. *Sociétés mutualistes et de bienfaisance*

Les Associations mutualistes continuèrent d'assurer régulièrement à leurs adhérents les secours statutaires. Malgré le fléchissement des recettes, leur patrimoine ne cessa pas de s'accroître.

Tel est le cas de l'*Association des Employés de commerce* (président : M. Aug. Dorian) et la *Société de secours mutuels d'ouvriers* (présidents : M. Georges Colard, décédé en juillet 1917 ; ensuite M. Georges Thierry). Dans la première société, l'avoir qui, au 31 décembre 1914, s'élevait à 283.497 fr. 05, atteignait, au 1er janvier 1918, 315.155 fr. 64. Dans la seconde société, 200 membres environ furent mobilisés, dont six administrateurs. L'avoir qui, au 31 décembre 1914, s'élevait à 72.494 francs atteignait au 1er janvier 1918, la somme de 73.940 francs, toutes dépenses payées.

La Prévoyante (président : M. Georges Lods), la 867e section des *Prévoyants de l'Avenir*, la *Mutualité scolaire* (président : M. Jules Maneville) traversèrent heureusement la crise. Il en est de même des deux groupements d'anciens militaires: la *Société des Vétérans des armées de terre et de mer* et 'a *Société des anciens combattants* (président : M. G.-E. Verenet). Cette dernière se fit un devoir d'assister avec son drapeau à toutes les obsèques des soldats de la garnison.

La *Crèche Rosalie Morel* (président du comité d'administration : M. E. Jeanmaire) dont les ressources régulières sont fort modestes, fut particulièrement éprouvée par le renchérissement du coût de la vie. Grâce au dévouement des membres du comité et à l'aide de la ville qui lui alloua une subvention extraordinaire de 1.000 francs en 1919, la Crèche pourra franchir ce mauvais pas. D'ailleurs, elle est du nombre de ces institutions qui, une fois créées, à cause du bien qu'elles répandent autour d'elles, ne peuvent plus périr.

La *Société de secours des Dames* (présidente : Mme Louis Morel) dut, pendant les années de guerre, renoncer à sa loterie annuelle, principale source de ses revenus. La générosité des donateurs y suppléa ; elle put, malgré l'accroissement de ses dépenses, continuer ses bienfaisantes distributions aux malheureux.

Les deux *sociétés de patronage*, le *Dispensaire* et l'*Ouvroir* virent s'accroître encore le champ de leur activité. L'*Œuvre des Colonies de vacances* fut momentanément interrompue.

Les *Mutilés de la guerre* de Montbéliard et des environs, se sont réunis en 1918 en une fraternelle association, présidée par M. Marcel Schwander. Ce groupement rencontre dans notre population et celles de la région la sympathie naturelle qui résulte de la reconnaissance.

2. *Sociétés de Sport*

L'Association Sportive Montbéliardaise (L'A. S. M.)

Notre société de sport, l'Association Sportive Montbéliardaise, créée le 11 juin 1910, qui, au début de la guerre, se trouvait en pleine prospérité, eut à subir comme tous les autres groupements, le contre-coup du cataclysme déchaîné sur notre pays.

Elle resta dans l'inaction pendant près d'une année, puis recommença des matchs amicaux avec les rares équipes qui subsistaient.

La guerre se prolongeant et de nombreux jeunes gens désirant faire du foot-ball, les dirigeants de clubs constituèrent quelques teams. Peu à peu les groupes commencèrent à revivre.

L'A. S. M. fut une des premières sociétés qui en 1915 sortit de l'ombre. Tout de suite, elle se fit à nouveau remarquer. Pendant deux ans, d'abord sous la direction de l'équipier Keller, depuis mort glorieusement en Orient, et qui avait remplacé le capitaine Kuss, aujourd'hui officier dans l'armée et chevalier de la Légion d'honneur, puis sous la direction de l'équipier Hilbrunner, elle se couvrit de lauriers.

Le 28 septembre 1917, elle organisa sa première fête sportive. Cette journée obtint un vif succès ; vingt-cinq sociétés avaient envoyé leurs engagements.

En 1918, elle continua à remporter de nombreux prix dans toutes les rencontres auxquelles elle participa. Le capitaine de première Hilbrunner ayant été mobilisé fut remplacé par l'équipier René Rothen, glorieux mutilé du front, décoré de la médaille militaire et de la croix de guerre.

En septembre 1918, elle s'affilia à la Ligue de l'Est de football association et créa avec les sociétés régionales le district d'Alsace de cette fédération. Des championnats furent organisés et l'équipe de l'A. S. M. sortit victorieuse de l'épreuve, battant les sociétés régionales.

Le 13 avril 1919, elle se rendit à Nancy où elle disputa à l'A. S. N., champion de Lorraine, le championnat de l'Est. La victoire revint encore à nos compatriotes qui triomphèrent de leurs adversaires par 5 buts à zéro.

En octobre 1918 et en juin 1919, ses fêtes sportives annuelles obtinrent le même succès que celle de 1917.

Boy-scout unionistes protestants

Cette société sportive demeura active pendant toute la durée de la guerre et participa aussi aux œuvres de bienfaisance.

3. *Sociétés et institutions diverses*

La société musicale *Les Enfants de Montbéliard*, et la société chorale l'*Avenir* furent complètement désorganisées par la mobilisation de leurs membres. Le petit noyau qui restait de la société de gymnastique la *Gauloise* et de la *Société de Tir*, renforça les éléments organisateurs de la Préparation militaire. Nous avons parlé plus haut des services rendus à notre pays par cette grande œuvre.

La *Société de protection et de repeuplement des cours d'eau*, grâce à la fidélité de ses membres, put sortir des années de guerre avec une situation financière très satisfaisante.

La *Chambre consultative des Arts et Manufactures* de l'arrondissement prêta son concours pendant les hostilités aux administrations civiles et militaires dans un grand nombre de questions relatives à la défense nationale, au ravitaillement, aux sursis, etc.

Le *Comité de patronage des Habitations à bon marché et de la Prévoyance sociale de l'arrondissement de Montbéliard* délivra des certificats de salubrité jusqu'en fin 1917. En 1918, la construction fut complètement arrêtée. En 1917, il fit une enquête à la demande de l'administration sur la situation du logement, notamment dans les trois cantons industriels Montbéliard, Audincourt et Hérimoncourt.

La *Société d'Emulation de Montbéliard* avait à l'impression le 43e volume de ses Mémoires au moment où la guerre éclata. Malgré de grandes difficultés, elle réussit à le faire paraître et à le distribuer à ses membres en 1916. Depuis, elle dut, faute de fonds suffisants et de main-d'oeuvre typographique, suspendre ses publications. Son porte-feuille s'est accru d'importants travaux. Le retour à la vie normale lui permettra de les mettre au jour.

La loge maçonnique *Les Amis Eprouvés* eut une partie de ses locaux occupés par l'Intendance militaire. Ses réunions, sauf pendant l'année 1916, eurent lieu cependant à peu près régulièrement. En 1918, elle fut visitée par des maçons nord-américains appartenant aux armées de passage ou stationnées dans la région.

La société de libre-pensée *La Raison*, prêta son concours aux obsèques civiles de nombreuses personnes étrangères à tout groupement. La mobilisation avait désorganisé toutes les Associations laïques du pays de Montbéliard. Se substituant à elles, la société de libre-pensée assura aussi à leurs membres décédés les obsèques de leur choix.

CHAPITRE VI

VIE DE SOCIÉTÉ

Pendant les premiers mois d'une guerre qu'on s'imaginait devoir être brève, les cafés étaient des lieux de rendez-vous où l'on se rencontrait le soir pour parler des événements.

Avec les restrictions apportées par l'autorité militaire à la durée des heures d'ouverture des débits, avec l'interminable guerre de tranchées, avec l'accroissement du prix des boissons, la vie peu à peu se retira des cafés qui devinrent déserts.

Les deux cercles, celui de l'*Enclos* et celui de l'*Union*, disparurent en 1915. En 1916, un cercle nouveau, dit de l'*Entente*, s'installa dans la petite salle du café Grey qui avait servi aux réunions du cercle de l'Union jusqu'à l'expiration de son bail. L'Union avait été dépossédée de ses locaux par la prévôté, en août 1914.

Les cinématographes, les concerts des journées nationales et les représentations données au théâtre au profit des oeuvres de guerre fournirent à beaucoup de nos concitoyens l'occasion de se réunir.

Pendant ces longues années d'angoisses, la vie montbéliardaise, tout à la bienfaisance, s'était resserrée autour du foyer. La famille abrite l'individu dans la tourmente.

POSTFACE

Après cinquante et un mois de massacre et de dévastation (1), l'Allemagne, enfin réduite par l'effort opiniâtre de la France et de ses Alliés, a reconnu sa défaite, c'est-à-dire l'insuccès de son mauvais coup, en signant l'armistice du 11 novembre 1918, plus tard la paix du 28 juin 1919. La révolution intérieure, comme on le prévoyait, a suivi l'effondrement de la puissance militaire de l'Empire. Le Kaiser, les rois, les princes, qui avaient promis à leurs peuples une vie facile sur les ruines et les cadavres des nations voisines — *materia munificentiae per bella et raptus*, remarquait déjà Tacite (2) — ont vu leurs trônes brisés, dispersés en quelques jours par un souffle de colère.

Que peut valoir, que durera la République allemande ? Nous ne le savons pas. Ce qui n'est que trop certain, c'est que la France, qui ne voulait pas la guerre, a perdu, en repoussant l'invasion germanique, *un million trois cent soixante mille* tués ; c'est que, parmi ses *sept cent trente mille* mutilés, ses *deux millions* de blessés et ses *trois cent quarante mille* prisonniers (3), des milliers d'hommes jeunes descendent encore tous les jours dans la tombe, succombant de leurs anciennes blessures ou des misères de la captivité.

---

(1) Voici un bon témoignage, celui du Kaiser, en mai 1918 : « Je viens de voir la France dévastée. C'est en la voyant qu'on comprend ce qui a été épargné au Vaterland. Quiconque se sent le cœur faible n'a qu'à aller voir la dévastation. Il cessera alors de se lamenter et sera satisfait du sort de l'Allemagne. » (Discours de Guillaume II au conseil municipal d'Aix-la-Chapelle, 15 mai 1918).

(2) *Mœurs des Germains*.

(3) Chiffres donnés à la Chambre par le Commissaire du Gouvernement, M. André Tardieu, le 2 septembre 1919.

Le sacrifice du sang, des pertes françaises est inouï, sans précédent. Au point de vue financier, on n'a pas idée jusqu'à présent de l'effort que notre pays, malgré la victoire, va être obligé d'accomplir.

Quel que soit l'avenir, nous avons ici la conscience tranquille.

Si nos héros montbéliardais, les morts et les survivants, ont fait leur devoir, la population de cette ville, femmes, enfants, hommes demeurés à l'arrière, a aussi fait le sien.

Aux champs, à l'usine, dans les bureaux, les ouvroirs, les hôpitaux, ils ont chacun à la place marquée par le sort ou assignée par les circonstances, collaboré à l'œuvre de défense et de solidarité nationale ; ils ont travaillé pour les armées, lutté aussi contre l'ennemi, celui du dehors et celui du dedans : la misère, le découragement.

Tout près du front d'Alsace dont le canon pendant plus de quatre ans ébranla les vitres de leurs demeures ; sous les tirs qui barraient la route aux incursions incessantes de l'ennemi aérien ; sous les bombes et les torpilles que jetaient ses avions ; dans les angoisses d'une invasion perpétuellement menaçante : les Montbéliardais sont demeurés sans peur, confiants jusqu'au bout dans les destinées de la patrie et le triomphe d'une cause juste et sainte. Ils savaient que la défaite eut fait de Montbéliard une ville allemande. Et les mères, les pères des soldats morts, au fond de leur deuil se sont raidis ; les mains qui tremblaient ont continué pour le pays la tâche sacrée.

S'il y a eu quelques défaillances dans les mœurs, elles ne sont pas spécifiquement montbéliardaises ; elles sont fonction de la guerre et de sa durée, du vertige qui a suivi. De toutes parts, il y a tant de vertu et de beauté qui brille qu'on ne voit plus les taches.

Maintenant fermons ce livre douloureux, où nous avons souffert une seconde fois, à les retracer, des maux que c'était déjà trop de souffrir une fois...

Démocraties fondées sur la raison, agissons de telle sorte qu'il ne soit plus possible jamais d'en refaire un pareil.

J. M.

7*

INDEX

des Noms de Personnes

CONTENUS DANS LE TOME DEUXIÈME

Livre d'Or des Héros Montbéliardais

Pour louer ces soldats, les mots sont impuissants et seul mon cœur, s'il pouvait laisser déborder l'admiration dont il est pénétré pour eux, traduirait l'émotion que j'éprouve en en parlant. Je les ai vus couverts de poussière et de boue, par tous les temps et dans tous les secteurs, dans les neiges des Vosges, dans les boues de l'Artois, dans les marécages des

Flandres, toujours égaux à eux-mêmes, bons et accueillants, affectueux et gais, supportant les privations et les fatigues avec bonne humeur, faisant sans hésitation et toujours simplement le sacrifice de leur vie. Dans les yeux de ceux qui rentraient du combat, comme dans les yeux de ceux qui y montaient, j'ai vu toujours le même mépris du danger, l'ignorance de la peur, la bravoure native qui donne à leurs actes d'héroïsme tant de naturel et de beauté, et toujours aussi dans des milliers et des milliers de regards francs et anonymes, j'ai lu cette foi si instinctive dans les destinées de la France, cet amour et ce respect de la vérité, de la justice, cette honnêteté apportée dans l'accomplissement du devoir journalier, qui sont la force et la discipline de notre armée et qui n'appartiennent qu'à elle. C'est pour cela que nos soldats sont les premiers du monde et qu'on ne peut les voir sans les admirer, les regarder sans leur sourire, les commander sans les aimer.

(MARÉCHAL JOFFRE. — Discours de réception
à l'Académie française).

Le soldat de l'an II avait laissé des enfants.

(G. CLEMENCEAU, 2 décembre 1914).

LIVRE DES MORTS

Si, heurtant de leur cœur la gueule du canon,
Ils sont morts, Liberté, ces braves, en ton nom
Béni soit le sang pur qui fume vers ta gloire !

(Leconte de Lisle, *Poèmes Barbares*).

Nos morts ont donné leur sang en témoignage
de l'acceptation du plus grand défi aux lois de
l'homme civilisé.

(G. Clémenceau, Sénat, 17 septembre 1918).

... On a une vague impression de la grandeur de ces
morts. Ils ont tout donné ; ils ont donné, petit à petit,
toute leur force, puis, finalement ils se sont donnés en
bloc. Ils ont dépassé la vie ; leur effort a quelque chose
de surhumain et de parfait.

(H. Barbusse, *Le Feu*, p. 290).

Toujours les causes magnanimes
Ont leur triomphe, lent ou prompt :
Fumés par le sang des victimes
Les oliviers triompheront !

(Sully-Prudhomme, *La Justice*, 11ᵉ veille).

Ablitzer Edouard-Emile (Mtb., 1er déc. 1886), soldat au 16e B. C. P., mort à la suite de ses blessures à l'hôpital temporaire de Cherbourg, 12 oct. 1918. (1).

Ablitzer Léon-Charles (Cryssal-City, Missouri, 26 mai 1895), caporal au 31e B. C. P., mort au combat devant la Malmaison (Aisne), 23 oct. 1917. T.

(C. à O. du bataillon). « Caporal d'un courage et d'un sang-froid au-dessus de tout éloge. Chargé de couvrir avec une patrouille un détachement de travailleurs en avant des lignes, a repoussé à la grenade, deux fois au cours de la nuit, des patrouilles ennemies qui tentaient d'approcher de nos tranchées. » (13 juillet 1917).

---

(1) **Observations générales au sujet du Livre d'Or**. — *En ce qui concerne les morts et les disparus*, nous donnons le texte, à tous les échelons de l'armée, de leurs citations communiquées à la mairie ou parvenues à notre connaissance.

Nous avons fait suivre de la lettre T le nom des morts dont la transcription de l'acte de décès a été faite, avant l'impression de l'ouvrage, dans les registres de l'état-civil de la ville de Montbéliard, dernier domicile des défunts.

Par décision du ministre de la guerre (avril 1919), la Légion d'honneur ou la médaille militaire, suivant qu'ils étaient officiers ou hommes de troupe, a été conférée de plein droit à tous les militaires tués à l'ennemi qui ont été l'objet d'une citation à l'ordre de l'armée pour l'action de guerre au cours de laquelle ils ont trouvé la mort. Cette mesure a été étendue en juin, aux militaires qui ont été l'objet de citations à l'ordre du corps d'armée ou de la division dans les mêmes conditions.

En ce qui concerne les vivants et jusqu'aux citations à l'ordre de la division incluses, nous indiquons l'unité dont elles émanent ainsi que la date, chaque fois que cela est possible. Le texte des citations à l'ordre du corps d'armée et de l'armée ou comportant attribution de la Légion d'honneur ou de la médaille militaire est intégralement publié, sous les réserves toutefois que nous avons exprimées plus haut en parlant des morts. Malgré toute notre bonne volonté et nos soins, il existe des lacunes.

Les décorés sont réunis alphabétiquement au titre de la distinction la plus élevée : Légion d'honneur, Médaille militaire et Croix de guerre.

Abréviations : A. = armée.
           B.C.A. = bataillon de chasseurs alpins.
           B.C.P. = bataillon de chasseurs à pied.
           C. = citation.
           D. = division.
           Mtb. = Montbéliard.
           O. = ordre.
           R. I. = régiment d'infanterie.
           R.I.T. = régiment d'infanterie territoriale.

Andréani Joseph-Richard-Victor (Mtb., 11 oct. 1898), soldat au 158e R. I., mort au combat devant les Hurlus (Marne), 18 juillet 1918. T.

(C. à O. du corps d'armée). « Bon soldat, glorieusement tué à l'ennemi en donnant encore une fois l'exemple des plus belles vertus militaires. Une citation antérieure.»

Anglard Henri-Julien (Luxeuil, 14 octobre 1886), soldat au 44e R. I., mort au champ d'honneur au nord de St-Hilaire-le-Grand (Marne), 25 sept. 1915. T.

« Brave soldat. A pris part à tous les combats dans lesquels le régiment a été engagé. A été tué le 25 sept. 1915, en Champagne, à l'assaut des tranchées ennemies. A été cité. » (*Arrêté min.* du 14 oct. 1919). — Médaille militaire.

Anna Charles (Mtb., 13 avril 1880), soldat au 85e R. I., tué à l'ennemi par éclats de bombe, aux Eparges (Meuse), 11 août 1916. T.

Antoine Charles-Emile (Bienne, Suisse, 14 déc. 1885), soldat au 260e R. I., mort à Dragos (Serbie) des suites de blessures de guerre, 19 nov. 1916. T.

Arbey Louis-Justin-Georges (Chamesol, 25 avril 1894), soldat au 97e R. I., mort à Barleux (Somme), entre les 3 et 6 sept. 1916.

Barberet Henri-Alfred, soldat au 358e R. I., tombé à Vauquois (Argonne), 3 août 1916.

Bayerlet Louis-Henri-Eug. (Mtb., 14 juillet 1881), sous-lieutenant au 174e R. I., décoré de la croix de guerre, mort au combat de Hem Monacu (Somme), blessures multiples par éclats d'obus, 8 août 1916. T.

(C. à O. de la division). « Maréchal des logis, estafette de la division, a exercé constamment les fonctions d'agent de liaison avec le plus grand courage et un dévouement inlassable. A été blessé le 27 avril en transmettant un ordre. » (1916).

« Excellent officier, venu de la cavalerie sur sa demande. Très belle attitude au feu. A entraîné magnifiquement sa section à l'assaut. A été tué pendant l'organisation du terrain. » (19 sept. 1916). — *Légion d'honneur* (*Arrêté min.* du 20 octobre 1919).

Belfils Georges (Mtb., 5 avril 1894), soldat au 11e R. cuirassiers à pied, mort à l'hôpital n° 57, des suites de ses blessures de guerre, à Vitry-le-François, 5 oct. 1918.

(C. à O. du régiment). « Cavalier énergique et brave, mortellement blessé le 1er octobre 1918. » (31 déc. 1918).

Belgy Jean-Charles-Constant (Besançon, 5 oct. 1887), soldat au 152e R. I., mort au champ d'honneur à Neuvillers (Vosges), 5 déc. 1914. T.

Berger Etienne-Edmond (Mtb., 4 janv. 1890), sergent au 15e B. C. P., tué par une balle de fusil allemand au bois de Rampy (Alsace), 14 juin 1915. T.

Bernard Ernest-Georges (Pierrefontaine, Doubs, 5 déc. 1892), caporal au 28e bataillon du génie, mort à Suevce (Macédoine), 14 août 1916, des suites de maladie contractée au service dans la zone de l'avant. T.

Bernard Frédéric-Maurice (Mtb., 2 déc. 1882), soldat au 45e B. C. P., tombé à l'ennemi au combat de Génermont, sud de la Somme, (Somme), 14 oct. 1916. T.

Bernard Henri-Céleste-Marcel (Claudon, Vosges, 5 août 1885), soldat au 55e B. C. P., décédé des suites de plaies du crâne par éclat d'obus, à Harbonnières (Somme), 27 juin 1916. T.

Berner Aug.-Henri (Mtb., 2 mars 1876, maréchal-des-logis au 47e R. d'artillerie, décédé à l'hôpital St-Jacques, à Besançon, 11 février 1915. T.

Berner Charles-Frédéric (Mtb., 28 sept. 1890), maréchal-des-logis au 47e R. d'artillerie, mort des suites de ses blessures à la côte de Froideterre, canton de Verdun (Meuse), 2 mai 1916. Inhumé à Verdun, n° 5085. T.

(C. à O. de la 14e division). « Très bon chef de pièce ; d'une remarquable bravoure au feu. Le 2 mai 1916, a été tué en se portant courageusement au secours des servants d'une pièce voisine dont l'abri de combat venait d'être effondré par un obus de gros calibre. » (10 juillet 1916).

Berner Henri-Robert (Mtb., 26 août 1894), tué à l'ennemi au bois de la Laufée, canton de Verdun (Meuse), mort pour la France, 3 juillet 1916. T.

Berner Louis, soldat au 371e R. I., mort au nord de Monastir (Serbie), 21 mars 1917. Inhumé dans le ravin sud de 1248, nord de Monastir.

Berner Roger-Lucien-Georges (Mtb., 24 juin 1896), soldat au 115e B. C. P., décoré de la croix de guerre, tué à l'ennemi à l'affaire du Sépulcre, devant Passy-en-Valois (Aisne), 1er juillet 1918. T.

(C. à O. du bataillon). « Vrai chasseur. Au combat du 30 décembre

1917, s'est distingué par son beau courage, capturant de nombreux ennemis et enlevant de haute lutte les objectifs assignés. » (18 janvier 1918).
Décoration italienne (fév. 1918).

Béroldy Paul-Charles (Belfort, 11 nov. 1883), soldat au 35ᵉ
R. I., tombé au champ d'honneur, décédé à l'ambulance
n° 7 du 1ᵉʳ corps à Berny-Rivière (Aisne), 20 avril 1915.
Inhumé cimetière n°2, dit de la Sucrerie, à Vic-sur-Aisne.
T.

Berthet Albert-Marius (Besançon, 1ᵉʳ février 1883), caporal
au 54ᵉ R. I. T., décédé à l'Hôpital n° 4, à Besançon,
11 novembre 1918.

Bertin Edmond (Besançon, 9 janvier 1886), soldat au 15ᵉ B.
C. P., décédé des suites de ses blessures, à l'hôpital n° 24
de Lyon, 10 juillet 1915. T.

Beuret Gaston-Jules-Henri (Bourogne, Ht-Rhin, 10 mai 1890),
soldat au 42ᵉ R. I., tombé au champ d'honneur antérieurement au 12 sept. 1914, dans la région de St-Soupplets
(Seine-et-Marne).

Binétruy Albert-Emile (Dampierre-les-Bois, Doubs, 15 déc.
1895), soldat au 31ᵉ B. C. P., tué à l'ennemi à Notre-Dame
de Lorette (Pas-de-Calais), 13 mai 1915. T.

Bitsch Eugène (Illfurt, Alsace, 1ᵉʳ avril 1894), du 9ᵉ groupe
d'aviation, mort pour la France à l'hôpital complémentaire
du Château, à Montbéliard (Doubs), 23 fév. 1919.

(C. à O. de l'aréonautique). « Au cours d'un bombardement aérien a
contribué, au mépris du danger, à sauver un matériel important menacé
d'être détruit par un incendie. » (21 mai 1918). Campagne d'Orient, 28
mars 1915 à 5 janv. 1917).

Bittel Louis-Victorin (Dannemarie, Doubs, 4 fév. 1889), soldat
au 121ᵉ B. C. P., mort pour la France à Thiaucourt (M.-et-
M.) 23 juin 1916. Jugement du tribunal civil de Montbéliard du 3 avril 1919, tenant lieu d'acte de décès.

Blazer Georges-Julien-Louis (Mtb., 7 février 1890), médecin-
auxiliaire au 244ᵉ R. I., tombé au champ d'honneur au
Lac Noir, près d'Orbey (Alsace), 19 août 1915.

« Médecin auxiliaire très brave et dévoué. Tombé glorieusement au
champ d'honneur. A été cité. » (Arrêté ministériel du 18 oct. 1919). *Médaille militaire.*

Blum Moïse-Maurice (Mtb., 22 déc. 1886), lieutenant au 43e B. C. P., décoré de la croix de guerre, tué à l'ennemi près de Chevillon (Aisne), 18 juillet 1918. T.

(C. à O. du bataillon). « A assuré son service avec une intelligence et une activité au-dessus de tout éloge pendant la période de combats du 29 août au 9 octobre 1916. A toujours maintenu son train de combat en ordre parfait dans les camps bombardés. »

(C. à O. de la division). « Le 31 mai a pris sous le feu du J. D. des vagues et des mitrailleuses et a continué le feu sous un tir ennemi très violent. »

(C. à O. de la division). « Commandant de compagnie du plus grand mérite. Conduite superbe au combat du 18 juillet 1918. Tué à la tête de son unité au cours d'un assaut victorieux. »

Boichosey Gaston-Louis (Ste-Suzanne, Doubs, 2 oct. 1886), sergent au 55e B. C. P., décédé à Lagny des suites de ses blessures, 8 sept. 1914.

Boileau Charles, canonnier au 117e R. d'artillerie lourde, décédé à Omelmont (M.-et-M.), 2 nov. 1918.

Boillon René-Maurice, sergent au 2e groupe d'aviation, mort par suite de chute d'avion à Fontenay-le-Fleury (S.-et-O.), 20 sept. 1918.

Bonamour Henri-Louis-Emile (Mtb., 30 août 1893), sous-lieutenant au 15e B. C. P., tué par une balle de fusil allemand au bois de Winterhagel (Als.), 14 juin 1915. T.

(7e armée. — Ordre de citation n° 33 du 10 juil. 1915). « Le sous-lieutenant... Bonamour Henri-Louis-Emile... du 15e B. C. P. Superbe chef de section glorieusement frappé en entraînant ses hommes à l'assaut. »

Bosch Louis-Célestin-Victor (L'Isle-sur-le-Doubs, 21 novemb. 1891), adjudant-chef au 171e R. I., décoré de la croix de guerre, mort au Chemin des Dames, ferme de la Royère (Aisne), des suites de ses blessures de guerre, 5 mai 1917.

(C. à O. de la place de Belfort) «... [a] fait preuve d'un entrain et d'une audace remarquables au cours d'un assaut à la baïonnette, transperçant plusieurs ennemis de [ses] propres mains. » (20 sept. 1914).

(C. à O. du régiment). « S'est élancé à la suite de son lieutenant ; a maintenu ses hommes sous le feu d'une mitrailleuse et les poussés à la tranchée ennemie. » (25 mai 1915).

(C. à O. du même). « Sous-officier énergique au combat de la ferme de Navarin, malgré un violent bombardement, a entraîné sa section entière en renfort des premières lignes. Combats du 28 septembre 1915. » (10 oct. 1915).

(C. à O. de la division). « A toujours fait preuve de courage et de sang-froid ; a maintenu sa section à son emplacement de tir dans une tranchée bouleversée par l'artillerie ennemie, le 31 octobre 1916, en donnant le plus bel exemple à ses hommes » (27 nov. 1916).

(C. à O. de la division). « Très bon gradé ayant toujours payé largement de sa personne, servant d'exemple à tous. A été tué en entraînant sa section à l'assaut. » (24 mai 1917).

Boucher Léon-Jean-Baptiste, soldat au 162ᵉ R. I., tombé au champ d'honneur à Pypegaël, 7 nov. 1914.

Boulogne Louis-André (Héricourt, Hte-Saône, 1894), soldat au 42ᵉ R. I., tombé au champ d'honneur à Soissons, 18 janvier 1915.

Bourgeois Alfred-Marius (Pontarlier, Doubs, 11 août 1892), soldat au 31ᵉ B. C. P., mort sur le champ de bataille au combat devant Soyécourt (Somme), 8 sept. 1916. T.

Bourquin Henri (Fleurier, Suisse, 4 mars 1897), légionnaire au R. de marche de la Légion étrangère, tué à l'ennemi à Gentelles (Somme), 29 avril 1918. T.

Bourlier Henri-Edmond-Eug. (Mtb., 18 avril 1894), sergent au 35ᵉ R. I., tué à l'ennemi, 5 octobre 1918.

(C. à O. de l'armée). « Le 5 oct. 1918, a, par sa crânerie, maintenu ses hommes sous un violent et précis bombardement de l'artillerie ennemie jusqu'au moment où il a été tué à son poste de combat. »

Bouverot Georges-Charles-Henri (Mtb., 15 mars 1891), soldat au 171ᵉ R. I., mort à la ferme du Chamois, près de Badon-villers (M.-et-M.), des suites de blessures reçues à l'ennemi, 22 mars 1915. T.

Brahier Victor, soldat au 55ᵉ B. C. P., tué de deux balles au ventre à Bray-sur-Somme, 29 août 1914.

Braud Armand (Mtb., 14 mars 1889), sergent-fourrier au 15ᵉ B. C. P., tué à Uffholz (Alsace) d'une balle à la tête, 25 janvier 1915. T.

Bricout Paul, sous-lieutenant au 4ᵉ R. zouaves, tué à l'ennemi à Lizerne (Belgique), 26 avril 1915.

Brunschwig Jules-Charles (Mtb., 3 avril 1878), lieutenant au 1ᵉʳ R. étranger, chevalier de la Légion d'honneur, décoré de la médaille militaire, décédé à Marakech (Maroc), 12 mai 1918.

(L. d'H.). « Officier énergique et plein d'entrain, ayant un beau passé colonial, donne un superbe exemple au feu. Deux blessures, deux citations. » (1917).

Bruot Léon-Frédéric (Mtb., 23 déc. 1884), soldat au 23e R. I., à l'Hartmannswillerkopf, 20 décembre 1915. T.

(C. à O. du régiment). « Soldat d'un grand courage et d'un sang-froid admirable. A été tué le 20 décembre 1915, au moment où sa compagnie allait occuper les tranchées de première ligne, en prévision d'une attaque. »

Bruot Roger-Louis (Mtb., 11 mars 1892), soldat au 23e R. I., tombé à l'ennemi au col du Charriot, 22 sept. 1914. T.

(Médaille militaire). « Très bon soldat, courageux et dévoué. A été tué glorieusement pour la France au combat du bois d'Ormont, le 22 sept. 1914, en accomplissant tout son devoir. A été cité » (Arrêté min., du 1er septembre 1919).

Bryant Pierre-Urbain-René (Mâcon, Saône-et-Loire, 3 juillet 1888), caporal-fourrier au 172e R. I., tué à l'ennemi, 27 sept. 1916.

(Citations). « Le 24 août 1916, au cours d'un violent bombardement, tous les agents de liaison étant en mission, s'est offert pour assurer le service de renseignement avec les sections de première ligne. S'était déjà distingué pendant la période du 27 juin au 5 juillet 1916. Gradé dévoué et courageux. »

— « Le 27 sept. 1916, malgré un bombardement des plus violents, a dégagé son capitaine enseveli ; est resté à son poste dans une tranchée constamment prise sous le feu des canons ennemis et y a été tué. »

Buisset Emile-Auguste (Auxonne, Côte-d'Or, 29 août 1886), lieutenant au groupe cycliste de la 8e D. de cavalerie, mort au champ d'honneur à Hannescamps (P.-de-C.), 9 octobre 1914. T.

Burckhalter Théophile (Réconvilliers, Suisse, 4 janv. 1880), lieutenant au rég. de marche de la Légion étrangère, tombé au champ d'honneur au poste de secours du G. B. D., inhumé à Cachy (Somme), 3 mai 1918. T.

Burtscher Georges-Joseph (Héricourt, Hte-Saône, 28 mars 1890), sergent au 35e R. I., tué entre Mulhouse et Thann (Alsace), période du 9 au 11 sept. 1914.

Campion Robert, lieutenant au 4e R. de zouaves, tué d'une balle au front, dans une tranchée à Piepont (Belgique), 3 novembre 1914.

Camus Henri-Charles-Frédéric (Mtb., 4 mars 1896), soldat au 35e R. I., tué à l'ennemi par un obus à Vaux (Meuse), 2 mai 1916. T.

Camus William-Charles-Frédéric (Mtb., 19 déc. 1889), adjudant au 15ᵉ B. C. P., tué par une balle devant Metzeral (Alsace), 21 juin 1915. T.

Canet Maurice (Foussemagne, Ht-Rhin, 24 juin 1884), soldat au 35ᵉ R. I., tué à l'ennemi en Champagne, 25 sept. 1915.

Carray Adolphe (Ste-Suzanne, Doubs, 16 avril 1890), sous-lieutenant au 42ᵉ R. I., mort à Vivières (Aisne), des suites de ses blessures, 14 sept. 1914.

Carray Emile-Gustave (Courcelles-les-Mtb., Doubs, 27 sept. 1891), aide-pharmacien au 21ᵉ B. C. P., tombé au champ d'honneur à Aix-Noulette (P.-de-C.), 8 janvier 1915. T.

(Médaille militaire). « Mitrailleur d'élite. S'était particulièrement distingué par sa belle conduite dans les combats du Donon, le 21 août 1914, et de Lorette, du 17 au 21 décembre 1914. Mort pour la France, le 8 janvier 1915. A été cité » (Arrêté minist. du 19 août 1919).

Carray Louis-Adolphe (Courcelles-les-Mtb., Doubs, 3 février 1889), infirmier au 35ᵉ R. I., mort de la fièvre typhoïde contractée en soignant des malades, à l'hôpital temporaire de Villers-Cotterets (Aisne), 16 janvier 1915. T.

Champeil Charles-Henri, soldat au 15ᵉ escadron du train, mort de maladie contractée en service à l'hôpital temporaire n° 6 de Salonique (Grèce), 20 déc. 1918.

Champeil Jean-Pierre-Victorin (Voujaucourt, Doubs, 22 juill. 1889), sergent au 19ᵉ B. C. P., tué à l'ennemi par éclat d'obus, au combat de la ferme de la Panneterie, sud d'Erchen (Somme), 30 août 1918.

(C. à O. de la division). « Chasseur courageux et rempli d'abnégation. Le 23 juin, a communiqué sa belle humeur et son allant à ses camarades lors d'une contre-attaque qui a refoulé les lignes ennemies. »

(C. à O. de l'infanterie, n° 98). « N'a cessé de montrer le plus grand courage le 31 août 1917, au cours de violents bombardements par *minen* de nos tranchées de première ligne. A peine les bombardements terminés, a demandé à être désigné pour réparer le réseau de défenses avancées entièrement bouleversé qui se trouvait dans un terrain complètement vu de l'ennemi. A été, par son attitude énergique un merveilleux exemple pour la compagnie. » (4 sept. 1917).

(Médaille militaire). « Sous-officier remarquable, d'un bel exemple pour ses chasseurs. S'est particulièrement signalé dans les derniers combats. Chargé d'une opération délicate dans un bois, a poussé vigoureusement sa section en avant et progressé de 500 mètres en dispersant un fort groupe ennemi qui dut se replier après avoir subi des pertes. Deux citations. » (4 mai 1918).

(C. à l'O. de la 1re armée). « Sous-officier d'une bravoure exemplaire et d'un dévouement total, exemple de tous les instants. Blessé mortellement le 3o août 1918, alors qu'il venait d'entraîner sa section sur son objectif. A succombé en offrant stoïquement son sacrifice pour la France. » (1918).

Chapuis Julien-Charles-Louis (Mtb., 10 janvier 1891), soldat au 21e B. C. P., tué au combat du Donon (Alsace), 21 août 1914. T.

Chapuy Jean-Baptiste (Murat, Cantal, 9 fév. 1884), brigadier au 11e R. de chasseurs à cheval, décédé à l'hôpital complémentaire 46, à Nyons (Drôme), 12 oct. 1916.

Charles Maurice-Léon (Chagny, Saône-et-Loire, 12 janvier 1892), sous-lieutenant au 35e R. I., tué à l'ennemi à la ferme des Wacques, commune de Souain (Marne), 25 sept. 1915. T.

(Légion d'Honneur). « Officier d'un réel courage. A été tué le 25 septembre 1915, en se portant à la tête de sa section à l'assaut de la ferme des Wacques. A été cité ». (Arrêté minist. du 7 août 1919).

Chatelain Joseph-Louis-Emile, soldat au 242e R. I., mort au champ d'honneur au combat sur les crêtes nord de Monastir (Serbie), 19 mars 1917.

Chauvelot Henri (Mtb., 9 janv. 1892), brigadier au 5e R. de chasseurs à cheval, décédé des suites de ses blessures, à Châlons-sur-Marne, 13 octobre 1915. T.

Chevillot Camille-Jules, soldat au 156e R. I., tué cote 110, à Fricourt (Somme), 3 oct. 1914. T.

Claude Gustave-Martin (Mtb. 22 juin 1889), soldat au 44e R. I., tué à l'ennemi à Bouillancy (Oise), 7 sept. 1914. T.

« A toujours été un vaillant soldat, faisant constamment preuve de courage et de dévouement. Tombé glorieusement pour la France, en sept. 1914. Croix de guerre avec étoile de bronze. » (Arrêté minist. 19 oct. 1919).

Clerc Charles-Emmanuel (Mtb., 28 juil. 1892), sergent au 35e R. I., tué d'une balle à la tête à l'Eglise, hameau de Bouillancy (Oise), 7 sept. 1914. T.

Colin François-Maurice (Avilley, Doubs, 18 fév. 1891), sous-lieutenant au 60e R. I., tué au combat de Vic-sur-Aisne (Aisne), au lieudit Ferme St-Victor, 13 sept. 1914. T.

(C. à O. de l'A.) « Au cours d'une attaque de nuit occupant un poste avancé avec sa section, a réussi à s'approcher très près de l'ennemi qui s'avançait en groupe d'attaque et par un feu très ajusté, à très courte distance, l'a rejeté en désordre vers sa position ; a désarmé personnellement et fait prisonnier un officier allemand d'un groupe qui l'avait interpellé et lui ordonnait de se rendre. »

Colin Sadi-Albert-Alexandre (Avilley, Doubs, 19 mai 1892), soldat au 35ᵉ R. I., tombé à Saint-Christophe (Aisne), 13 sept. 1914, *le même jour* que son frère François-Maurice qui précède. T.

Collard Charles-Henri (Mtb., Doubs, 21 août 1889), sergent au 53ᵉ R. d'infanterie coloniale, tué à l'ennemi au bois des Savarts, près de Tincourt (Marne), 16 juillet 1918. T.

Conord Pierre (Audincourt, 9 mai 1873), soldat au 35ᵉ R. I., décédé à l'hôpital complémentaire n° 4, à Besançon, 18 octobre 1918.

Contejean Charles-Georges (Mtb., 18 avril 1890), sergent au 15ᵉ B. C. P., tué d'une balle à la tête à Uffholz (Alsace), 26 janvier 1915. T.

(C. à O. du bataillon). « Chargé par son chef de section avec deux chasseurs d'assurer la liaison dans un bois avec une section d'une autre compagnie, s'est acquitté parfaitement de sa mission. Se trouvant en face d'une trentaine d'Allemands, a fait exécuter un feu nourri qui en a tué ou blessé 6. A rallié les patrouilleurs isolés et à la tête de 17 hommes a repoussé la fraction ennemie. » (28 oct. 1914). En Alsace.

(Id.) « Très bon chef de demi-section, d'un entrain et d'une gaieté dignes d'éloges. » (21 janv. 1915).

(Id.) « S'est élancé bravement et gaiement à l'assaut de tranchées ennemies à la tête de sa demi-section et est tombé glorieusement à quelques mètres de ces tranchées, donnant ainsi l'exemple du courage et du sacrifice. » (30 janv. 1915).

Contejean Georges-Edmond (Mtb., 9 oct. 1895), caporal au 116ᵉ B. C. P., décoré de la croix de guerre, mort au champ d'honneur à l'est de Tilloloy (Somme), 18 août 1918. T.

(C. à O. du bataillon). « Agent de liaison, a assuré sa mission dans les circonstances les plus difficiles et sous un violent bombardement, les 12 et 13 février 1916. » (3 mars 1916).

(Id.) « S'est particulièrement distingué au cours de l'attaque du 24 octobre 1916 et pendant les jours qui ont suivi. » (4 nov. 1916).

(Id.) « S'est particulièrement distingué au cours de l'attaque du 15 décembre 1916 et pendant les jours qui ont suivi. » (25 déc. 1916).

(C. à l'O. de la 213ᵉ brigade). « Agent de liaison d'une bravoure exceptionnelle qui a toujours montré le plus grand mépris du danger dans l'accomplissement des missions les plus périlleuses. A porté des ordres à quatre reprises à une section de reconnaissance, les 15 et 16 octobre 1917. » (11 nov. 1917).

Cornet Marie-Joseph-Xavier (Chateauvieux, Doubs, 19 juil. 1879), soldat au 355ᵉ R. I., décoré de la croix de guerre et de la médaille militaire, tué à l'ennemi à l'est de Morval (Somme), 7 octobre 1916. T.

« Brave soldat, courageux et dévoué. Mort au champ d'honneur le 7 oct. 1916, à Morval (Somme), en se portant vaillamment à l'assaut. Croix de guerre avec étoile d'argent (Décision minist. 20 oct. 1919).

Couleru Edmond-Louis (Mtb., 2 oct. 1894), soldat au 146ᵉ R. I., tué à l'ennemi à Vendresse, 16 avril 1917. T.

(C. à O. du régiment). « Soldat brave, déjà blessé trois fois. Tué le 16 avril 1917, au moment où il pénétrait dans une position ennemie garnie de mitrailleuses. » (2 mai 1917).

Cour Louis-François-Emile, canonnier au 59ᵉ R. d'artillerie, mort au champ d'honneur aux Monts de Belgique, 24 mai 1918.

(C. à O. de la brigade). « Brancardier au 59ᵉ R. A. C. dans la période du 1ᵉʳ au 20 août 1917, n'a jamais hésité sous les plus violents bombardements par obus de gros calibres et par obus toxiques à porter secours aux nombreux blessés et intoxiqués. » (10 sept. 1917).

(C. à O. de l'armée). « Excellent brancardier, courageux, dévoué, résolu, glorieusement tombé le 24 mai 1918, en soignant des camarades blessés. » (23 avril 1919).

Creterot Emile-Virgile (Dambelin, Doubs, 24 août 1876), soldat au 54ᵉ R. I. T., décédé des suites d'intoxication par obus asphyxiants à Curlu (Somme), 3 sept. 1916. T.

Cucuel Charles-Georges-Frédéric (Dijon, Côte-d'Or, 14 déc. 1884), sergent au 28ᵉ R. du génie, décédé à l'hôpital complémentaire n° 31, à Grenoble (Isère), 23 octobre 1918.

Culot Paul-Frédéric (Mtb., 18 juill. 1886), sergent au 43ᵉ B. C. P., tombé à 600 m. au sud du village le Forest, sur le chemin allant de Maurepas à le Forest (Somme), 3 sept. 1916. T.

« Excellent sergent, d'un sang-froid remarquable. Tué à son poste de combat. A été cité. » (Arrêté minist. du 18 oct. 1919.). Médaille militaire.

Dard Constant, capitaine au 171ᵉ R. I., décoré de la croix de guerre, décédé au secteur du bois Labbé, près de Bouchavesnes (Somme), des suites de blessures de guerre, 19 sept. 1916. Sergent-major à la mobilisation. T.

Debroux Georges (Morvillars, Ht-Rhin, 13 août 1894), brigadier pilote à l'école d'aviation militaire de Pau, mort à la suite d'un accident d'aviation, à Pau (B.-Pyr.), 26 nov. 1917.

Décourbey Ernest-Charles (Mtb., 1ᵉʳ mars 1888), soldat au 147ᵉ R. I., décédé en congé de convalescence à Montbéliard, 16 novembre 1916.

Degrandi Clovis-Alfred, sapeur-mineur au 28ᵉ Bataillon du génie, mort au combat d'Ammertzwiller (Alsace), 15 août 1915. T.

Delémont Célestin-Victor (Anjoutey, Ht-Rhin, 9 avril 1896), caporal au 278ᵉ R. I., mort des suites de blessures de guerre à Vauxaillon (Aisne, 20 juin 1917.

(C. à O. de la brigade). « S'est brillamment comporté au cours d'une contre-attaque. A été grièvement blessé pendant cette action. »

Demet Georges (Mtb., 11 août 1895), sous-lieutenant au 37ᵉ R. I., tombé à Neuville Saint-Vaast, 16 juin 1915.

(Citation du 10 juin 1915). « Fait preuve en toutes circonstances du plus grand courage. Atteint par deux fois d'éclats d'obus, n'a pas voulu quitter sa section dont il a conservé le commandement, après un pansement sommaire, et l'a entraînée à l'assaut. »

Denzer Charles-Martin-Théodore (Mtb., 11 nov. 1882), soldat au 7ᵉ R. d'artillerie à pied, mort par éclat d'obus à Ployron (Oise), 28 mai 1918. T.

Desgreys Georges-Augustin-Joseph (Chaumont, 10 mars 1892), soldat au 27ᵉ R. I., tombé au bois de Vaux-Chapitre, près Verdun (Meuse), 1ᵉʳ août 1916. T.

Deymonaz Emile-Marcel, soldat au 158ᵉ R. I., tombé à Ablain St-Nazaire (P.-de-Calais), 19 janvier 1918.

Didier Emile, soldat au 30ᵉ R. I., mort des suites de ses blessures à l'hôpital temporaire n° 34, à Sézanne (Marne), 16 juin 1918.

Dollet Louis-Jules (Audincourt, Doubs, 4 déc. 1885), soldat au 153ᵉ R. I., tombé au combat de Maison de Champagne (Marne), 27 sept. 1915. T.

(C. à O. du régiment). « A fait preuve dans les attaques des 25 et 27 septembre de courage et de sang-froid et a entraîné ses camarades. Tué le 27 septembre en montant à l'assaut. »

Dorland Armand-Gaston-Victor (Mtb., 26 mars 1882), soldat au 132ᵉ R. I., atteint de quatre blessures aux Eparges, décédé des suites à l'hôpital auxiliaire n° 78 à Paris, 24 avril 1915.

(C. à O. du régiment). « Soldat discipliné, énergique, courageux, conservant son sang-froid dans les circonstances critiques. Blessé le 24 avril au cours d'une patrouille effectuée pour reconnaître les tranchées ennemies. Est mort des suites de ses blessures. »

Dormois Charles-Henri (Semondans, Doubs, 8 juillet 1886), soldat au 260e R. I., tombé à Velusina (Serbie), 18 nov. 1916. Frère du suivant. T.

(C. à O. de la brigade). « Tombé à l'ennemi en faisant bravement son devoir. »

Dormois Paul-Raymond (Mtb., 27 juillet 1895), soldat au 170e R. I., mort des suites de blessures de guerre à Etinehem (Somme), 20 août 1916. T.

Doucelance Eugène-Gustave (Trémoins, Hte-Saône, 19 nov. 1884), soldat au 172e R. I., tombé aux combats près de Bouchavesnes (Somme), 27 sept. 1916. T.

(C. à O. du régiment). « Agent de liaison a, pendant la période du 17 au 27 septembre 1916, rempli ses fonctions avec un zèle, un dévouement et un courage sublimes. Tué le 27 septembre 1916. » (5 oct. 1916).

Dumétier Maurice-Emile (Velesmes, Doubs, 14 oct. 1898), soldat au 158e R. I., tombé au combat devant les Hurlus (Marne), 18 juillet 1918.

Eberhardt Emile-Georges (Mtb., 23 avril 1875), sergent au 49e R. I. T., tombé à Ballersdorf (Alsace), 22 juill. 1915. T.

Elkann Ernest-Salomon (Mtb., 21 août 1883), soldat au 35e R. I., tué à l'ennemi par un obus, commune de Vaux (Meuse), 9 mai 1916. T.

Emonnot Charles-Auguste (Mtb., 2 août 1894), soldat au 146e R. I., tombé à Neuville-St-Waast (P.-de-Calais), 12 mai 1915. T.

Epenoy Victorin, sergent au 29e B. C. P., tué au combat de Maizey (Meuse), 17 nov. 1914.

Ernst Camille (Valdoie, Ht-Rhin, 26 juill. 1877), caporal au 49e R. I. T., tué à l'ennemi aux avant-postes de l'Epaulette (Hilsenfirst), commune de Sondernach (Alsace), 17 mai 1917. T. Portait aux armées le nom de Bardot.

(C. à O. du régiment). « Très bon caporal. Son chef de demi-section venant d'être tué, a assuré lui-même la liaison avec les postes voisins, et

n'a cessé d'encourager ses hommes, soumis. à un violent bombardement.»
(10 déc. 1916).

Erny Joseph-Alphonse-René (Mtb., 18 mars 1894), aspirant
au 8e R. d'artillerie à pied, décoré de la médaille militaire
et de la croix de guerre, décédé des suites de blessures de
guerre à Braux-Sainte-Cohière (Marne), 7 sept. 1917. T.

(C. à O. de l'armée). « Jeune aspirant courageux et plein d'entrain.
Très grièvement blessé le 5 sept. 1917 à son poste de combat. Amputé de
la jambe droite. » (16 sept. 1917).

Esslinger Jules-Emile, soldat au 75e R. I., tué à l'ennemi à
Iresdis (Maroc Orient.), 14 mars 1916. T.

Faivre Achille-Léonard-Edouard, caporal au 55e B. C. P.,
disparu à Crouy, 9 janvier 1915.

« Son corps a été retrouvé identifié et transféré au cimetière militaire
de Crouy Vauscrot (Aisne), le 9 janv. 1920. » (Avis off. du 29).

Faivre Charles-Louis-Hippolyte (Mtb., 9 juill. 1894), soldat
au 75e R. I., tombé à Jussy, route de Montescourt (Aisne),
atteint d'un éclat d'obus et de plusieurs balles dans la
poitrine, 22 mars 1917. T. Une blessure antérieure au bois
d'Ailly, étant au 172e R. I.

Faivre Jules-Henri (Clairegoutte, Hte-Saône), soldat au 5e R.
du génie, décédé à l'hôpital militaire Bégin, à St-Mandé
(Seine), 17 octobre 1916.

Faliot Charles (Mtb., 29 oct. 1886), médecin-major de la mission médicale militaire française de Serbie. Campagne
d'Alsace, de la Marne et de l'Aisne. Appelé à la mission
sanitaire d'Orient, après avoir combattu le typhus dans le
secteur de Belgrade et en Albanie, il rejoignit l'armée serbe
qu'il accompagna dans sa retraite, et succomba à Scutari,
le 27 déc. 1915. Médaille française des épidémies ; croix
serbe de St-Sava et médaille militaire du courage ; croix
de guerre française.

Faurie Pierre (Augignac, Dordogne, 30 avril 1892), maréchal-
des-logis au 5e R. de chasseurs à cheval, mort à Creil (Oise)
des suites de blésures reçues à l'ennemi, 28 mars 1918. T.

Fernez Henri-Eugène (Mtb., 31 déc. 1876), soldat au 3e bataillon d'Afrique, décédé à Ville-sur-Cousances (Meuse)
des suites de plaies multiples par éclats d'obus, 11 mai
1916. T.

Ferrari Antoine, conducteur au 20e escadron du train des équipages, décédé à l'hôpital complémentaire n° 59.

Fierobe François (La Chaux-de-Fonds, Suisse, 22 sept. 1873), sergent au 69e R. I., décédé à l'ambulance 9/3, 25 oct. 1918.

Fiquet Edgard (Hérimoncourt, Doubs, 5 avril 1888), soldat au 109e R. I., tombé à Notre-Dame-de-Lorette (P.-de-Cal.), 4 juillet 1915. T.

Florance René (Mtb., 7 juillet 1887), adjudant au 55e B. C. P., décoré de la croix de guerre, mort à Jussy (Aisne), des suites de blessures de guerre, 13 juil. 1917.

(C. à O. du B.) « Au front depuis le début de la campagne, a fait preuve de beaucoup d'énergie et de sang-froid, en particulier pour les patrouilles et la pose des défenses accessoires ; a, dans les journées du 8 au 9 janvier (1915), par son attitude calme et résolue, contribué puissamment à repousser cinq contre-attaques ennemies. » (1915).

(C. à O. de l'A.) « Excellent chef de section sur le front presque sans interruption depuis le début de la campagne ; modèle de conscience et de dévoûment, de bravoure et de sang-froid, déjà blessé et cité ; a été mortellement blessé aux avants-postes en visitant des sentinelles sous un violent bombardement de torpilles, le 13 juillet 1917. »

Flubacher Georges-Eugène (Mtb., 23 mai 1890), maréchal-des-logis au 5e R. d'artillerie à pied, décoré de la croix de guerre, tombé à Villotte devant St-Mihiel (Meuse), 20 déc. 1917. T.

Flubacher René-Charles (Mtb., 10 oct. 1898), 2e canonnier servant au 101e R. d'artillerie lourde, mort des suites de blessures de guerre à l'hôpital d'évacuation B. 51, à Fontenoy (Aisne), 13 avril 1918. T.

Forestier André (Mtb., 8 mars 1889), soldat au 133e R. I., tué à l'ennemi à Metzeral (Alsace), 15 juin 1915. T.

Fourtot Henri-Auguste (Mtb., 24 fév. 1894), caporal au 57e B. C. P., tué à l'ennemi à la cote 119, près de Souchez (P.-de-C.), 17 juin 1915. T.

Friez Ernest (Mtb., 9 fév. 1875, soldat au 11e R. d'artillerie à pied, décédé à l'hôpital militaire Villemanzy, à Lyon (Rhône), 23 juin 1918.

Gabet René (Mtb., 29 janv. 1897), soldat au 68e R. I., tué a l'ennemi au combat de l'Orme, de Monteconné près de Crécy-au-Mont (Aisne), 23 août 1918.

Gabry René-Hippolyte, adjudant au 35e R. I., tué par un obus dans le secteur de Wiestradt, 21 mai 1918. Médaille anglaise de la conduite distinguée.

(C. à O. de la brigade). « A été grièvement blessé en entraînant ses hommes à l'assaut des tranchées ennemies. »

(Médaille militaire et croix de guerre avec palme). « Sous-officier de la plus haute valeur. A pris part, depuis le début de la campagne, à tous les combats dans lesquels le régiment a été engagé, faisant l'admiration de tous par son allant, son mépris du danger et sa magnifique attitude au feu. Six blessures. Une citation. » (1917).

(C. à O. de l'armée). « Huit fois blessé depuis le début de la guerre, a toujours rejoint le régiment à peine guéri. Vient de se distinguer à nouveau le 27 août 1917 ; pris dans un éboulement de tranchées, très fortement contusionné, notamment dans la région d'une ancienne blessure grave, a dû être immédiatement transporté au poste de secours. Le lendemain, malgré ses souffrances, est revenu prendre son commandement. » (16 octobre 1917).

Caressus Charles-Auguste-Joseph (Malbuisson, Doubs, 5 oct. 1891), soldat au 9e R. d'artillerie à pied, décédé à Chatillon-sous-Maiche (Doubs), 7 février 1916.

Cast Alphonse-Nicolas (Mtb., 21 avril 1879), soldat au 9e R. d'artillerie, décédé à l'hôpital auxiliaire n° 105, à Belfort, 7 août 1915. T.

Geiger Jules-Henri (Paris, 25 oct. 1894), soldat au 42e R. I., mort au champ d'honneur à Mouzon (Oise), 11 sept. 1914.

« Mort en offrant généreusement sa vie pour la patrie le 11-7-1914, à Mouzon où il a été enterré. » (Avis du secrétaire particulier du roi d'Espagne, daté de Madrid du 10 avril 1916).

Genet Irénée-Emile-Charles, caporal au 147e R. I., décédé à l'ambulance n° 14 du 1er corps d'armée à St-Jean-sur-Tourbe (Marne), à la suite de ses blessures en services, 3 mars 1915.

Genton Louis, sergent au 172e R. I., décédé à l'hôpital militaire de Rethenans, près de Belfort (Ht-Rhin), 15 sept. 1914.

Girard Clovis-Léon (Mtb., 9 mai 1882), soldat au 46e R. I., mort à l'ambulance 3/5 de Froidos (Meuse) des suites de ses blessures de guerre, 13 avril 1916. T.

Girard Emile-Edmond (Belfort, Haut-Rhin, 13 mai 1897), soldat au 32e R. I., mort à l'hôpital temporaire n° 11, lycée Jeanne Hachette, à Beauvais (Oise), 21 avril 1918.

Girardot Gaston (Villars-les-Blamont, Doubs, 11 sept. 1898), soldat au 4ᵉ R. de zouaves, décédé des suites de blessures de guerre en service, sur le champ de bataille, à l'hôpital d'évacuation n° 15, à Cerisy-Gailly (Somme), 6 septembre 1916. T.

Glardon Emile-Louis (Mtb., 29 mai 1886), soldat au 35ᵉ R. I., décédé des suites de ses blessures, à l'ambulance 11-5 à Suippes (Marne), 26 septembre 1915. T.

Goegel Edouard-Jean, caporal au 2ᵉ B. C. P. Fait prisonnier à Douaumont, 25 fév. 1916, rentré de captivité 25 déc. 1918 et décédé à l'hôpital de Besançon, 23 février 1919.

« Le premier septembre, près de Fère-en-Tardenois, s'étant trouvé seul en présence d'une patrouille allemande, s'est élancé courageusement à l'attaque de l'ennemi et a, par son audace déterminé la retraite. » (15 déc. 1914).

Goetz Charles, soldat au 4ᵉ R. de zouaves et tirailleurs, tombé à Tracy-le-Val - Carlepon (Oise), 24 août 1918.

Coguey Georges-Louis-Constant (Mtb., 28 nov. 1897), 2ᵉ canonnier servant au 86ᵉ R. d'artillerie lourde, décédé à la ferme de Monacu, par suite de blessures de guerre, 4 novembre 1916.

Goldoni Léon-Charles-Aimé (Ponthion, Marne, 13 août 1886), soldat au 103ᵉ R. I., mort des suites de ses blessures à Montreux-Jeune (Alsace), 13 août 1914.

Gonet Gaston-Paul (Morizécourt, Vosges, 7 juin 1888), soldat au 137ᵉ R. I., mort pour la France à Thiaumont, 12 juin 1916. T.

Granier Jean (Mtb., 20 oct. 1883), capitaine au 61ᵉ B. C. P., décédé sur le champ de bataille à Neuville-Vitasse (P.-de-Calais), 2 octobre 1914. T.

Gresse Eugène-Lucien (Strasbourg, Alsace, 30 mai 1886), soldat au 235ᵉ R. I., tombé à Montreux-Jeune (Alsace), 13 août 1914. T.

Grillet Emmanuel (Mtb., 18 janv. 1895), soldat au 42ᵉ R. I., décoré de la croix de guerre, décédé des suites de ses blessures à Châlons-sur-Marne, hôpital Corbineau, 9 octobre 1915. T.

« A été grièvement blessé en s'élançant courageusement à l'assaut des tranchées ennemies. »

Grosdemouge Auguste-Joseph (Tavey, Haute-Saône, 26 fév. 1880), soldat au 35e R. I., mort des suites de blessures de guerre entre Zelova et Pisoderi (Grèce), 27 sept. 1916. T.

Guézennec François-Albert, chef du 3e bataillon du 5e R. I.. mort des suites de blessures de guerre à Courtecon (Aisne), 28 juin 1917.

Guillaume Jules-Célestin (Berche, Doubs, 18 juin 1894), soldat au 44e R. I., tué à l'ennemi au bois de Hem (Somme), 11 août 1916. T.

Guillery Jules-Jean-Marie (Sochaux, Doubs, 17 mai 1893), soldat au 27e R. I., décédé à l'hôpital militaire de Commercy (Meuse), 21 février 1915. T.

Guillot Jean-Louis, capitaine au 51e R. I. T., décédé à Peigney (Hte-Marne), 15 janvier 1916.

Guldenfels Emile-Martin (Mtb., 9 janvier 1881), soldat au 3e R. d'artillerie coloniale, décédé à la suite de blessures causées par éclats d'obus à Margival (Aisne), 24 av. 1917. T.

Hass Louis-Simon, soldat au 53e R. I., tombé au fort de Vaux (Meuse), 2 juin 1916.

Hansen Hans-Peter (Odensée, Danemarck, 21 janvier 1887), soldat au 1er R. étranger, domicilié à Mtb,. décédé à Louvois-Château des suites de blessures de guerre, 1er fév. 1915. T.

Hartmann Paul-Gustave, canonnier au 47e R. d'artillerie, Tombé à Souain, ferme des Wacques (Marne), 7 oct. 1915. T.

Henriot Pierre-Louis-Léon, soldat au 60e R. d'artillerie, décédé à l'hôpital temporaire caserne Jean-Bart, à Dunkerque, 25 janvier 1915. T.

Hesse Alphonse (Mtb., 17 août 1891), soldat au 130e R. I., décédé à l'hôpital du camp de Châlons, 30 mars 1915.

Holin Maurice-François, sous-lieutenant au 56e R. I. T., tué camp Bouquet (Vosges) par éclats d'obus pendant un bombardement du camp par les Allemands, 21 déc. 1917. T.

Holstein Emile-Amédée (Mtb., 25 mai 1893), soldat au 35e R. I., tombé au champ d'honneur, décédé à l'ambulance n° 7 du 1er corps, à Berny-Rivière (Aisne), 25 mars 1915. T.

Hosotte Théophile-Henri (Plancher-les-Mines, Vosges, 18 sept. 1887), soldat au 35ᵉ R. I., tué à l'ennemi à la ferme des Wacques, commune de Souain (Marne), 27 septembre 1915. T.

Hubler René-Martin (Bondeval, Doubs, 3 août 1896), soldat au 106ᵉ B. C. P., décédé à l'ambulance 3/44 à Belleville (M.-et-M.), des suites de blessures de guerre, 26 juil. 1916. T

Huebert Charles-André (Mtb., 3 avril 1887), sergent au 42ᵉ R. I., décédé à l'ambulance coloniale n°3, à Placa (Albanie) à la suite de fracture du crâne par éclat de fusée, 2 juin 1918.

Hugon Eugène (Molans, Hte-Saône, 25 avril 1877), capitaine adjudant-major au 20ᵉ B. C. P., tué à l'ennemi au combat de Fond d'Aure, 29 sept. 1918. Une blessure à Souchez, 9 octobre 1915. Croix militaire anglaise, 1916.

(C. à O. de la division). « Officier aussi modeste que résistant ; chargé du peloton de mitrailleuses a su en faire obtenir le rendement maximum avec le minimum de pertes. Chargé du commandement d'un détachement de première ligne pendant la journée et la nuit du 22 juin, a su maintenir ses fractions en état malgré un bombardement d'une violence intense ayant causé des pertes élevées et une fatigue physique considérable. » (24 juillet 1915).

(L. d'H.). « Officier remarquablement énergique et brave, connaissant à fond son métier et le faisant sur le champ de bataille avec une ardeur et un coup d'oeil admirables. Dans la série des combats qui ont commencé le 25 septembre, s'est toujours porté vivement en première ligne avec ses sections de mitrailleuses, a contribué à plusieurs reprises à flanquer le bataillon pendant sa marche en avant et a battu très efficacement sur le front les points dangereux des positions ennemies. (14 oct. 1915).

(C. à O. du 35ᵉ corps d'A.) « Officier de tout premier ordre, calme, froid, au jugement sûr et à l'initiative toujours en éveil. Le 21 août 1916, se trouvant avec ses sections de soutien et voyant que la ligne ennemie conquise était menacée par une contre-attaque d'aile, s'est porté personnellement avec une pièce à un barrage avancé, et par un feu ajusté à courte distance, a contribué largement au repli de l'adversaire à qui il a infligé des pertes sensibles ». (30 août 1916).

(C. à O. du 21ᵉ corps d'A.) « Officier expérimenté d'une conscience et d'une bravoure exceptionnelles, a secondé comme fonctionnaire adjudant-major le commandant du bataillon d'attaque, le 23 octobre 1917 ; a pris ensuite le commandement de deux compagnies chargées de réduire les résistances opiniâtres d'une région d'abris fortement occupés et a pu s'en rendre maître grâce à la froide résolution qu'il a su communiquer à ses subordonnés.» (10 déc. 1917).

(C. à O. de la 4ᵉ A.) « Officier ayant les plus belles qualités de coeur, de dévouement et de bravoure. Aimé de tous, ayant un ascendant extrême sur les officiers et les chasseurs du bataillon. Le 29 septembre 1918, ayant le commandement du bataillon d'attaque, a conduit ses unités à l'assaut avec le plus beau calme, la plus froide résolution. A été tué d'une balle de mitrailleuse alors qu'il progressait sur l'objectif assigné. » (14 déc. 1918).

Hugon Gustave-Marius (Mtb., 14 nov. 1888), chasseur au groupe cycliste de la 8ᵉ division de cavalerie, tué à l'ennemi à Hannescamps (P.-de-C.), 9 oct. 1914. T.

Hugon Léon-Eugène, soldat au 35ᵉ R. I., mort pour la France à Massenancourt (Oise), 20 septembre 1914.

Huot Gabriel-Jean-Baptiste-Joseph (Mtb., 3 avril 1896), soldat au 174ᵉ R. I., tué par éclats d'obus, blessures multiples, au combat de Cléry-Bouchavesnes (Somme), 13 sept. 1916. T.

Husser Emile (Mtb., 22 juin 1882), caporal-fourrier au 35ᵉ R. I., tué à l'ennemi, territoire de la commune de Cléry-sur-Somme (Somme), 15 août 1916. Inhumé entre le bois de Hem et le bois 2. T.

Jacoutot Alfred Maurice (Montenois, Doubs, 13 mai 1895), soldat au 2ᵉ B. C. P., tombé à l'ennemi au combat devant Vaux (Meuse), 28 fév. 1916. Inhumé dans la carrière de Vaux, près de la route de Vaux. T.

Jeannerod Jean-Antoine (Lyon, Rhône, 12 avril 1895), soldat au 31ᵉ B. C. P., tombé à l'ennemi sur le plateau de Notre-Dame de Lorette (P.-de-Calais), 16 juin 1915. T.

Jeannin Frédéric-Léon (Mtb., 11 avril 1894), caporal au 23ᵒ B. C. A., décédé, des suites d'un accident de grenades, à l'hôpital St-Maurice, à Epinal (Vosges), 7 mars 1917. T.

(C. à O. de la brigade). « Chef d'équipe au cours de l'action du 14 mars, l'a dirigée avec beaucoup de décision et a rempli entièrement et avec courage la mission qui lui était confiée. » (1916).

Jenny Pierre-Paul (Mtb., 17 avril 1885), maître-pointeur au 47ᵉ R. d'artillerie, tué à l'ennemi au nord-ouest de Souain (Marne), 27 septembre 1915.

Jeunot Charles-Aimable, soldat au 21ᵉ B. C. P., tué le 20 décembre 1914.

(C. à O. de la 13ᵉ D.) « Mitrailleur-tireur au Donon, le 21 août 1914, a tiré jusqu'au dernier moment avec un sang-froid remarquable.

A la Chipotte, le 26 août, blessé, revenu au bataillon après guérison.

A l'attaque des tranchées de Lorette, le 17 décembre, s'est brillamment conduit et a amené sa pièce sur les tranchées conquises.

Le 20 décembre, blessé grièvement en tirant à tout prix pour appuyer l'attaque des tranchées allemandes (sans doute mortellement blessé, n'a pas été retrouvé). » (16 janv. 1915).

Jobard Nicolas-Paul (Chalaines, Meuse, 9 janv. 1880), soldat au 29ᵉ B. C. P., tué au combat de Sailly-Saillisel (Somme), 6 octobre 1916.

Jodry Paul (Hérimoncourt, Doubs, 24 août 1879), soldat à la 101ᵉ Cie de mitrailleuses du 49ᵉ R. I. T., tombé au combat du fort de Souville, devant Verdun (Meuse), 12 juil. 1916.

(C. à O. du corps d'A.) « N'a pas hésité, malgré un violent bombardement, à sortir sa mitrailleuse sur la superstructure du fort et a trouvé la mort dans l'accomplissement de son devoir. » (5 août 1916).

Jolidon Daniel-Ferdinand-Eugène (Mtb., 16 août 1895), sous-lieutenant au 5ᵉ B. C. P., tué à l'ennemi au combat du Chemin des Dames, nord-est du Panthéon (Aisne), 23 oct. 1917. T.

(C. à O. du bataillon). Etant aspirant. « A assuré pendant quatre jours le commandement d'un peloton et a su maintenir le moral de sa troupe sous un violent bombardement. » (14 nov. 1916).

(C. à O. de la division). « Très bon chef de section. « A fait preuve de la plus grande initiative, le 3 juin 1917, en portant sa section à l'endroit où la pression de l'ennemi était la plus violente, contribuant ainsi à enrayer l'attaque. » (22 juin 1917).

(C. à O. de la 6ᵉ A.) « Chef de section admirable. Blessé en se portant à l'assaut, est resté à son poste de combat. A été tué quelques instants après en organisant sa section face à un blockhaus de mitrailleuses. » (15 nov. 1917).

Jouveneaux Georges-Augustin, soldat au 3ᵉ R. de tirailleurs algériens, décédé à l'hôpital sanitaire régional de Besançon (Doubs), 7 août 1916.

Keller Marcel-Henri-Alphonse (Mtb., 4 avril 1894), soldat au 8ᵉ R. d'infanterie coloniale, décédé de maladie contractée en service, 17 octobre 1918.

Kiger Charles-Georges (Mtb., 22 mai 1896), soldat au 44ᵉ R. I., tué à l'ennemi à Haudainville (Meuse), 29 avril 1916. Inhumé au dit lieu, arr. de Verdun. T.

Koelblen Joseph-François (Mtb., 19 mars 1886), soldat au 55ᵉ C. A. P., tué à l'ennemi, à Estrées (Somme), 18 août 1916. T.

Kuss Marcel (Mtb., 12 avril 1895), sergent au 27ᵉ B. C. P., décédé à Moosch (Hte-Alsace) des suites de blessures reçues au champ d'honneur, 29 décembre 1915. T.

Blessé une première fois, le 23 déc., il voulut participer malgré l'état de sa blessure à l'attaque du 25 où il fut atteint mortellement.

(C. à O. de la division). « A entraîné résolument ses hommes à l'assaut des tranchées ennemies. A été mortellement blessé au moment où, sous un bombardement violent, il s'assurait que ses hommes étaient bien à leurs postes. » (28 mars 1916).

Voir au *Livre des décorés*, ses deux frères, Frédéric-Paul et Robert.

Kumpf Georges (Mtb., 24 fév. 1892), caporal au 2ᵉ zouaves, décédé à l'hôpital complémentaire n° 4 à Saint-Fons, 1ᵉʳ mars 1919.

Laborde Jules (Besançon, Doubs, 2 juin 1878), sergent au 49ᵉ R. I. T., titulaire de la médaille militaire, décédé des suites de ses blessures à l'ambulance alp. 1/65 au Klingskopf (Alsace), 25 septembre 1916. T.

Laclef Emile-Léon (Fessevillers, Doubs, 2 sept. 1884), sergent au 172ᵉ R. I., décédé à Laon (Aisne) des suites de blessures de guerre, 21 octobre 1918. T.

(C. à O. n° 11683 lui conférant la médaille militaire). « Sous-officier d'une rare bravoure ; au front depuis le début de la campagne. Le... a, malgré un violent bombardement et des rafales nourries de mitrailleuses, entraîné sa demi-section à l'attaque d'une position ennemie fortement organisée. A été grièvement blessé au cours du combat. Amputé de la cuisse droite. Une citation. »

Laenger Henri-Joseph (Mtb., 8 mars 1891), caporal au groupe cycliste de la 8ᵉ D. de cavalerie, décédé des suites de blessures reçues au combat (plaie pénétrante du crâne), à Hénu P.-de-Calais), 19 novembre 1914. T.

Laenger Jules-Antoine (Mtb., 3 fév. 1893), soldat au 15ᵉ B. C. P., décédé à l'hôpital du Thillot (Vosges), des suites de ses blessures, 13 février 1915. Frère du précédent.

Landspurg Emile (Sainte-Suzanne, Doubs, 14 mars 1884), sergent au 35ᵉ R. I., tombé sur le champ de bataille et décédé des suites de ses blessures à l'ambulance n° 7 du 1ᵉʳ corps, 5 mars 1915. Inhumé au cimetière n° 2, dit de la Sucrerie, à Vic-sur-Aisne (Aisne). T.

Larcher Henri-Louis (Mtb., 23 déc. 1889), maître-pointeur au 47ᵉ R. d'artillerie, tombé à l'ouest de Fleury (Meuse), 8 mai 1916. T.

Large Jean-Claude (Juliénas, Rhône, 23 oct. 1885), lieutenant au 44ᵉ R. I., décédé à Cuperly (Marne), des suites de blessures reçues sur le champ de bataille, 26 sept. 1915. T.

Laude Gaston-Frédéric, sergent au 106ᵉ B. C. P., mort pour la France.

1 citation à l'O. de la division (janv. 1915) ; 1 citation id. (1916). — Médaille de la valeur militaire italienne en bronze.

(C. à O. de l'A.) « Extraordinaire de courage, de décision et de patience, a fait du 3 au 21 mars seize patrouilles dans des circonstances périlleuses, les a toujours poussées à moins de trente mètres des postes ennemis, a tué ou blessé plusieurs allemands. » (1915).

« Gradé calme et résolu donnant constamment à ses hommes l'exemple de sa bravoure, sachant par sa constante bonne humeur et son sang-froid aux heures les plus pénibles, maintenir très haut le moral de sa troupe. Est tombé mortellement frappé le 8 mai 1918, à son poste de combat. A été cité. » (*Journ. off.*, 22 nov. 1919). — Médaille militaire.

Laurent Ernest-César (Mtb., 14 fév. 1891), caporal-fourrier au 9ᵉ R. de tirailleurs algériens, décoré de la croix de guerre, tué par suite de commotion à Bois 14, Mont Blond (Marne), 20 mai 1917. T.

Laurent Frédéric-Louis (Ste-Suzanne, Doubs, 12 oct. 1889), caporal au 115ᵉ B. C. P., tombé au nord de Saint-Quentin (Aisne), 4 octobre 1918.

Laurent Paul-Henri (Bavillers, Haut-Rhin, 28 sept. 1893), sergent au 68ᵉ R. I., tombé à l'ennemi à Sailly-Saillisel, ouvrage du bois Eribot (Somme), 27 oct. 1916. T.

Laval Jean (Belfort, Ht-Rhin, 23 fév. 1883), soldat au 35ᵉ R. I., tombé à Berny-Rivière, 6 juillet 1915. Inhumé au cimetière militaire nᵒ 2, dit de la Sucrerie, à Vic-sur-Aisne (Aisne). T.

Léber Charles-Lucien (Mtb., 18 juil. 1891), soldat au 69ᵉ bataillon de tirailleurs sénégalais, tué au combat d'Assevillers (Somme), 2 juillet 1916. Jugement du tribunal civil de Montbéliard du 10 avril 1919, tenant lieu d'acte de décès.

(C. à O. de la 3ᵉ division d'infanterie, 1ᵉʳ corps d'armée coloniale). « Volontaire pour les missions périlleuses. Grand ascendant sur les Sénégalais qu'il a conduits à l'attaque d'un village avec beaucoup d'entrain. Blessé mortellement au cours de l'action. » (31 août 1916).

Léber Gustave (Mtb., 15 fév. 1896), soldat au 44ᵉ R. I., décoré de la croix de guerre, décédé à l'hôpital d'évacuation de Bouleuse des suites de blessures de guerre, 18 avril 1917. T.

Liénard Edouard-Henri (Mtb., 1886), caporal au 235ᵉ R. I., mort à la cote 1550, près Pisodiri (Grèce) par suite de blessures de guerre, 24 septembre 1916. T.

Lods Charles-Louis (Mtb., 24 août 1895), soldat au 156ᵉ R. I., tué à l'ennemi devant Neuville St-Waast (P.-de-Calais), 22 juin 1915. T.

Louis Victor (Le Thillot, Vosges, 25 fév. 1880), soldat au 5ᵉ B. C. P., tué à l'ennemi à l'Hartmannswillerkopf (Als.), 3 février 1916. T.

Marconnet Edouard (Dung, Doubs, 5 sept. 1889), soldat au 5ᵉ B. C. P., tué à l'ennemi aux bois d'Uffholz (Alsace), 4 février 1915. T.

Marconnet Jules-Gustave (Mtb., 2 juin 1869), chef de bataillon au 45ᵉ R. I.

(Citation) « A fait preuve d'un sens tactique développé en faisant prendre à son bataillon une formation telle qu'un village tenu par les Allemands pût être enlevé de nuit et a montré une opiniâtreté digne d'éloges en s'y maintenant en dépit de toutes les attaques. »
Etant capitaine, a été, avant la guerre, un des premiers observateurs en aéroplane. Blessé mortellement le 25 sept. 1915, en entraînant son unité à l'assaut des lignes ennemies.

Marion Gaston-Just, sergent au 171ᵉ R. I., décédé à l'hôpital de Nancy (M.-et-Mos.), 2 décembre 1914.

Martin Jules-Fernand (L'Isle-sur-le-Doubs, Doubs, 11 juin 1895), soldat au 3ᵉ bataillon de marche d'infanterie légère d'Afrique, tué à l'ennemi à la cote 304, commune de Esnes (Meuse), 11 mai 1916. T.

Martin Maurice-Charles (Melun, S.-et-Marne, 12 nov. 1882), soldat au 372ᵉ R. I., tué à l'ennemi au Sudel, près de Goldbach (Hte-Alsace), 3 juillet 1915. T.

Masse Louis (Mtb., 11 avril 1880), soldat au 320ᵉ R. I., tué à l'ennemi à Maizy (Aisne), 8 octobre 1918. T.

Mathey Constant-Emile (Mtb., 18 avril 1881), maréchal-des-logis au 14ᵉ escadron du train, décédé à l'ambulance 10/13, hôpital d'évacuation de Bussy-le-Château, des suites de maladie contractée en service, 13 novembre 1918.

Mathiot Pierre-Emile (Mtb., 12 mai 1891), soldat au 35ᵉ R. I., tué d'un éclat d'obus à la sortie de Vic-sur-Aisne, 13 sept. 1914. T.

Mathiot Pierre-Frédéric (Seloncourt, Doubs, 1ᵉʳ juin 1891), soldat au 173ᵉ R. I., tué à l'ennemi à Fresnoy-les-Roye (Somme), 26 août 1918. T.

Mauffrey Constant-Robert (Rupt-sur-Moselle, Vosges, 2 août 1890), soldat au 171ᵉ R. I., tué à l'ennemi devant Saint-Quentin (Aisne), 30 sept. 1918.

Mauveaux Georges-Emile (Sochaux, Doubs, 8 sept. 1884), soldat au 407ᵉ R. I., tué le 28 sept. 1914 au combat de Neuville St-Waast (P.-de-Calais). Inhumé le 3 octobre au cimetière d'Ecoivres (P.-de-Calais). T.

Mazimann Constant-Alphonse (Mtb., 21 juil. 1876), soldat au 49ᵉ R. I. T., décédé à l'ambulance de Dannemarie (Alsace), le 3 déc. 1914, à la suite d'une plaie par balle, région pariétale gauche, reçue au combat d'Ammertswiller, le même jour. T.

Mercier Auguste-Ernest (Roches-sur-Marne Hte-Marne), 13 juin 1872), maréchal-des-logis au 11ᵉ R. d'artillerie à pied, décédé à l'Hôtel-Dieu, à Lyon (Rhône), 14 déc. 1917.

Métin Edmond (Autechaux, Doubs, 25 fév. 1861), médecin-chef, décédé à l'hôpital complémentaire n° 21 à Nantes (L.-Inf.), 11·décembre 1917.

Michel Charles-Martial (Paris, 3 fév. 1888), soldat au 4ᵒ R. I., tué à l'ennemi à Vaux, près Verdun (Meuse), 6 nov. 1916. T.

Michoux Ambroise, soldat au 63ᶜ R. d'artillerie anti-aérienne, tué à Montigny-en-Chaussée, 25 juin 1918.

Moine Stanis-Auguste (Villars-sous-Dampjoux, Doubs, 25 nov. 1888), soldat au 17ᵒ B. C. P., mort au champ d'honneur à Vaux (Meuse), 21 mars 1916. T.

Monch Xavier-Constant (Mtb., 26 fév. 1882), soldat au 3ᵉ R. d'infanterie coloniale, tombé au champ d'honneur à Ville-sur-Tourbe (Marne), 2 avril 1915. T.

Monnin Edouard-Henri (Mtb., 7 avril 1893), caporal au 1ᵉʳ B. C. P., mort au champ d'honneur devant Tahure (Marne), 10 juillet 1916. T.

Monnin Georges-Emile (Sochaux, Doubs, 19 avril 1888), sergent au 1er bataillon de marche d'infanterie légère d'Afrique, tué à l'ennemi à Langemarck (Belgique), 2 mai 1915 T.

Montagnon Fernand (Sochaux, Doubs, 10 mars 1891), maréchal-des-logis au 47e R. d'artillerie, tombé au champ d'honneur à la position de batterie, à l'ouest de la cote 109, sud-est de la ferme de l'Hôpital (Somme), 15 sept. 1916.

Morel Charles-Emile (Seloncourt, Doubs, 28 avril 1897), soldat au 45e B. C. P., décoré de la croix de guerre, tué à l'ennemi devant Lassigny (Oise), 17 août 1918. T.

Morlot Fernand-Jacques-Frédéric (Mtb., 16 fév. 1897), soldat au 115e B. C. P., tué à l'ennemi devant la butte de Tahure (Marne), 8 oct. 1917. T.

Morlot Robert-Henri (Ste-Suzanne, Doubs, 24 mars 1898), soldat au 67e B. C. P., décédé à l'ambulance 5/68, asile départemental de Dury (Somme), 17 mai 1918. T.

Muller Charles (Mtb., 8 août 1880), caporal au 26e R. I., tué à cent mètres au nord de la ferme Van Hove Syrille, commune de Petigheim (Belgique), 31 oct. 1918.

Murat Edouard-Jean (Mtb., 20 avril 1894), sous-lieutenant au 160e R. I., décoré de la croix de guerre, décédé à la Targette (P.-de-Calais), le 10 mai 1915, sur le champ de bataille. T.

(C. à O. de la division, n° 48). « Blessé mortellement en conduisant sa section à l'attaque d'une tranchée ennemie. »

Nifenecker André-Charles, caporal au 35e R. I., décédé à l'ambulance 3-VII à Cuperly, 1er oct. 1915.

Panchot Henri-Alexandre (Ste-Suzanne, Doubs, 16 mars 1890), soldat au 2e R. d'infanterie coloniale, tombé au champ d'honneur au combat de Rossignol (Belgique), 22 août 1915.

Papa Louis-Félicien (Blussans, Doubs, 26 mai 1897), soldat au 54e R. I. T., décédé à l'hôpital complémentaire n° 4 à Besançon (Doubs), 13 nov. 1918.

Paul Alfred-Henri (Versailles, 29 avril 1874), soldat au 205e R. I., tué au combat de Fay (Somme), 30 nov. 1914.

Paur Jules-Henri (Mtb., 28 juin 1888), soldat au 5ᵉ B. C. P., tombé au combat de l'Hilsenfirst (Alsace), 21 juin 1915. T.
C. à l'O. du bataillon). « Chasseur plein de bravoure et d'entrain, aux combats des 20 et 21 juin 1915, s'est signalé par sa brillante conduite, lors de l'assaut donné à des fortins allemands organisés sous bois. »

Paur Paul (Ste-Suzanne, Doubs, 1871), soldat au 9ᵉ R. d'artillerie à pied, décédé à l'hôpital temporaire n° 4, à Besançon (Doubs), 21 avril 1915. T.

Pegeot Claude-François (Gondenans-Montby, Doubs, 17 oct. 1876), soldat au 70ᵉ R. d'artillerie lourde à grande portée, décédé à l'hôpital militaire Bégin, à St-Mandé, 23 avr. 1918.

Perret Emile-Charles (Ste-Suzanne, Doubs, 28 déc. 1883), soldat au 116ᵉ R. d'artillerie lourde, mort pour la France à l'hôpital militaire Desgenettes, à Lyon (Rhône), 31 juillet 1918. T.

Perret Léon-Justin (Mtb., 21 mars 1893), sergent au 3ᵉ R. de tirailleurs algériens, tombé dans les tranchées au nord de Souain (Marne), 19 oct. 1915. Frère du précédent. T.

Perrot Henri-Jules-Alphonse (Mtb., 1890), soldat au 60ᵉ R. I., décédé à l'hôpital sanitaire régional n° 11, à Besançon (Doubs), 15 fév. 1918. T.

Perrot Paul-Emile, sergent au 71ᵉ bataillon de tirailleurs sénégalais, décédé à l'hôpital auxiliaire n° 301 à Royaumont (S.-et-O.) des suites de ses blessures, 15 juil. 1916.

Petit Jules (Borovako, Russie, 3 août 1883), soldat au 142ᵉ R. I., mort à la Veuve, canton de Châlons-sur-Marne, des suites de blessures de guerre, 3 août 1917. T.

Petitjean Charles, capitaine au 97ᵉ R. I., tué devant Souchez (P.-de-Calais), 9 mai 1915.

Pfister Jules, dit Laforge (Markirch, Alsace, 19 sept. 1888), adjudant au 414ᵉ R. I., décédé à Vadelaincourt (Meuse), des suites des blessures reçues en combattant l'ennemi, 11 août 1916. T.
(C. à l'O. de la division) « Alsacien, engagé volontaire pour la durée de la guerre. Resté sur sa demande sur le front. Modèle de courage et de dévouement. Blessé en septembre 1914, a été de nouveau grièvement blessé en exhortant ses hommes au calme, pendant un violent bombardement. »
(31 août 1916).

Picard Gaston (Mtb., 2 mars 1896), maître-pointeur au 107e R. d'artillerie lourde, tué à l'ennemi à Furmerville (Somme), 24 juillet 1916. T.

« Maître pointeur très courageux, mort à son poste de servant de pièce pendant une violente lutte d'artillerie, à Furmerville (Somme)... A été cité.» (*Ordre* du maréchal en chef, du 13 juillet 1919). — Médaille militaire.

Pigrey Edmond-Louis (Ste-Suzanne, Doubs, 9 avril 1892), sergent au 4e R. de zouaves, décédé à Vadelaincourt (Meuse) des suites de blessures reçues en combattant l'ennemi, 26 oct. 1916. T.

Pillods Edmond-Paul (Echenans-sous-Mont-Vaudois, Haute-Saône, 23 fév. 1880), soldat au 28e bataillon du génie, tombé au champ d'honneur à Pont d'Aspach (Alsace), 26 déc. 1914.

Plain Jean-René (Mtb., 12 fév. 1895), sergent au 371e R. I., mort pour la France à l'ambulance coloniale n° 3, 25 oct. 1918.

Poncelet Lucien (Mathon-Clémency, Ardennes, 23 mars 1896), soldat au 87e R. I., tué aux tranchées en avant du village, à la Neuville (Marne), 29 avril 1917.

Pourchet Maurice-Edmond, soldat au 132e R. I., mort à la suite de blessures de guerre à l'hôpital de Martigny (M.-et-Moselle), 20 juin 1915.

Quaile René, soldat au 44e R. I., tué au combat d'Autrèches (Aisne), 16 sept. 1914. T.

Quélet Gaston-Marcel-René (Mtb., 7 mars 1896), soldat au 358e R. I., décédé aux tranchées du secteur de Cormicy (Marne) des suites de blessures de guerre, 30 janv. 1918. T.

(C. à l'O. du régiment). « Jeune soldat de la classe 1916, plein d'entrain, d'une belle bravoure au combat. Tombé glorieusement pour la France, le 30 janvier 1918. » (19 juillet 1919).

Quillot René-Louis (Meaux, 19 avril 1887), adjudant au 66e R. I., tué à l'ennemi près de Rouvrel (Somme), 18 avril 1918. T.

Quinche Emile-Frédéric (Mtb., 18 août 1890), adjudant au 11e R. I., décédé à l'ambulance n° 9 de Somme-Suippes (Marne), des suites de blessures reçues sur le champ de bataille, 19 février 1915. T.

Quittet Albert-Marie-Auguste, adjudant au 1er groupe d'aérostation. Faisait partie du personnel de l'équipage du dirigeable « Pilatre-de-Rozier », qui a quitté son port d'attlle 23 février 1917 à 21 h. 30 et n'y est pas rentré depuis (Communication du colonel Voyer, commandant le groupe, du 28 fév. 1917). — Tombé le 24 février et enterré dans le cimetière de Vôllendingen, (Communication de la Croix Rouge de Frankfort-sur-le-Mein, du 12 juin 1917, au Dr Edmond Ulmann, de Porrentruy).

Etant adjudant, chef mécanicien du ballon « Coutelle » :

(C. à O. de l'Aéronautique). « Brillante conduite au cours des ascensions du ballon, à celle du 19 au 20 juillet (1915) où il n'a pas craint de sortir de la nacelle, pour exécuter un ordre, alors que le ballon était en danger ; manœuvra suspendu au-dessus du vide.

A celle du 22 au 23 septembre où l'énergie, le sang-froid, le calme et la discipline de l'équipage ont permis de ramener dans nos lignes le ballon traversé d'un obus allemand et d'atténuer dans la mesure du possible les effets de sa chute. » (1915).

(Médaille militaire). « A toujours fait preuve de compétence, de sang-froid et d'énergie. A grandement contribué à la réussite d'une ascension comportant un bombardement, exécuté sous une canonnade violente, à 100 kilomètres des lignes. A déjà été cité. » (1917).

Rabier Jean (Mtb., 31 déc. 1894), soldat au 11e R. de dragons, décédé à l'hôpital temporaire n° 19, à Saint-Etienne, 10 octobre 1918.

Ranfaing-Réess Alfred, sous-lieutenant au 3e R. de zouaves, tué devant Arras, 28 février 1915.

C. à l'O. de l'A.) « Tombé en héros à la tête de sa section marchant à l'assaut de l'ennemi. »

Réess Nathaniel-Albéric-Charles, décédé à l'hôpital militaire de Marseille des suites de maladie contractée au front, janvier 1915.

Ray Emile, adjudant au 46e R. I., classe 1910, engagé volontaire, tombé au champ d'honneur au commencement de septembre 1914, à Vassincourt (Meuse) et inhumé au même lieu.

Rhomann Eugène (Mtb., 3 déc. 1883), soldat au 35e R. I., tué à Montreux-Jeune (Alsace), 15 août 1914.

Richard Henri-Jules (Mtb., 6 avril 1898), soldat au 311e R. I., tué à l'ennemi à Nanteuil-sur-Aisne (Aisne), 1er nov. 1918. T.

Richard Louis-Henri (Mtb., 25 juin 1881), sergent au 260e R. I., décédé le 26 nov. 1916 à l'hôpital temporaire de Florina (Grèce) des suites de ses blessures. T.

« Très bon sous-officier, a été blessé grièvement au moment où il portait secours à son lieutenant qui venait de tomber. »

Ridard Antoine (Mercurey, S.-et-Loire, 14 mai 1873), maréchal-des-logis garde des voies de communication, tué accidentellement par un train, étant chef de poste au Vernet, commune de la Guerche, près Bourges (Cher), 19 janvier 1915. T.

Rigaud Charles-Edmond (Rosureux, Doubs, 26 mars 1882), soldat au 15e B. C. P., décédé à l'hôpital auxiliaire n° 13, à Voiron (Isère), 17 fév. 1916.

Robelet Paul (Guéreins, Ain, 27 juil. 1882), soldat au 44e R. I., décédé à l'hôpital complémentaire du Val Claret n° 36, à Antibes, 21 mai 1916.

Rohner Jules (Beaucourt, Ht-Rhin, 18 juin 1888), soldat au 371e R. I., tué à l'attaque du piton nord-est de Florina (Grèce), 24 sept. 1916. Inhumé à Florina, 104, rue Coritza. T.

« Faisant partie de la patrouille de tête qui abordait un village particulièrement difficile et essuyant de très courte distance le feu des Bulgares embusqués, s'est précipité sur eux à la baïonnette sans tirer et a contribué à faire un prisonnier. »

Ronot Albert-Alfred-Edmond (Besançon, Doubs, 18 avril 1896), soldat au 4e R. du génie, décédé à l'hôpital Margaine, à Ste-Menehould (Marne) des suites de ses blessures, 5 mars 1917. T.

Engagé volontaire au 4e R. de zouaves et envoyé au front sur sa demande, avait été blessé à la Marne. Passé au 1er R. de marche comme mitrailleur, avait été l'objet de la citation suivante à l'ordre de l'armée :

« A fait preuve d'un grand courage pendant l'attaque allemande du 9 mai 1915. Ayant sauvé son officier blessé, est revenu à sa pièce où il a remplacé le tireur et le chef de pièce tués. » (10 mai 1915).

Rossel Charles-Emile-Gustave (Mtb., 11 avril 1887), sous-lieutenant au 60e R. I., décédé à l'ambulance 6/7 à Trigny (Marne) des suites de blessures de guerre, 16 avril 1917. T. Frère de l'adjudant Rossel qui suit.

(C. à l'O. du 11e R. de chasseurs à cheval) « Le colonel cite à l'ordre du régiment, le brigadier-réserviste Rossel, du 1er escadron pour avoir, avec flair et perspicacité, exécuté à Dieffmaten, le 12 août 1914, une reconnaissance périlleuse qui a donné d'excellents résultats. » (15 août 1914)

Etant sous-lieutenant au 42ᵉ R. I. : (C. à l'O. de la 14ᵉ division). « Excellent chef de section, d'une extrême bravoure et d'une grande énergie. A su, pendant plusieurs jours, maintenir sa section sous un bombardement d'une extrême violence en donnant à tous le plus bel exemple de courage et de dévouement. » (9 juillet 1916).

Etant au 60ᵉ R. I. « A pris une part effective aux combats à l'ouest de Reims (Brimont, 16 avril 1917, jour où il est tombé) combats à la suite desquels le régiment a obtenu la citation à l'ordre de l'armée [du 1ᵉʳ mai 1917]. » (Certificat du lieutenant-colonel commandant le 60ᵉ R. I., du 30 mai 1917).

Rossel Georges-Frédéric-Albert (Mtb., 2 oct. 1877), soldat au 78ᵉ R. I. T., décédé à l'hôpital d'évacuation B/51 à Fontenoy (Aisne), des suites de blessures de guerre (plaie pénétrante du poumon par éclats d'obus), 15 avril 1918.

(C. à l'O. du régiment). « Soldat courageux et dévoué, blessé mortellement à son poste le 15 avril 1918. » (25 avril 1918).

Rossel Pierre-Louis-Frédéric (Mtb., 18 fév. 1892), adjudant au 42ᵉ R. I., décédé à Vingré (Aisne), 12 nov. 1914, par suite de blessures sur le champ de bataille. T.

Frère du sous-lieutenant Rossel Charles-Emile-Gustave qui précède.

« Franc, ouvert, énergique et froid, il avait toutes les qualités d'un soldat de guerre et c'est avec une bravoure superbe et un mépris absolu du danger qu'il s'est lancé contre les tranchées ennemies, électrisant sa troupe qui l'a suivi avec une crânerie admirable. C'était un héros. » (*Lettre* du lieutenant-colonel Petit, commandant le 42ᵉ R. I., du 22 janv. 1915.)

Rosselot Jules, soldat au 2ᵉ R. de zouaves, tué à l'ennemi à la vallée de la Struma (Macédoine), 20 août 1916.

Rosselot Ferdinand, caporal au 4ᵉ R. colonial, mort au champ d'honneur à Bormes, 29 mars 1915.

Rousseau Louis-Auguste-Abel (Buthiers et Ovarray, Haute-Saône, 8 nov. 1891), soldat au 171ᵉ R. I., décédé à l'hôpital mixte de Libourne, 2 sept. 1916.

Roussin André-Félix (Auxonne, Côte-d'Or, 25 sept. 1882), soldat au 132ᵉ R. I., tombé au champ de bataille de Champagne, 8 oct. 1915.

Après plusieurs tentatives infructueuses, avait réussi à s'engager pour la durée de la guerre.

Roy Emile, adjudant au ..., tombé sur le champ de bataille à Vassincourt (Meuse), sept. 1914.

Rupli Emile-Désiré (Nommay, Doubs, 1er oct. 1892), adjudant au 48e B. C. P., décoré de la croix de guerre, tué à l'ennemi, 4 octobre 1918 à l'Epine de Chevregny, territoire d'Ostel (Aisne). T.

Saurbeck Georges, caporal au 172e R. I., décédé des suites de ses blessures dans un hôpital près d'Orléans, 1919.

— « Du 18 au 24 mars 1917 s'est distingué par sa bravoure et son sang-froid ; au cours d'un violent bombardement, le 23, a donné un bel exemple d'énergie et d'abnégation. » (1917).

— « Admirable caporal observateur, plein de sang-froid et de valeur qui n'a cessé de tenir son chef de bataillon parfaitement au courant de l'ennemi pendant les deux combats du 21 au 23 août 1918, malgré les tirs les plus violents de barrage et de mitrailleuses. Grièvement blessé à son poste d'observation. » (1918).

Schevènement Albert-Louis-Henri (Mouthe, Doubs, 27 juillet 1890), adjudant au 15e B. C. P., tué sur le champ de bataille, au bois de Winterhagel (Alsace), 20 juin 1915. T.

(Ordre de citation de la VIIe armée, n° 33 du 10 juillet 1915) :

« Les première et deuxième sections de la 5e Cie du 15e Bataillon de Chasseurs sous le commandement de l'adjudant SCHEVÈNEMENT et du sergent Creusot André, ont pris pied sur le parapet d'une tranchée ennemie, après avoir traversé un réseau de fils de fer ; soumis à une vive fusillade de flanc, à bout portant, ont préféré mourir plutôt que de se rendre. »

Schmider Charles-Louis (Mtb., 27 mars 1884), sergent au 35e R. I., tombé au champ d'honneur antérieurement au 12 sept. 1914, dans la région de St-Soupplets (S.-et-Marne).

Schmitt Louis-Joseph-Alphonse (Delle, Haut-Rhin, 23 sept. 1891), caporal au 372e R. I., mort au champ d'honneur au nord-ouest de Rastani (Armée d'Orient), 20 nov. 1916.

Schnéegans Charles (Reims, 18 mai 1874), chef de bataillon au régiment de Sénégalais du corps d'armée des troupes coloniales, mort pour la France à Saint-Nicolas, près d'Arras, 25 oct. 1914. T.

Schnetzer Joseph-Auguste, soldat au 42e R. I., tombé au champ d'honneur au plateau 150, sud de Nouvion (Aisne), 20 avril 1915.

Schurr Albert-Henri-Louis (Audincourt, Doubs, 10 juillet 1888), adjudant au 35e R. I., tombé au champ d'honneur à la ferme des Wacques, commune de Souain (Marne), 25 sept. 1915. T.

(C. à l'O. de la division). Etant sergent. « Malgré le danger a travaillé de nuit et même de jour à l'établissement des défenses accessoires en avant des tranchées. Excellent tireur, a de plus détruit avec son équipe sept créneaux ennemis. » (4 avril 1915).

(C. à l'O. de la brigade). « Chef de section énergique ; tué en entraînant ses hommes à l'assaut le 25 sept. 1915. » (12 oct. 1915)

Schwanhard Ferdinand (Mtb., 24 mai 1885), capitaine au 1er R. d'artillerie de montagne, 49e batterie, décoré de la croix de guerre, tué vers Pisoderi (Grèce), cote 1906, 5 oct. 1916. T.

(C. à l'O. de la 1re armée). « Le lieutenant Schwanhard a commandé avec le plus grand sang-froid sa section d'artillerie sous le feu d'une batterie lourde allemande au combat du col du Bonhomme, le 9 août [1914]; a été blessé pendant le combat. »

(Id. à l'O. de la 2e armée). Le capitaine Schwanhard, « le 25 septembre 1915, a suivi l'attaque de l'infanterie et installé sa section sur la position conquise ; l'ennemi ayant violemment contre-attaqué, a, par son ascendant moral et son sang-froid, continué le tir à 50 mètres à peine de l'ennemi, contribuant ainsi par son attitude superbe à enrayer les progrès momentanés de l'ennemi. »

Nommé capitaine à titre définitif, au choix (décret présidentiel du 11 août 1916).

(C. à l'O. de la 113e brigade). « Officier d'un sang-froid, d'un coup d'oeil et d'une décision remarquables. Le 22 septembre, a pris une initiative très heureuse dans une circonstance très critique et a largement contribué ainsi à enrayer une attaque de flanc déjà rapprochée et très dangereuse pour le détachement. » (Pisoderi, 28 sept. 1916).

(C. à l'O. de l'armée d'Orient). « Officier d'une valeur exceptionnelle, déjà cité deux fois à l'ordre de l'armée, une fois à l'ordre de la brigade. Aussi modeste que brave ; calme, réfléchi, sachant s'exposer à propos et plutôt par devoir que par témérité ; admiré et aimé de ses subordonnés et de ses chefs, a toujours su obtenir le rendement maximum de la batterie qu'il commandait.

Blessé deux fois depuis le début des hostilités, a été tué à son poste de commandement le 5 octobre 1916. » (1916).

Siau Jean-Augustin-Célestin, lieutenant-adjoint au colonel commandant l'artillerie de la 14e D., décoré de la croix de guerre, mort des suites de blessures de guerre à l'intersection du boyau de Chauffour et du boyau d'Anjou, commune de Thil (Marne), 25 juin 1917. T.

(Citation à l'O. de l'A.) « Officier de grande énergie et d'une bravoure remarquable. Blessé, a rejoint son poste sans être guéri. Sa blessure s'étant rouverte pendant les combats de février, mars 1916, n'a consenti à être évacué de nouveau qu'après être arrivé à l'extrême limite de ses forces et sur ordre formel. »

Simon Félix-Emile (Paris, 22 nov. 1884), soldat au 60e R. I., tué à l'ennemi, inhumé au cimetière militaire de Glorieux (Meuse), 13 sept. 1917.

Sire Aimé, capitaine au 8ᵉ R. de tirailleurs indigènes, tué à l'ennemi, 29 mars 1918.

Sire René-Emile (Belfort, Ht-Rhin, 11 mai 1892), sergent au 21ᵉ B.C . P., décédé à Vaudesson (Aisne), par suite de coup de feu reçu au combat, 23 oct. 1917. Inhumé au cimetière militaire situé à 200 mètres au sud des carrières de Sancy (Aisne). T.

Sordel Emile-Eugène, soldat au 152ᵉ R. I., tombé à l'Hart-mannswillerkopf (Alsace), 23 mars 1915.

Stachel Georges-Marcel (Mtb., 14 nov. 1894), soldat au 35ᵃ R. I., tué à l'ennemi commune de Vaux (Meuse), par l'effondrement d'un abri, 7 mai 1916. T.

Stalder Barthélemy-Joseph (Fessevillers, Doubs, 12 février 1884), soldat au 172ᵉ R. I., tué à l'ennemi aux combats de Grand-Rozoy-Maast et Violaine (Aisne), 4 août 1918.

Stoffer Emile, soldat au 159ᵉ R. I., tué à l'ennemi, 13 oct. 1914.

Sweeting Georges-Robert-Maurice (Eu, Seine-et-Oise, 29 mars 1887), soldat au 72ᵉ R. I., tombé au combat de Maizeray (Meuse), 7 avril 1915. T.

Tabourey Eugène-Alexandre (Mtb., 25 juillet 1894), caporal-fourrier au 298ᵉ R. I., décédé des suites de blessures reçues sur le champ de bataille, à l'hôpital temporaire n° 3, à Moulins (Allier), 11 janvier 1919.

(C. à l'O. du régiment). « A donné à tous l'exemple du courage et du sang-froid à l'attaque du 25 septembre. A été blessé. » (O. n° 137 du 10 octobre).

(C. à l'O. de l'infanterie divisionnaire). « Chef de liaison du commandant de compagnie, d'un sang-froid remarquable, tout à sa tâche, s'est particulièrement distingué au cours des actions des 7 et 8 juillet 1917, assurant la liaison et l'observation dans les circonstances les plus critiques. » (18 juillet 1917).

(Médaille militaire et croix de guerre avec palme). « Excellent gradé, d'un courage et d'un dévouement à toute épreuve. A été grièvement blessé au cours du combat en se portant à l'assaut d'une position ennemie. Une blessure antérieure. Deux citations. » (14 août 1918).

Thévenot Louis-Jules (Dorans, Ht-Rhin, 29 oct. 1881), sergent au 36ᵉ R. I., décoré de la croix de guerre, décédé à Sermaize (Oise), par suite de blessures de guerre au combat de Lagny, 3 septembre 1918. T.

C. à l'O. de la 121ᵉ division). « Sous-officier ayant fait preuve d'une très grande bravoure. Est parti à la tête de sa demi-section avec un élan admirable, donnant ainsi un magnifique exemple à ses hommes. » (4 juin). — « Le 9 juillet 1918, a entraîné superbement sa section à l'assaut, est arrivé le premier dans la tranchée ennemie et a anéanti avec l'aide de ses hommes un îlot de résistance qui gênait la progression de la vague d'assaut. » (18 juillet).

(C. à l'O. de l'armée). « S'est particulièrement fait remarquer par son entrain, son courage et sa belle tenue au feu pendant les combats du 19 août 1918. A entraîné sa section à l'assaut malgré un violent tir de mitrailleuses et un bombardement intense. » (2 sept.).

(C. à l'O. de la division) « Le 3 sept. 1918, s'est porté à l'assaut de la position ennemie dans un élan admirable et sous un feu violent de mitrailleuses ennemies. Est tombé glorieusement en arrivant sur la position.» (24 septembre 1918).

Thiébault Louis-Emile, soldat au 149ᵉ R. I., mort au champ d'honneur. Inhumé le 15 nov. 1914, à Bazien (Vosges).

Thomas Simon-Pierre-Louis (Autrey-le-Vay, Hte-Saône, 11 nov. 1889), sergent au 35ᵉ R. I., décédé à Niedermorschwiller (Alsace), 19 août 1914, par suite de blessures reçues au combat de Riedisheim (Alsace). T.

Trécourt Georges-Albert (Mtb., 10 juil. 1891), brancardier à la S. H. R. du 55ᵉ B. C. P., tué à l'ennemi à Estrées (Somme), 22 août 1916. Inhumé au cimetière militaire du bois Bulow 2. T.

Tuetey Jacques-Henri (Mtb., 20 sept. 1896), caporal au 96ᵉ R. I., tué à l'ennemi, secteur de Locre, 30 avril 1918. T.

(C. à l'O. du régiment). « Caporal remarquable de courage et d'entrain, s'est particulièrement distingué pendant l'attaque du 20 août 1917 et en organisant ensuite le terrain conquis malgré la violence des tirs d'artillerie ennemie. » (13 novembre 1917).

Ulmann Georges (Mtb., 10 nov. 1890), sergent au 122ᵉ R. I., tué au Mort-Homme, commune de Chattancourt (Meuse), 20 août 1917. T.

Ulmann Georges-Louis (Seloncourt, Doubs, 30 janv. 1889), médecin-major de 2ᵉ classe au 407ᵉ R. I., tué à l'ennemi à Verdun (Meuse), faubourg Pavé, 28 juin 1916. T.

(C. à l'O. du régiment). « A fait preuve d'un grand courage et de sang-froid en dirigeant les brancardiers aux premières lignes les 22 et 23 août ; a donné ses soins, à des blessés sous un bombardement violent ; a assuré, en dépit des circonstances défavorables, leur évacuation dans les meilleures conditions possibles. Montre depuis le départ du régiment, soit dans les cantonnements, soit aux tranchées la plus précieuse activité sans souci de la fatigue ni des dangers. » (9 sept. 1915).

(C. à l'O. de la division). « A montré au cours des attaques du 25 au 30 septembre le plus grand dévouement en donnant ses soins à des blessés et en assurant leur évacuation dans les circonstances les plus difficiles et sous le feu violent de l'ennemi. Déjà cité à l'ordre du régiment. » (14 oct. 1915).

Vaisseau Emile-Louis (Mtb., 7 déc. 1895), sergent au 27e B. C. A., tombé au camp des Dames, près de l'Hartmannswillerkopf (Alsace), 21 déc. 1915. Inhumé au ravin du Faux Sihl. T.

(C. à l'O. de la division). « Le 21 décembre 1915, s'est porté bravement en tête de ses chasseurs à l'attaque d'un blockhaus ennemi. A été tué en arrivant au réseau de fils de fer. »

Valet Prosper (Crenay, Hte-Marne, 22 août 1885), soldat au 35e R. I., tué à l'ennemi à Berry-au-Bac (Aisne), 3 nov. 1914.

Vallat Alfred-Louis (Beaucourt, Haut-Rhin, 25 août 1891), soldat au 35e R. I., décédé à l'hôpital de Belfort, 25 août 1915. T.

Vallat Louis-Alphonse (Porrentry, Suisse, 2 déc. 1891), soldat au 15e B.C.P., mort au champ d'honneur tué par une balle de fusil allemand, à l'Hartmannswillerkopf (Alsace), 23 décembre 1915. T.

Vannier Charles-Joseph (Laval, Doubs, 2 déc. 1877), sergent au 49e R. I., décédé sur le champ de bataille de Carspach (Alsace), 27 janvier 1915.

(C. à l'O. du groupement sud). « Frappé mortellement en menant brillamment à l'attaque des tranchées allemandes la section qu'il commandait. Pendant toute la durée du combat a été un exemple d'énergie et de bravoure. »

Vasseuille Louis-Charles (Belfort, Haut-Rhin, 21 fév. 1897), soldat à la 2e section d'infirmiers militaires, ambulance 16/2, décédé à l'hôpital O. E. 11 B de Fleury-sur-Aire (Meuse), 10 sept. 1918, des suites de maladie contractée au cours des opérations militaires.

Vedrine Célestin-Antoine (Fournes, Gard, 12 oct. 1870), sous-lieutenant au 44e R. I., tué à l'ennemi au nord de Saint-Hilaire-le-Grand (Marne), 25 sept. 1915. T.

Vergon Maurice-Alcide (Badevel, Doubs, 21 fév. 1895), soldat au 15e B. C. P., décédé à l'hôpital complémentaire de Gérardmer (Vosges) à la suite de blessures contractées au service, 3 août 1915. T.

(C. à l'O. du 15e B. n° 213, du 8 août 1915) : « A été blessé en s'élançant courageusement à l'assaut. »

Véron Julien (Dung, Doubs, 20 déc. 1881), médecin aide-major au 16e B. C. P., tué à l'ennemi au combat de Puisieulx (Marne), 23 sept. 1914.

Vetter Jules-Joseph (Mtb., 12 nov. 1877), sergent au 49ᵉ R. I. T., tué au secteur de la Grande Largue, Seppois-le-Haut (Alsace), 11 février 1916. T.

Vibert Edouard-Frédéric-François (Mtb., 25 juil. 1876), soldat au 49ᵉ R. I. T., mort pour la France à la maison forestière du bois de Carspach, près d'Hagenbach (Alsace), 16 oct. 1915. T.

Viénnot Adolphe-Georges, soldat au 42ᵉ R. I., décédé des suites de blessures de guerre à Bernay-Rivière (Aisne), 6 février 1915.

Viriet Victor (Nancy, M.-et-M.), 2 janv. 1871), soldat à la 7ᵉ section d'infirmiers militaires, décédé à l'hôpital militaire de Belfort, annexe Ste-Marie, 1ᵉʳ sept. 1916. T.

Vitou Frédéric, soldat au 11ᵉ chasseurs à cheval, tué à Verdun, près du fort de Souville, 3 mai 1916.

C. à l'O. de la division). « Détaché comme agent de liaison auprès d'une division d'infanterie, a fait preuve de la plus belle bravoure et d'un mépris absolu du danger en accomplissant ses missions sous un bombardement continuel et dans un terrain découvert et souvent repéré par l'artillerie ennemie. A été tué au cours de ce service. »

Voegelé Louis-Albert (Vieux-Charmont, Doubs, 5 juil. 1879), soldat au 28ᵉ bataillon du génie, décédé des suites de blessures de guerre à l'hôpital de Fraize (Vosges), ambulance 12/7 du 7ᵉ corps d'armée, 7 sept. 1915. T.

Vuillement Gaston-Ernest-Constant (Damprichard, Doubs, 16 oct. 1896), soldat au 35ᵉ R. I., mort pour la France et inhumé le 25 avril 1917, à 150 m. S.-E. de la passerelle Godat, commune de Cauroy (Marne).

Walter Georges-Jules-Marcel (Mtb., 12 juil. 1892), sergent au groupe cycliste de la 8ᵉ D. de cavalerie, tué d'un éclat d'obus à la tête à la défense d'Hannescamps (P.-de-Calais), 10 octobre 1914. T.

(C. à l'O. de la brigade). « Depuis le début de la campagne n'a cessé de se montrer, dans toutes les missions qui lui ont été confiées, de l'intelligence, de l'énergie, du sang-froid et le plus grand courage. S'est fait particulièrement remarquer dans la reconnaissance du 9 sept. 1914, sur Ferrette (11 sept. 1914).

Walter Pierre (Mtb., 24 avril 1884), lieutenant au 2ᵉ R. du génie, décoré de la croix de chevalier de la Légion d'honneur et de la croix de guerre avec palme, décédé à l'ambulance 11/18 établie à Brenelle (Aisne) des suites de blessures de guerre, 2 août 1917. T. Frère du précédent.

(C. à l'O. de la division). « Au Schnepfenriedkopf, le 17 avril, a fait preuve de courage en allant rechercher avec sa section sous un feu violent et au contact immédiat de l'ennemi une pièce de canon prise par une troupe voisine, l'a ramené dans nos lignes à travers un terrain neigeux, escarpé et battu. » (31 mai 1915).

(Id.) « Homme de devoir, s'est dépensé sans compter dans les récentes opérations de la division donnant à tous le plus bel exemple de la fermeté et du sang-froid. » (13 nov. 1916).

(C. à l'O. de l'A.) « Officier d'une ardeur et d'un courage remarquables. Sur le front depuis le début de la campagne. Déjà cité deux fois, vient de se signaler de nouveau dans les récentes opérations en menant à bien des travaux délicats et périlleux dans un secteur soumis à un bombardement continu et parfois très violent. A eu une très courageuse attitude lors de l'attaque du 3 juin 1917. » (23 juin 1917).

(L. d'H.) « Excellent officier, courageux, dévoué et plein d'entrain. d'une belle attitude au feu. Très grièvement blessé à son poste de combat. Une blessure antérieure et trois fois cité à l'ordre. » (29 août 1917).

Waltz Edmond-Pierre (Mtb., 29 janvier 1891), adjudant au 35ᵉ R. I., tué à l'ennemi, 28 août 1917. Parti comme sergent. 3 citations.

Waltz Eugène-Jules-Ferdinand-Victor (Mtb., 11 déc. 1896), soldat au 35ᵉ R. I., tué à l'ennemi par un obus sur le territoire de la commune de Vaux (Meuse), 28 avril 1916. T.

Waltz Marcel-Alfred (Mtb., 1ᵉʳ oct. 1889), adjudant au 42ᵉ R. I., décédé des suites de blessures de guerre à l'ambulance 1/1 à Iseghem (Belgique), 2 nov. 1918.

(C. à l'O. du 7ᵉ corps d'armée). Etant sergent. « Déjà blessé, s'est distingué à maintes reprises par son courage et son esprit d'initiative. A pris le commandement de sa compagnie pendant les journées des 25, 26, 27, 28, 29 septembre. S'est acquitté parfaitement de sa mission. » (11 nov. 1915).

(Médaille militaire et croix de guerre avec palme). Etant adjudant. «Chef de section ayant une haute idée du devoir, entraîneur d'hommes parfait. Le.... a enlevé sa section dans un élan magnifique à l'attaque de points d'appui fortement tenus, obligeant l'ennemi à céder le terrain et lui faisant des prisonniers. A été grièvement blessé au cours de cette action. Deux blessures antérieures. Une citation. » (21 novembre 1918).

Waltz Pierre-Frédéric (Mtb., 10 nov. 1891), sergent au 9ᵉ R. I., tué à l'ennemi à Fleury (Meuse), 3 août 1916.

Weiss Jules-Armand, soldat au 35ᵉ R. I., tué à l'ennemi du 6 au 9 septembre 1914.

Weiss Raymond, sergent au 35ᵉ R. I., tué à l'ennemi, 29 septembre 1915.

Winckelmuller Georges-Henri (Mtb., 31 déc. 1880), soldat au 3ᵉ R. d'infanterie coloniale, décédé à l'ambulance 10/10 à Verria (Grèce), des suites de maladie contractée au service, 5 avril 1918. T.

(C. à l'O. de la brigade). « Soldat brave et discipliné. En campagne depuis août 1914. Blessé trois fois, à Beaumont le 27 août 1914, à Beauséjour, le 8 avril 1915, et au fort de Vaux, le 15 juin 1916, où il s'est fait remarquer par sa belle conduite.» (9 juillet 1917).

Zaepfel Albert-Emile (Dampierre-les-Bois, Doubs, 8 oct. 1895), soldat au 15ᵉ B. C. P., tué par une balle de fusil allemand au Barrenkopf (Alsace), 27 juillet 1915. T.

Zaepfel Emile-Charles (Mtb., 11 fév. 1872), infirmier à l'ambulance 223, décédé le 20 avril 1918, à l'ambulance 215 (de Reims) des suites d'intoxication par gaz. Une blessure antérieure. Père du suivant.

(C. à l'O. de la division). « Bon infirmier, dévoué, a été gravement intoxiqué par gaz au cours d'un bombardement, le 12 avril 1918. A déjà été blessé le 18 oct. 1916. »

Zaepfel Emile-Louis (Mtb., 7 mai 1893), capitaine au 216ᵉ R. I., mort pour la France à la cote 141, près de Coincy (Aisne), 24 juillet 1918. Fils du précédent.

(C. à l'O. du régiment). Etant maréchal des logis au 11ᵉ régiment de dragons. « Chef d'un groupe franc, a fait preuve dans de nombreuses circonstances du plus grand courage et de la plus grande audace en patrouillant vers les tranchées ennemies et en rapportant chaque fois les renseignements les plus importants. » (27 février 1915).

(C. à l'O. de la 63ᵉ division). « Le sous-lieutenant Zaepfel Emile, du 238ᵉ R. I. Le 29 mai [1915], commandant une patrouille de 10 hommes en avant du front, a été blessé à bout portant par une balle qui lui traversa le cou de part en part au moment où après avoir rampé en tête de sa patrouille pour s'approcher de ce poste, il se redressait pour se jeter sur lui. » (3 juin 1915).

(C. à l'O. de la IIᵉ armée). « Officier d'une énergie et d'une bravoure à toute épreuve, a mené avec beaucoup de décision et un à-propos remarquable sa section sous un violent tir de barrage ; a maintenu ses servants à leurs pièces sous un bombardement de 48 heures et a assuré constamment une liaison délicate avec un régiment voisin. » (30 nov. 1916).

(C. à l'O. de l'A.) « Officier d'une valeur militaire exceptionnelle. Le 24 juillet 1918, a été mortellement frappé en portant sa compagnie à l'attaque avec la bravoure et l'ardeur qui lui étaient coutumières. » (18 sept. 1918).

Zerr Eugène (Aschwill, Suisse, 4 juin 1893), soldat au 140ᵉ R. I., tombé au champ d'honneur à la cote 1050, près de Paravolo (Serbie), 24 nov. 1916.

LIVRE DES DISPARUS

Ils vous ont vus jeunes et forts. Ils vous verront
toujours ainsi. Ces images heureuses et claires
ne quitteront plus leurs prunelles...

(H. MALHERBE. *La Flamme au poing*, p. 22).

Hélas ! je l'aimais tant ! C'était mon petit roi.
J'étais fou, j'étais ivre et je sentais en moi
Tout ce que sent une âme en qui le ciel s'épanche,
Quand ses petites mains touchaient ma barbe blanche.
Je ne l'ai plus revu ! Jamais ! — Mon cœur se rompt.

(VICTOR HUGO, *Les Burgraves*).

Astrou Pierre, soldat au 73ᵉ R. I. Disparu à Dormans (Marne), 15 juillet 1918.

Bandelier Emile-Jean-Baptiste, soldat au 35ᵉ R. I. Disparu à Wiestraat (Belgique), 16 mai 1918.

Barbier Jean, sous-lieutenant au 124ᵉ R. I. Disparu devant Prosves (Marne), 18 juillet 1918.

Bau Octave, caporal au 35ᵉ R. I. Disparu vers Maurepas (Somme), 16 août 1916.

Bauer Lucien, soldat au 366ᵉ R. I. Disparu à Mont-sans-Nom, 15 juillet 1918.

Bechir Emile-Georges, soldat au 71ᵉ B. C. P. Disparu au bois des Caurières (Meuse), 4 mars 1917.

Beckler Charles, soldat au 140ᵉ R. I. Disparu au combat de Chaulnes (Somme), 25 sept. 1914.

Beuret Charles-Alphonse, soldat au 121ᵉ B. C. P. Disparu à Thiaumont (Meuse), 23 juin 1916.

Biétry Armand-Charles, soldat au 172ᵉ R. I. Disparu au combat de Laufée (Meuse), 3 juillet 1916.

Binétruy Albert-Emile, soldat au 31ᵉ B. C. P. Disparu à Notre-Dame de Lorette (P.-de-Calais), 9 mai 1915.

Bittel Louis-Victorin, soldat au 121ᵉ B. C. P. Disparu à Thiaumont (Meuse), 23 juin 1916.

Boulet Louis-François, soldat au 60ᵉ R. I. Disparu à Autrèches (Oise), 20 sept. 1914.

Boulogne Emile-Charles, soldat au 409ᵉ R. I. Disparu à Vaux devant Damploup (Meuse), 8 mars 1916.

Boulogne Marcel-Gustave, soldat au 31ᵉ B. C. P. Disparu à Notre-Dame de Lorette (P.-de-Calais), 10 mai 1915.

Bredin Marie-Antoine, soldat au 328ᵉ R. I. Disparu à Tahure 31 octobre 1915.

Brubac Louis-Emile-Martin, soldat au 116ᵉ B. C. P. Disparu à Braches (Somme), 30 mars 1918.

Carillon Léon, sergent au 55e B. C. P. Disparu à Klein-Vierstraat (Belgique), 14 mai 1918. 1 citation à l'O. du bataillon (25 oct. 1915). 1 blessure.

Chabert Lucien-André, soldat au 162e R. I. Disparu à Saint-Hilaire-le-Grand, 2 sept. 1915.

Chanut Antoine-Joseph, soldat au 14e B. C. P. Disparu au bois de Berthonval (P.-de-Calais), 27 déc. 1914.

Chapot Alfred-Auguste, soldat au 162e R. I. Disparu à St-Hilaire-le-Grand, 25 septembre 1915.

Chaput Charles-Emile, soldat au 171e R. I. Disparu forêt d'Apremont (Meuse), 29 septembre 1914.

Choulet Georges-René, soldat au 407e R. I. Disparu à Neuville St-Waast, 28 septembre 1915.

Collange Henri-Léon, soldat au 35e R. I. Disparu à Bouillancy (Oise), du 6 au 9 sept. 1914.

Faivre Constant-Etienne, soldat au 133e R. I. Disparu dans la Somme, corne sud du bois des Ouvrages, 30 juillet 1916.

Fallot Emile-Charles, soldat au 29e R. I. Disparu à Sarrebourg, 20 août 1914.

Foucher Ernest-Edmond, soldat au 172e R. I. Disparu région de Bouchavesnes (Somme), 27 sept. 1916.

Fresse Henri-Louis, soldat au 42e R. I. Disparu entre Cléry et Maurepas (Somme), 24 août 1916.

Geiger Emile-Paul-Prosper, soldat au 21e B. C. P. Disparu à Courlandon (Marne), 28 mai 1918.

Geiger Joseph, soldat au 4e R. de cuirassiers. Disparu au combat du Plémont, 9 juin 1918.

Girardot Paul, soldat au 334e R. I. Disparu au plateau de Californie (Aisne), 24 juillet 1917.

Goguel Charles, adjudant au 116e B. C. P. Disparu à Braches (Somme), 30 mars 1918.

« Fait preuve, depuis le début de la campagne, d'une bravoure frisant la témérité. Toujours prêt à tenter un coup de main, tireur remarquable, s'est avancé un jour à 200 mètres pour abattre deux cavaliers d'une patrouille qu'il venait d'apercevoir. » (1915). Croix d'Or de St-Georges de Russie (1915).

Guilleminot Pierre-Louis-Marie, soldat au 60e R. I. Disparu au combat de Cuffies, cote 132 (Aisne), 14 janvier 1915.

Haas Ferdinand, soldat au 21e B. C. P. Disparu à Courlandon (Marne), 28 mai 1918.

Henriot Charles-Léon, caporal au 44e R. I. Disparu à Soissons, 13 janvier 1915.

Hugon Léon-Eugène, soldat au 35e R. I. Disparu à Massenoncourt (Oise), 20 septembre 1914.

Lallement Charles-Emile, soldat au 172e R. I. Disparu au Grand-Rozoy (Aisne), 1er août 1918.

Letz Emile, soldat au 153e R. I. Disparu à Morhange, 20 août 1914.

Litzler Camille-Emile, soldat au 121e B. C. P. Disparu à Thiaumont (Meuse), 23 juin 1916.

Martel Georges-Louis, soldat au 252e R. I. Disparu à Longueval (Aisne), 27 mai 1918.

Mérol Louis-Camille-Félix, sergent au 369e R. I. Disparu le 11 juin 1918.

Mérot Emile-Jules, soldat au 7e R. I. coloniale. Disparu à Ville-sur-Tourbe (Marne), 15 sept. 1914.

Metz Albert-Joseph, caporal au 31e B. C. P. Disparu à Perthes (Marne), 15 juillet 1918.

Monnin Frédéric-Georges, soldat au 35e R. I. Disparu à la ferme des Wacques, commune de Souain (Marne), 25 sept. 1915.

Munnier Paul-Emile, caporal au 8e B. C. P. Disparu à Cumières (Meuse), 10 avril 1916.

Pettmann Charles-Edouard, soldat au 44e R. I. Disparu à Soissons, 13 janvier 1915.

Pettmann Ernest-Théodore, soldat au 3e R. de zouaves. Disparu à Courmelles (Aisne), 30 mai 1918.

Pigrey Joseph-Philibert, caporal au 96ᵉ R. I. Disparu secteur de Locre, 30 avril 1918.

(C. à O. du régiment). « Bon soldat, courageux et brave, s'est très bien conduit au cours des attaques du 20 août 1917. » (17 octobre 1917).

Py Charles-Eugène, soldat au 171ᵉ R. I. Disparu à la ferme de la Royère (Aisne), 5 mai 1917.

Ramel Charles-Henri, soldat au 70ᵉ R. I. Disparu au combat de Neuville-Vitasse, 4 octobre 1914.

Renaud Eugène-Armand, sergent au 6ᵉ B. colonial du Maroc. Blessé et disparu à Bertoncourt (Ardennes), 30 août 1914.

Roicomte Emile-Louis, soldat au 42ᵉ R. I. Disparu région de de Bouillancy, en sept. 1914.

Roy Gaston-Jules, soldat au 58ᵉ R. I. coloniale. Disparu à Seddul-Bahr (Turquie), du 8 au 12 mai 1915, au cours des opérations effectuées dans la presqu'île de Gallipoli.

Sauret Léon-Alphonse, soldat au 171ᵉ R. I. Disparu à Verdun, 24 juin 1916.

Saurbeck Henri-Edouard, sergent au 44ᵉ R. I. Disparu au N.-E. de Verdun, 26 fév. 1916. 1 citat. à l'O. du rég. (1915).

Schmider Charles, sergent au 35ᵉ R. I. Disparu 20 sept. 1914.

Schmitt Marcel, soldat au 5ᵉ R. I. Disparu au combat du bois de Luxembourg, près Loicre (Marne), 29 oct. 1914.

Stachel Emile-Alfred, soldat au 3ᵉ bataillon de marche d'Afrique. Disparu à Rancourt (Somme), 14 sept. 1916.

Tournoux Louis-Jules, brigadier au 3ᵉ R. d'artillerie à pied. Disparu à Gernicourt (Aisne), 27 mai 1918. 1 citation (1917).

Traxer Armand-Emile, soldat au 149ᵉ R. I. Disparu à Arcy St-Restitue (Aisne), 29 mai 1918.

Tschoffen Henri-Constant, soldat au 407ᵉ R. I. Disparu à Coucy-le-Château (Aisne), 8 avril 1918.

Vauthier Gaston-Emile-Henri, soldat au 401ᵉ R. I. Disparu à la maison Blanche, commune de Mézières (Somme), 29 mars 1918.

Viénot Emile-Louis, soldat au 1ᵉʳ groupe cycliste de la 10ᵉ division de cavalerie. Disparu 6 janvier 1915.

Villeval Victor, soldat au 332ᵉ R. I. Blessé et disparu au combat de Vailly, 30 octobre 1914.

Viriot Léopold-Camille, soldat au 1ᵉʳ R. étranger. Disparu à Souchez (P.-de-Calais), 16 juin 1915.

Zerrwetz Auguste-Théodore, soldat au 60ᵉ R. I. Disparu au combat de la cote 344, devant Verdun, 24 fév. 1916.

Zurcher Edmond-Louis, soldat au 35ᵉ R. I. Disparu à Massenancourt (Oise), 20 sept. 1914.

LIVRE DES PRISONNIERS

Nouvelles ont couru en France
Par mains lieux, que j'estoye mort...
Si fais à toutes gens savoir
Qu'encore est vive la souris.

(Charles d'Orléans. *Ballade*).

André Louis-André-Jules-Edouard, sergent au 79ᵉ R. I. Fait prisonnier à Ypres, 12 novembre 1914. Interné au camp de Zerbot, par Dessau.

Attiel Emile-Henri-Jean, caporal au 60ᵉ R. I. Blessé et fait prisonnier à Soissons, 14 janvier 1915. Interné à Lagensalsa.

Baptiset René-Achille, soldat au 42ᵉ R. I. Fait prisonnier à Souain, 25 septembre 1915. Interné au camp de Mannheim (Bade). Evadé, arrivé en Suisse, 8 sept. 1916.
Voir *Livre des Décorés*.

Bartoszewski, sous-lieutenant au 332ᵉ R. I. Fait prisonnier interné à Halle.

(C. à O. du 1ᵉʳ corps d'A.) « A tenu dans Aguilcourt avec ses troupes jusqu'à la dernière extrémité pour couvrir la marche de la division ; a été, au cours de cette action, grièvement blessé. » (1915).

Barrillot Georges-Jules-Eugène, lieutenant au 44ᵉ R. I. Classe 1912. Parti comme caporal. Fait prisonnier à Douaumont, 26 fév. 1916. Interné à Gutersloh (Westph.); après trois tentatives d'évasion, a été enfermé au fort n° 9 à Ingolstadt. 1 citation à l'ordre de la division (7 oct. 1915).

Bauer Edouard, sergent au 2ᵉ B. C. P. Fait prisonnier en Champagne, 30 sept. 1915. Interné à Crafenwohr (Bav.), 30 sept. 1915.

Beaulieu Ernest-Léon, soldat au 44ᵉ R. I. Fait prisonnier à Soissons, 14 janvier 1915. Interné à Cassel.

Begin Charles, sergent au 407ᵉ R. I. Interné à Heingarten (Wurt.).

Belfils Adolphe-Auguste, soldat au 61ᵉ B. C. P. Fait prisonnier en Champagne, 8 juin 1915. Interné à Stendal.

Belfils Eugène-Jean-Baptiste-Pierre, caporal au 35ᵉ R. I. Fait prisonnier à Verdun, 24 fév. 1916. Interné à Ludwigsburg-Eglosheim.

Berger Henri-Charles-Louis, soldat au 44ᵉ R .I. Fait prisonnier, 14 janv. 1915. Interné au camp de Friedrichsfeld, près de Vézel.

Berner René-Frédéric, sapeur au 28ᵉ bataillon du génie. Fait prisonnier, 27 janvier 1915 à Aspach. Interné à Gœttingen (Han.).

Berthet Alph.-Ulysse, soldat au 235ᵉ R. I. Fait prisonnier fin sept. 1914. Interné à Stuttgart (Wurt.).

Bertin Maurice, sergent au 44e R. I. Fait prisonnier à Verdun, 26 fév. 1916. Interné à Mannheim (Bade).

Biétry Eugène, caporal clairon au 5e B. C. P. Fait prisonnier en déc. 1914. Interné à Limburg (Lahn.).

Biget Marius-Joseph, soldat au 221e R. I. Blessé, fait prisonnier, soigné à l'hôpital militaire n° 13 de Strasbourg.

Bonchrétien Gustave, soldat au 80e R. I. Fait prisonnier à Tahure, sept. 1915. Interné à Munster (Westph.).

Bretey Charles-Eugène-Emile, soldat au 35e R. I. Fait prisonnier dans la nuit du 19 au 20 septembre 1914. Interné à Quedlinburg (Saxe).

Breuleux Albert, caporal au 35e R. I. Fait prisonnier à Mulhouse, 11 août 1914. Interné à Hohenasperg (Wurt.). Evadé, après trois tentatives infructueuses, le 14 sept. 1917.

Broggia Edouard-Georges, soldat au 35e R. I. Fait prisonnier 20 sept. 1914. Interné à Werben (Elbe).

Bron Emile-Prosper, soldat au 133e R. I. Fait prisonnier, août 1914. Interné à Kœnigsbrück (Saxe).

Broudy François-Gustave, soldat au 35e R. I. Fait prisonnier dans les Vosges, 20 sept. 1914. Interné à Quedlinburg (Sax.)

Bruey Léon, soldat au 371e R. I. Interné au camp de Facheheim (Bav..

Bruot Pierre, sergent au 23e R. I. Interné à Kœnigsbruck.

Chaney André, sergent au 407e R. I. Fait prisonnier à Vaux-Chapitre, 22 juin 1916. Interné à Gœrlitz (Sil.). 1 citation à l'O. du régiment, étant caporal.

Chavet Camille-Jean-Edmond, sous-lieutenant au 68e R. I. Fait prisonnier, 26 juil. 1917, secteur d'Hurtebise (Aisne). Interné à Carl'sruhe (Bade).

Christ Charles, soldat au 1er R. étranger. Fait prisonnier, 9 mai 1915. Interné à Wesel (Prov. Rhén.).

Clavequin Louis-Désiré, soldat au 5e B. C. P. Fait prisonnier à Steinbach, 14 déc. 1914. Interné à Gœttingen (Han.).

Clavequin René-Edouard, soldat au 3e R. de zouaves. Fait prisonnier, août 1914. Interné à Friedrichsfeld, près de Wesel.

Debroux Henri, soldat au 121e B. C. P. Fait prisonnier à Verdun, 23 juin 1916. Interné à Mannheim (Bade).

Domon Louis-Emile, soldat au 2e bataillon de marche d'infanterie légère d'Afrique. Fait prisonnier, fin avril 1915. Interné à Meschede.

Dunzer Marcel, soldat au 121e B. C. P. Fait prisonnier au Lingekopf, 4 août 1914 (?). Interné à Ulm (Wurt.).

Dupont Emile-Charles-Justin, soldat au 35e R. I. Fait prisonnier, 20 sept. 1914. Interné à Quedlinburg (Saxe).

Dupont Paul-Ernest, soldat au 5e B. C. P. Fait prisonnier 22 déc. 1915. Interné à Hoenberg, près de Constance (Bade).

Dzievzoski Ladislas-Romuald, soldat au 235e R. I. Fait prisonnier par les Bulgares, le 5 déc. 1915, entre Kavadar et Demir-Kapou (Serbie). Interné à Tatar Bazardzit (Bulg.), sous le nom de Pinel Romuald.

Eberlé Frédéric-Louis-G., sous-lieutenant au 37e R. I. Fait prisonnier à Verdun, 6 avril 1916. Interné à Friedberg, camp de représailles de Saarbrück, etc.

Ehlinger Isidore, soldat au 14e R. de chasseurs à cheval. Fait prisonnier, août 1914. Interné à Minden (Westph.).

Faivre Henri-Adolphe, sergent au 42e R. I. Fait prisonnier à Mulhouse, 9 août 1914. Interné à Hohenasperg (Wurt.).

Fallot Jean-Frédéric, soldat au 44e R. I. Interné à ...

Florence Joseph, soldat au 44e R. I. Interné à Walm, près de Cologne. Après deux tentatives infructueuses, réussit à s'évader du camp de Linburg. Rentré en France, en avril 1918, en passant par la Hollande.
(Voir *Livre des Décorés*).

Foucher Eugène-Auguste, soldat au 35e R. I. Fait prisonnier, 20 sept. 1914. Interné à Werben (Elbe).

Foucœur Albert-Vital-Ferdinand, soldat au 5e B. C. P. Fait prisonnier à Steinbach, déc. 1914. Interné à Henberg (Bade).

Friot Paul-Armand, soldat au 14e R. I. Interné à ...

Gabriel Victor, soldat au 13e B. C. P. Fait prisonnier à Burnaupt, 3 juillet 1916. Interné à Kœnigsbruck (Hesse).

Gigoux Charles-Emile, caporal au 21e B. C. P. Fait prisonnier à Courlandon (Marne), 28 mai 1918. A suivi l'armée allemande en retraite jusqu'à l'armistice.

Grandgérard Célestin, soldat au 35e R. I. Fait prisonnier dans le Nord, 20 sept. 1914. Interné à Mersburg.

Guigon Edouard-Constant-Louis, soldat au 44e R. I. Fait prisonnier vers Péronne, 29 août 1914. Interné au camp d'Alten Grabow, par Magdburg.

Guigon Marcel-Alfred, soldat au 35e R. I. Fait prisonnier, 16 janv. 1915. Interné à Cassel.

Habold Alphonse-Auguste, soldat au 42e R. I. Fait prisonnier dans le Nord, 29 août 1914. Interné au camp d'Alten Grabow, par Magdburg.

Hantz Henri-Constant, soldat au 21e B. C. P. 1 citation à l'O. du bataillon (1918). Fait prisonnier à Saint-Hilaire-le-Grand, 15 juillet 1918. A suivi l'armée allemande en retraite jusqu'à l'armistice.

Havez Marcel-Louis, soldat au 4e R. d'artillerie. Fait prisonnier, 22 juin 1915. Interné au camp de Strasbourg.

Haye Henri-Frédéric, soldat au 235e R. I. Fait prisonnier, 2 déc. 1914. Interné à Celle (Han.).

Hozotte Camille-Célestin-Joseph, soldat au 51e R. I. Fait prisonnier à Mouilly (Meuse), 26 avril 1915. Interné à Wurzburg (Bav.).

Hufflen Georges-Léon, soldat au 35e R. I. Fait prisonnier à Chevicourt, 20 sept. 1914. Interné à Merseburg.

Kauffmann Constant-Emile, soldat au 49e R. I. T. Fait prisonnier, 3 déc. 1914. Interné à Ulm (Wurt.).

Laine Emile, soldat au 35e R. I. Fait prisonnier du 11 au 13 janv. 1915, près Soissons. Interné au camp de Cassel.

Laurent Robert, soldat au 44e R. I. Fait prisonnier près d'Altkirch, 17 août 1914. Interné à Hohenasperg (Wurt.). Evadé en juillet 1916, a atteint la frontière suisse au bout de seize jours.

Léber Emile-Gustave, soldat au 35e R. I. Fait prisonnier dans le Nord, 18 sept. 1916. Interné à Quedlinburg (Saxe).

Léber Georges, sergent au 244e R. I. Fait prisonnier à Dannemarie, 7 oct. 1914. Interné à Darmstadt. Après une tentative infructueuse, réussit à s'évader en mars 1916. (Voir *Livre des Décorés*).

Lefèvre Léon, soldat au 4e R. I. T. Fait prisonnier, 10 sept. 1914. Interné au camp de Friedrichsfeld, près de Wesel.

Lehmann Henri, soldat au 35e R. I. Fait prisonnier en Alsace, 9 août 1914. Interné à Hohenasperg (Wurt.).

Lévy Emile-Joseph, caporal au 235e R. I. Fait prisonnier fin sept. 1914, près d'Arras. Interné au camp de Quedlinburg (Saxe).

Lhomme Emile-Charles-Gustave, caporal au 15e B. C. P. Fait prisonnier à Morcourt, 29 août 1914. Interné à Friedchasfeld, par Wesel.

L'Hopital Georges, soldat au 2e B. C. P. Fait prisonnier à Douaumont (Meuse), 25 fév. 1916. Interné à Mannheim.

Maneveau Lucien-Albert, soldat au 35e R. I. Fait prisonnier, 19 sept. 1914. Interné au camp de Weser Hameln.

Marconnet Armand-Edouard, caporal au 44e R. I. Fait prisonnier à Altkirch, 13 août 1914. Interné à Hohenasperg (Wurt.).

Marnay Gabriel-Henri, soldat au 15e B. C. P. Fait prisonnier fin août 1914, dans le Nord. Interné au camp de Gütersloh.

Mathey Alfred, sergent au 35e R. I. Fait prisonnier près de Chevillecourt, 20 sept. 1914. Interné à Werben-sur-Elbe.

Mollet Clovis-Charles, soldat brancardier au 35e R. I. Fait prisonnier près de Mulhouse, 9 août 1914. Interné à Hohenasperg (Wurt.). Rentré en octobre 1916.

Monier Jean-Baptiste, caporal clairon au 145e R. I. Fait prisonnier à Maubeuge, 7 sept. 1914. Interné à Münster (West.)

Monnin Gaston-Emile, soldat au 42e R. I. Fait prisonnier à Mulhouse, août 1914. Interné à Hohenasperg (Wurt.).

Monnin Lucien, soldat au 42e R. I. Fait prisonnier à Tracy-le-Val. Interné à Merseburg (Saxe).

Morlot Emile, soldat au 371e R. I. Fait prisonnier à Mulhouse, 9 août 1914. Interné à Kœnigsbrück (Saxe).

Mougenot Paul-Auguste, sergent au 51ᵉ R. I. Fait prisonnier, 11 fév. 1915, à Marcheville. Interné à Goettingen. 1 citation à l'ordre de la division (6 juin 1919).

Paquot, soldat au 172ᵉ R. I. Fait prisonnier, 26 fév. 1916. Interné à Munster (Westph.).

Perdrizet René-Jacques-Henri, aspirant au 23ᵉ R. I. Fait prisonnier à la Fontenelle, 22 juin 1915. Interné à Inengolstadt (Bav.).

Pernot Armand, caporal au 35ᵉ R. I. Fait prisonnier, 15 sept. 1914. Interné à Altengrawold.

Pernot Georges, soldat au 44ᵉ R. I. Fait prisonnier fin sept. 1914. Interné à Erfurt.

Pessonneaux Alphonse, matelot mécanicien à bord du *Paris*. Signalé comme prisonnier à Afion Karahissar (Turquie d'Asie) en 1918.

Pettmann Edmond-Charles, soldat au 35ᵉ R. I. Fait prisonnier à Soissons, 14 janvier 1915. Interné à Cassel.

Receveur René, caporal pilote aviateur. Classe 1915. Fait prisonnier à Bapaume, 5 décembre 1915. Interné au camp de Koenigsmoor, Harbourg-sur-Elbe (Han.). puis à Soltau (1918).

Remy Marcel, soldat au 8ᵉ B. C. P. Fait prisonnier à Bischotte. Interné à Gardelegen (Saxe).

Resch Charles-Emile-Marius, soldat au 35ᵉ R. I. Fait prisonnier à Autrèches, 20 sept. 1914. Interné à Quedlinburg (Saxe).

Richard Raymond-Gustave, soldat au 42ᵉ R. I. Fait prisonnier vers Arras, 16 juin 1915. Interné à Parchim (Meck.).

Rohmann Edouard, tambour au 35ᵉ R. I. Fait prisonnier, 9 août 1914. Interné à Stuttgart (Wurt.).

Rossel Joseph, caporal au 35ᵉ R. I. Fait prisonnier à Chevillecourt, 20 sept. 1914. Interné à Quedlinburg, puis à Hameln (Han.).

Roy Charles, soldat au 42ᵉ R. I. Fait prisonnier fin sept. 1914. Interné à Merseburg.

Roze Georges-Marius, soldat au 44ᵉ R. I. Fait prisonnier en Alsace, du 20 au 25 août 1914. Interné à Hohenasperg (Wurt.).

Sarrieux Célestin-Eugène, soldat au 172ᵉ R. I. 1 citation (1916). Fait prisonnier à Souain, 28 fév. 1916. Interné à Munster.

Schmitt Fernand, soldat au 35ᵉ R. I. Fait prisonnier dans l'Aisne, fin sept. 1914. Interné à Quedlinburg.

Schwander Arthur, caporal au 55ᵉ B. C. P. Fait prisonnier à Proyart, 29 août 1914. Interné à Sennelager (Westph.).

Seignal François-Henri, caporal au 31ᵉ B. C. P. Fait prisonnier à St-Eloi, 9 nov. 1914. Interné à Gardelegen, puis à Merseburg (Saxe).

Sieg Charles-Henri, soldat au 42ᵉ R. I. Fait prisonnier, 11 sept. 1914. Interné à Minden (Westph.).

Sittler Charles-Jean, caporal-fourrier au 55ᵉ B. C. P. Fait prisonnier à Bray-sur-Somme, autour du 1ᵉʳ sept. 1914. Interné à Senne (Westph.), puis à Müggenburg (Han.).

Sungauer Edmond, soldat au 35ᵉ R. I. Fait prisonnier, sept. 1914. Interné à Hameln-sur-Wesen (Han.).

Surieau Henri, soldat au 77ᵉ R. I. Fait prisonnier au plateau de Craonne, 19 juillet 1917. Interné à Düemen (Westph.).

Tisserand Paul-André, soldat au 152ᵉ R. I. Fait prisonnier fin avril 1915. Interné à Ohrdruf (Th.).

Thourot Frédéric, soldat au 235ᵉ R. I. Fait prisonnier à Bethincourt, 3 sept. 1914. Interné à Senne (Westph.).

Tournier Léon, soldat au 407ᵉ R. I. Fait prisonnier à Fleury, 23 juin 1916. Interné à P. R. St-Wahn.

Truchot Lucien-Louis, caporal au 44ᵉ R. I. Fait prisonnier à Altkirch, 10 août 1914. Interné à Bautzen (Saxe).

Vetter Fernand-Léon, sergent au 44ᵉ R. I. Fait prisonnier, 12 janvier 1915. Interné à Erfurt (Saxe).

Weité Armand-Frédéric, caporal au 35ᵉ R. I. Fait prisonnier à Riedisheim, 10 août 1914. Interné à Hohenasperg (Wurt.). Evadé 29 mai 1917, arrivé en Suisse 10 juin. (Voir *Livre des Décorés*).

Zefel Marcel-Auguste, soldat au 35ᵉ R. I. Fait prisonnier, 9 août 1914. Interné à Hohenasperg (Wurt.).

LIVRE DES DECORES

Quoique étant sous la terre, il demeure immortel celui que la guerre a frappé du coup mortel, alors qu'il signalait sa valeur et combattait de pied ferme pour son pays et pour ses enfants. Mais si le brave échappe à la mort, s'il remporte la victoire et obtient le prix glorieux de la valeur, alors tous l'honorent...

(Tyrtée, dans Stobée, *Floril.*, LI, 5).

LÉGION D'HONNEUR

Barrillot Ernest-Jules-Louis, vétérinaire-major de 2ᵉ classe au 4ᵉ R. d'artillerie.

(L. d'H.) « Excellent praticien, très dévoué, a largement payé de sa personne en toutes circonstances. Comme chef de service au parc automobile du 7ᵉ corps, a fait preuve de courage en différentes circonstances, notamment en Champagne et sous Verdun où il est resté plusieurs jours exposé aux obus de gros calibre. Très bon vétérinaire de réserve ayant rendu d'excellents services depuis le début de la campagne. » (12 janv. 1919).

Begin Emile-Louis-Frédéric, sous-lieutenant au 3ᵉ R. de marche de tirailleurs. 2 citations (mars et mai 1917).

(L. d'H.) « Officier de grande valeur, d'une bravoure maintes fois éprouvée. A été blessé grièvement le 16 avril 1917 en s'élançant avec un entrain magnifique à l'assaut des tranchées allemandes. » (1918).

Bernard-Thierry Alphonse, capitaine directeur du centre militaire d'aviation de Pau.

(L. d'H.) « M. Bernard, capitaine d'infanterie, breveté aviateur militaire directeur d'une école d'aviation : excellents services à l'aviation d'une armée pendant les premiers mois de la guerre ; a, dans le commandement d'une école d'aviation, montré de très remarquables qualités de commandement, de caractère, s'est montré organisateur et administrateur : donne à tous le meilleur exemple. » (1915).

Bernardin Henri-Jean, capitaine-adjudant major au 130ᵉ R. I. Classe 1914. Sous-lieutenant, le 11 juillet 1916 ; lieutenant le 9 nov. 1917 ; capitaine, le 13 juillet 1918. 2 citations à l'O. du régiment (12 déc. 1915, 7 sept. 1916) ; 1 citation à l'O. de la division (30 nov. 1917). 3 blessures.

(C. à O. de l'A.) « Commandant de compagnie de premier ordre qui a su faire de son unité une troupe d'un entrain remarquable. Le 15 juillet 1918, a réussi à maintenir ses positions intactes malgré les assauts répétés de l'ennemi, en multipliant les contre-attaques. A mené lui-même la dernière avec une ardeur telle qu'il accompagna l'ennemi jusqu'à plus de 500 mètres de ses tranchées. S'est non moins bien conduit pendant les combats de la matinée du 16 juillet 1918. » (26 août 1918).

(C. à O. de l'A.) « Au cours de l'attaque du 5 octobre 1918, sa compagnie étant arrêtée devant de nombreuses mitrailleuses qu'il n'était pas possible de réduire, a entraîné tout son monde à la baïonnette avec un

élan magnifique et a conquis tout son objectif. A été très grièvement
blessé au cours de l'action. » (22 novembre 1918).

(L. d'H.) Nommé chevalier sur le champ de bataille, le 17 juillet 1918.

Besson Gustave-Henri, lieutenant au 89ᵉ R. d'artillerie lourde.
1 citation à l'O. de la brigade (7 juin 1915) ; 1 citation à
l'O. de la division (19 oct. 1915) ; 1 citation à l'O. du régiment (12 sept. 1917).

(C. à O. de l'A.) « Commandant une demi-batterie de canons de 58
aux attaques du 6 au 9 octobre 1915, a installé ses pièces malgré un bombardement et une fusillade intenses de l'ennemi. Pendant trois jours en
première ligne avec l'infanterie a montré au cours des attaques et contre-
attaques successives les plus brillantes qualités de sang-froid et d'énergie.»
(7 nov. 1915).

(C. à O. du 10ᵉ corps d'A.) « Excellent officier, modèle de calme et de
sang-froid. Exerce sur ses hommes un haut ascendant moral. A donné à
diverses reprises les plus brillantes preuves de bravoure, notamment dans
l'artillerie de tranchée. Sous-lieutenant dans une batterie de 155 long, a
dirigé, le 24 avril 1917, la mise en batterie de sa section sous un vif bombardement. A su par son exemple de chaque jour, obtenir de son personnel des tirs très efficaces, malgré un bombardement quotidien et souvent violent d'obus de gros calibres en particulier les 12 mai et 4 juin. »
(18 juin 1917).

(L. d'H.) « Officier, très actif et très énergique. S'est distingué en
Champagne dans le commandement d'une batterie de tranchée dans des
conditions particulièrement difficiles. Trois citations. » (juillet 1917).

Bessemoulin, capitaine au 21ᵉ B. C. P. Blessé le 20 déc. 1914.
L. d'H., 1915.

Beucler Georges-Jacques-Frédéric, capitaine au 5ᵉ B. C. P.,
puis chef de bataillon.

(C. à O. de l'A.) Comme capitaine au 5ᵉ B. C. P. : « Brillant officier
plein d'allant ; déjà cité à l'ordre de l'armée pour sa belle conduite au
feu, vient à nouveau de se faire remarquer en enlevant brillamment sa
compagnie à l'attaque d'un bois très fortement organisé, où il a conquis
et conservé plusieurs ouvrages ennemis et fait une vingtaine de prisonniers. » (1915).

(L. d'H.) « Excellent officier qui s'est fait remarquer en maintes circonstances par sa brillante attitude au feu et sa rare énergie. Une blessure,
deux citations. » (1917).

(C. à O. de l'A.) Comme commandant : « Officier supérieur d'une valeur, d'un calme, d'une énergie, d'un courage dignes de tous éloges. Les
8, 9 et 10 novembre 1918, pendant la poursuite de l'ennemi, a conduit
son bataillon d'une façon magistrale ; commandant l'avant-garde d'une
colonne, a fait tomber par des manœuvres parfaitement conçues, plusieurs lignes de résistance occupées par des mitrailleuses ennemies. Com-
muniquant son entrain et son audace à tous ses subordonnés, *est entré
dans Mézières avec ses éléments avancés* et leur a fait franchir la Meuse.

Le 10 novembre a pris les mesures de détail les plus judicieuses pour

11*

forcer le passage d'un canal et attaquer l'ennemi sur l'autre rive ; a obtenu un plein succès, capturé avec sa compagnie de tête 40 prisonniers dont un officier, 10 mitrailleuses, un dépôt d'armes, de munitions et de vivres. » (1918).

Blazer Ferdinand, général de division (1914).

(L. d'H. Commandeur). « Véritable entraîneur d'hommes ; très belle attitude au feu ; bon tacticien ; blessé, a repris son commandement à peine guéri. » (1914).

« Officier général de la plus haute valeur, d'une énergie inlassable. A toujours donné aux troupes de sa division l'exemple du mépris le plus absolu du danger. A été grièvement blessé, le 12 juillet, en parcourant les tranchées de première ligne de son secteur. » (1915).

Camus Georges, lieutenant au 4e R. de zouaves. L. d'H., 1915.

Colin Louis-Hippolyte, sous-lieutenant au 413e R. I. 1 citation à l'O. du régiment (1917).

(L. d'H.) « Chef de section d'un courage et d'un sang-froid remarquables. A été grièvement blessé alors qu'il effectuait, a découvert et en plein jour, la reconnaissance du terrain sur lequel il allait contre-attaquer. Une blessure antérieure. » (27 juillet 1918). Croix de guerre avec palme.

Ebersolt G.-P., capitaine, puis commandant au 47e R. A. Croix de guerre et Légion d'honneur.

Guillot Jean-Gaston, commandant du 14e bataillon de chars légers. Parti comme lieutenant du groupe cycliste de la 8e division de cavalerie. Outre les citations ci-après : 2 citations à l'O. de la division (17 oct. 1914, 7 sept. 1915).

(C. à O. du groupement sud de la 1re A.) Etant lieutenant : « A depuis le commencement de la campagne commandé son peloton avec intelligence et entrain. A pris part aux combats d'Altkirch, d'Aspach et Friessen et à plusieurs engagements dans lesquels il a montré la plus grande énergie.» (10 sept. 1914).

(L. d'H.) Etant capitaine : « Commande le groupe cycliste depuis deux mois. A pris part à toutes les attaques et s'est fait remarquer chaque fois par sa bravoure et la façon dont il entraîne ses chasseurs sous le feu le plus violent. » (10 janv. 1915).

(C. à O. du 1er corps d'A.) « A porté son bataillon à l'assaut de la 3e ligne allemande, le 31 juillet, sous de violents barrages et dans des difficultés de terrain inouïes. A dépassé l'objectif assigné et a fort bien organisé sa conquête malgré l'état chaotique du sol. » (13 août 1917).

(C. à O. de l'A. du 14e bataillon de chars légers). « Sous les ordres du commandant Guillot, commandant les Compagnies A. S., 340 ; A. S. 341; A. S. 342, a, au cours des opérations du 12 sept. au 10 octobre 1918, apporté par son habileté manœuvrière et sa volonté de vaincre, l'aide la plus précieuse aux troupes d'infanterie qu'il appuyait. A permis par son action, l'encerclement de Montfaucon et a été l'un des facteurs principaux de la prise du Bois de Beuge. » (17 février 1919).

Jenny Alfred, ancien officier de réserve au 21e B. C. P., capitaine au 43e R. I. T.

(L. d'H. et Croix de guerre avec palme). « Blessé le 23 juin 1915 par éclats d'obus a perdu l'oeil droit des suites de sa blessure. A toujours été très bon officier et s'est distingué pendant toute la campagne. » (5 juillet 1915).

Jodry Emile, médecin-major de 1re classe au ...R. I. 1 citation L. d'H., 1915.

Kuss Robert, maréchal-des-logis au 11e R. de dragons. Engagé volontaire de la classe 1915. 1 citation à l'O. du régiment (27 fév. 1915) ; étant sous-lieutenant au 8e R. de cuirassiers à pied : 1 citation à l'O. de l'infanterie divisionnaire (24 août 1915.

(L. d'H.) « Excellent officier d'une bravoure et d'un sang-froid remarquable. A été à l'attaque du... ayant reçu mission de réduire avec sa section un centre de résistance fortement tenu par de nombreuses mitrailleuses, a très rapidement enlevé ses hommes à l'assaut et sans éprouver de pertes, a réussi à mettre hors de combat sur leurs pièces une dizaine de servants et à capturer 90 prisonniers et 6 mitrailleuses. Deux blessures, deux citations. »

Voir au même *Livre*, son frère Frédéric-Paul et au *Livre des morts*, son frère Marcel.

Louys Edgard, lieutenant au 52e B. C. P. 2 citations, dont la suivante. Déjà titulaire de deux médailles coloniales.

(L. d'H.) « Officier énergique et calme ; le 12 août 1916, a résolument entraîné sa section sous le feu des mitrailleuses et enlevé d'un seul élan deux lignes allemandes. Quoique blessé, a conservé son commandement et a pris part, le lendemain, à une seconde attaque au cours de laquelle il s'est de nouveau emparé brillamment d'importantes positions ennemies. » (1916).

Maigret L.-E. chef d'escadron commandant le 3e groupe du 47e R. d'artillerie lourde. Parti comme lieutenant au 47e R. d'artillerie.

(C. à O. du corps d'A.) « Excellent officier d'une haute valeur morale. A commandé son groupe pendant toutes les opérations actives du corps d'armée avec distinction, faisant preuve de décision, de jugement et de sens militaire. Par son calme et son courage, a servi de modèle à son personnel dont les efforts ont toujours assuré en temps utile l'entrée en action et un excellent rendement du groupe de 155 long. » (1918) (L. d'H.)

Marti Pierre-Auguste-Daniel, ingénieur hydrographe de la marine, du 1er groupe du 47e R. d'artillerie. 1 citation à l'O. de la division (23 juin 1918).

(L. d'H.) « Au front depuis le début des hostilités ; officier énergique et plein d'initiative ; s'est distingué par son courage dans de nombreuses missions des plus périlleuses. » (17 janvier 1917).

Messines. Parti comme capitaine commandant le groupe cycliste de la 8ᵉ division de cavalerie.

(L. d'H.) « Officier d'une grande valeur n'a cessé de donner les preuves d'une énergie et d'une bravoure remarquables. A été grièvement blessé le 1ᵉʳ oct. [1914]. » (1915).

Royer Louis (Mtb., 1ᵉʳ août 1881), capitaine d'infanterie de réserve, détaché (service de l'Etat-major) à la commission de réseau des chemins de fer de campagne d'Alsace-Lorraine. Parti comme sergent de réserve au 35ᵉ R. I.; sous-lieutenant le 15 sept. 1914. — *Chevalier de la Légion d'honneur* (décret du 7 oct. 1917).

(C. à O. de l'A.) « Le sous-lieutenant Royer, du 35ᵉ R. I., étant sergent le 6 septembre 1914, s'est porté sous une grêle de balles au secours de son commandant de compagnie, blessé grièvement aux deux cuisses et dans l'impossibilité de marcher, l'a transporté à l'abri et lui a donné les premiers soins alors qu'un allemand blessé continuait à tirer sur le groupe formé par lui et son officier. » (6 avril 1915).

(C. à O. de l'A.) « A assuré son service d'officier adjoint malgré un bombardement terrible, a été sérieusement blessé et n'a quitté son poste qu'après un épuisement complet. » (12 nov. 1915).

2 citations à l'O. de la division (3 nov. 1917 ; 11 sept. 1918). — Faisait partie de l'Etat-major de la 67ᵉ division d'infanterie lors de la citation collective obtenue par cet Etat-major, le 8 sept. 1918.

Schwander Henri, lieutenant observateur à l'escadrille 218.

(C. à O. de la 10ᵉ A.) « N'a cessé de faire preuve d'habileté. A dû pour mener à bien ses missions de réglage loin dans les lignes ennemies livrer plus de dix combats aériens au cours desquels son avion a été fréquemment atteint par des projectiles. »

(L. d'H.) « Observateur d'élite qui s'est fait remarquer depuis deux ans par ses qualités d'énergie et de bravoure. Le 24 juillet 1917, survolant les lignes à faible hauteur, a eu son avion atteint par un projectile qui l'a presque coupé en deux. Quoique sérieusement blessé, a fait preuve d'un magnifique sang-froid en empêchant l'avion de se rompre en l'air, en retenant la partie arrière du fuselage qui ne tenait presque plus, et a ainsi permis à son pilote de ramener l'appareil au sol. Déjà deux fois cité à l'ordre. » (15 août 1917).

Tuefferd Henri, médecin-major de 1ʳᵉ classe au 5ᵉ R. d'artillerie. Grièvement blessé à Bligny (Seine-et-Oise). L. d'H., 1915.

Viotte Camille, lieutenant-colonel commandant le 230e R. I.
Avait été promu chef de bataillon, 1er nov. 1914 ; nommé
lieutenant-colonel, 4 oct. 1916.

(L. d'H., décret du 5 mars 1915). « A fait preuve, en toutes circonstances, des plus belles qualités militaires notamment le 6 octobre 1914, en ramenant lui-même deux fois à l'assaut de la position attaquée, les hommes de deux compagnies de son régiment, en les maintenant pendant plus d'une heure sous un feu d'enfer de mitrailleuses.

Le 17 décembre 1914, où, chargé de la mission la plus périlleuse dans le secteur des attaques, il maintenait son bataillon pendant plusieurs heures sous des feux venant de trois directions, à dix mètres de la lisière d'un village, donnant personnellement l'exemple de la plus grande bravoure et du plus grand sang-froid, perdant dans cette action les trois-quarts de l'effectif qu'il commandait.

Le 7 février 1915, en dirigeant une contre-attaque sur des excavations de mine, occupées par les Allemands, et en lui imprimant une telle énergie qu'une seule compagnie de son bataillon réussissait à repousser l'ennemi en lui tuant 120 à 130 hommes. »

(C. à O. de la IVe A.) « Chef d'Etat-major remarquablement doué. A montré les plus belles qualités d'intelligence, de méthode et de sens tactique aiguisé dans la préparation et l'exécution des attaques des 25-26 septembre 1915 et dans l'organisation du terrain conquis. » (2 nov. 1915).

(L. d'H., officier, — décret du 14 nov. 1916). « Chef de corps de grande valeur et d'une activité exceptionnelle. A amené à l'attaque du 24 octobre 1916 un régiment remarquablement préparé ; a su, malgré l'opiniâtreté de la défense ennemie, conserver la direction de l'action et enlever de haute lutte les objectifs qui lui avaient été assignés.

(C. à O. de la Xe A.) Etant lieutenant-colonel chef d'état-major du 13e corps d'A. : « S'étant déjà signalé antérieurement comme chef d'Etat-major ou comme chef de bataillon, comme commandant de régiment, a, comme chef d'Etat-major du 13e corps, pendant les batailles d'octobre, novembre 1918, renseigné le commandement par ses reconnaissances personnelles, assuré par de sages prévisions le bon fonctionnement de tous les organes, et contribué ainsi, pour une large part, au succès d'opérations qui ont permis une avance de 80 km., à travers des lignes puissamment fortifiées et défendues, ainsi que la capture de 4144 prisonniers, de 53 canons, de 50 minen-werfer, de 24 fusils anti-tanks, de 300 mitrailleuses et d'un matériel considérable. » (12 avril 1919).

Officier de l'ordre de la couronne d'Italie (8 août 1918). — Compagnon de l'ordre de St-Michel et St-Georges (août 1918).

Walter Charles, chef de bataillon au 50e R. I. T. L. d'H., 1915.
Lieutenant-colonel honoraire, 1918.

Walter Jean, capitaine au 21e B. C. P. 1 citation à l'O. de
la division. L. d'H., janvier 1918.

(C. à O. du 21e corps d'A.) « Chargé d'organiser, avec l'aide des équipes de Boucliers roulants l'observation terrestre dans le secteur du corps d'armée, pendant une période offensive, a rendu les plus grands services donnant au commandement des renseignements rapides qui ont contribué à l'excellent rendement des artilleries divisionnaires et de corps. »

(C. à O. du 9ᵉ corps d'A. de la section de destruction de réseaux). « Sous le commandement de son chef, le capitaine Jean Walter, a exécuté du 7 au 25 août 1916, dans des conditions difficiles, dans le secteur du 9ᵉ C.A. à 11 reconnaissances en avant des lignes pour déterminer l'épaisseur des réseaux ennemis et y a pratiqué de nombreuses brèches, opérant malgré le feu de l'ennemi avec un complet mépris du danger. »

(C. à O. de l'A.) « Détaché à l'établissement central du matériel du génie, envoyé en mission dans un groupe d'armées pour participer à l'instruction des groupes de Boucliers roulants, a tenu à prendre lui-même le commandement de ces équipes. Mis successivement à la disposition de plusieurs corps d'armée d'attaque, y a rendu les meilleurs services, s'employant avec la plus grande activité à la mise en oeuvre de ses engins étudiant toutes les formes de leur utilisation et dirigeant lui-même, en première ligne, reconnaissances et travaux. »

Voir au *Livre des Morts*, ses frères Georges et Pierre ; au présent *Livre*, son frère André.

MÉDAILLE MILITAIRE

Andréoli Léon-Antoine, lieutenant au 171ᵉ R. I. 6 citations avant juin 1917 ; 4 blessures déjà en 1917.

(Médaille militaire et croix de guerre avec palme). Etant adjudant : « Chargé de diriger une reconnaissance sur des tranchées ennemies, a rempli sa mission avec sang-froid, audace et intelligence. A été blessé sur le parapet de ces tranchées au moment où il jetait des grenades. Puis, ayant rassemblé les éléments de son détachement sur une position de combat, a continué la lutte pendant plusieurs heures (oct. 1914).

Banzet Emile, engagé volontaire à 57 ans, au 35ᵉ R. I.

(Médaille militaire et croix de guerre avec palme). « Engagé volontaire pour la durée de la guerre. Très énergique et très courageux, s'est offert, malgré ses 57 ans, à prendre part sous les yeux de son fils, soldat au même régiment, à un coup de main, dans les tranchées allemandes. A contribué, après un combat à la grenade, à ramener 6 prisonniers dans nos lignes. » (1917).

Baptiset René-Achille-Victor, soldat au 42ᵉ R. I. 1 citation à l'O. du régiment (1915). Fait prisonnier, s'est évadé d'Allemagne. (Voir *Livre des Prisonniers*). 1 citation à l'O. de la division (10 oct. 1917). 2 blessures.

(Médaille militaire et croix de guerre avec palme). « Excellent soldat, modèle de courage ; a été blessé le 25 septembre 1915, à Souain et fait prisonnier au cours du combat. Après un an de captivité, a réussi à s'évader d'Allemagne et a montré en cette occasion une énergie et une force de caractère des plus remarquables en dirigeant avec sang-froid la fuite de deux autres camarades (6 février 1919).

Barré Emile, sergent-major au 121ᵉ B. C. P. 2 citations, 2 blessures.

(Médaille militaire et croix de guerre avec palme). « Excellent sous-officier qui a toujours servi d'une façon parfaite et qui a fait preuve des plus belles qualités militaires. A été blessé grièvement à son poste de combat. » (1916).

Beck Joseph, soldat au 31ᵉ B. C. P., classe 1915. Médaille militaire et croix de guerre avec palme, 1915. Amputation du bras gauche.

Debain René-Louis-François, soldat de 1ʳᵉ classe au 45ᵉ B. C. P.

(Médaille militaire). « Excellent chasseur dévoué et consciencieux dont la conduite a toujours été digne d'éloges. A été gravement intoxiqué en faisant son devoir le 20 oct. 1918 au Chemin des Dames. (Décision du 19 oct. 1919).

Dirand Paul-Arthur-Edouard, soldat au 42e R. I. Classe 1916.

(Médaille militaire et croix de guerre avec palme). « Agent de liaison dévoué et courageux. A été grièvement blessé en assurant la transmission d'un ordre. Enucléation de l'oeil droit. » (13-10 1918).

Dubuisson Marcel-Philippe, chasseur de 1re classe au 6e R. de chasseurs d'Afrique. 2 citations à l'O. du régiment (1915) 2 blessures.

(Médaille militaire et croix de guerre avec palme). « N'a cessé de faire preuve depuis le début de la campagne des plus brillantes qualités d'énergie, de bravoure et d'entrain. S'est particulièrement distingué par son intrépidité à l'attaque du 14 juillet 1916, au cours de laquelle il a engagé un violent combat corps à corps avec un Allemand qu'il a blessé et ramené dans nos lignes. » (20 juillet 1916).

Faivre Constant-Jules, caporal au ... B. C. P. Classe 1915.

(Médaille militaire, comme soldat). « Au cours de l'attaque du 25 septembre 1915, a pénétré le premier dans la tranchée ennemie, a ramené dix prisonniers dans nos lignes. » (1916).

Faivre Frédéric-Henri, adjudant au 11e R. de dragons. Pilote aviateur. Parti comme brigadier-fourrier au 11e R. de dragons. 1 citation à l'O. de la division ; 1 citation à l'O. du groupe de bombardement n° 4.

(C. à O. de l'A.) « Le 10 octobre 1914, à l'attaque à pied d'un village étant agent de liaison entre le colonel et les groupes les plus exposés, a rempli très crânement sa mission, s'est retiré le dernier d'une ligne de tirailleurs presque complètement fauchée ; puis, au cours d'une retraite très dangereuse, a soigné deux de ses camarades sur l'un desquels il a laissé son propre manteau. »

(Médaille militaire). « Pilote d'une bravoure, d'une énergie et d'une ardeur sans défaillance, se trouvant à 20 km. dans les lignes ennemies et son moteur ayant brusquement faibli, a été environné par des avions ennemis. Son observateur ayant été blessé mortellement dans le combat très dur qui s'ensuivit, il a pu, grâce à son habileté et sa présence d'esprit, rejoindre nos lignes, en essuyant encore six attaques de l'ennemi. Cinq citations. » (26 mai 1918).

Fernette Adolphe-Gustave, soldat territorial au 159e R. I.

(Médaille militaire et croix de guerre avec palme). « Excellent soldat. Le 14 octobre 1915, devant Souchez, a fait preuve de beaucoup de courage en restant bravement à son poste de combat violemment bombardé par l'artillerie ennemie où il a été très grièvement blessé. » (16 mai 1919).

Fierobe P.-A., sergent au groupe cycliste de la 8ᵉ division de cavalerie.

(Médaille militaire). « Blessé le 9 octobre 1914, a refusé d'aller se faire panser et a déclaré vouloir suivre son chef auprès duquel il est resté jusqu'à la fin de l'action. » (1914).

Florence Désiré, soldat au 21ᵉ B. C. P.

(Médaille militaire). « Depuis les premiers jours de la campagne s'est fait remarquer par son audace. Le 18 décembre [1914] pendant la contre-attaque allemande, a voulu aller chercher un officier blessé à 100 mètres de l'ennemi. A été blessé et amputé d'un bras à l'articulation de l'épaule (1915) »

Grosjean Marcel-Albert-Jules-Henri, caporal au 10° B. C. P.

(Médaille militaire et croix de guerre avec palme). « Bon caporal, apprécié de ses chefs et d'une belle tenue au feu. Blessé le 22 décembre 1914. Amputé des deux premières phalanges de l'annulaire et de l'auriculaire gauches. Ankylose du médius gauche. » (16 août 1915).

Hanhardt Gustave, soldat au ... R. I.

(Médaille militaire). « Le 25 septembre 1916, après avoir assuré le ravitaillement en munitions des vagues d'assaut sous un violent bombardement, s'est lui-même élancé à l'attaque avec un entrain remarquable. A été très grièvement blessé. Amputé de la cuisse droite. » (1917).

Humbert Lucien, soldat au 146ᵉ R. I.

(Médaille militaire et croix de guerre avec palme). — « Agent de liaison dévoué, modèle de courage et de sang-froid. A été grièvement blessé en accomplissant son service dans une zone violemment bombardée. » (24 juillet 1918).

Lacroix Charles-Henri, caporal au 43ᵉ R. I. colonial. 1 citation à l'O. du régiment (1915).

(Médaille militaire et croix de guerre avec palme). « Très bon gradé qui s'est fait remarquer par sa brillante conduite au feu. Grièvement blessé le 27 septembre 1915. Amputé du bras gauche. » (1916).

Laclef Emile-Léon, adjudant au 172ᵉ R. I. 1 citation à l'O de la brigade (1915).

(Médaille militaire et croix de guerre avec palme). « Sous-officier d'une rare bravoure, au front depuis le début de la campagne, a, malgré un violent bombardement et des rafales nourries de mitrailleuses, entraîné sa demi-section à l'attaque d'une position ennemie fortement organisée. A été grièvement blessé au cours du combat. Amputation de la cuisse droite. »

Léber Georges, lieutenant au 2ᵉ R. de tirailleurs indigènes. Parti comme sergent au 244ᵉ R. I., fait prisonnier à Dannemarie, 7 oct. 1914, s'évade en mars 1916. 1 citation à l'O.

de la brigade (14 oct. 1914). Promu sous-lieutenant en janv.
1917 ; à titre définitif et lieutenant en 1919.

(Médaille militaire et croix de guerre avec palme). « Sous-officier très
brave. Blessé au cours de l'attaque du 7 octobre 1914, a continué à commander son unité avec la plus grande vigueur. Atteint à nouveau de deux
graves blessures et fait prisonnier, a montré une énergie et un courage
remarquables, en cherchant à s'évader et en y réussissant à la deuxième en-
treprise. » (14 juillet 1916).

Ledogar François-Joseph-Paul, soldat au 35ᵉ R. I.

(Médaille militaire et croix de guerre avec palme). « Très belle attitude
au feu, d'un exemple digne d'éloges par son entrain, sa bravoure, sa
belle humeur au combat. A été atteint le 16 septembre [1914], d'une blessure grave. Infirmité équivalente à la perte de l'usage d'un membre. »
(1916).

Loville Georges, chasseur au ... B. C. P.

(Médaille militaire et croix de guerre avec palme). « Sujet méritant qui
a toujours fait vaillamment son devoir. Blessé le 3 mars 1915 à son poste
de combat, dans la tranchée. Amputé de l'avant-bras gauche. » (1915).

Maître Maurice-Léon-Joseph, sous-lieutenant au 8ᵉ B. C. P.

(C. à l'O. de l'A.) Étant sergent-major : « Très brave sous-officier, d'un
entrain remarquable au combat. A été grièvement blessé le 27 mars 1916,
à Douaumont, au cours d'une attaque allemande. » (16 janvier 1918).
Médaille militaire, 31 janvier 1919. Proposé à l'O. de la Légion d'honneur, 30 avril 1919.

Marchand Armand-Edouard, soldat au 35ᵉ R. I. Classe 1902.

(Médaille militaire et croix de guerre avec palme). « Soldat qui a fait
preuve de belles qualités d'entrain et de courage ; a été très grièvement
blessé le 14 septembre 1914. Amputé du bras gauche. » (30 déc. 1915).

Marchand Jules-Emile, caporal au 159ᵉ R. I.

(Médaille militaire et croix de guerre avec palme). « Gradé énergique
et dévoué, au front depuis octobre 1914, s'est fait remarquer par sa belle
conduite au cours de la bataille des Flandres. A été très grièvement blessé
le 15 octobre 1918 en entraînant son escouade à l'assaut d'une position
ennemie fortement défendue. Amputé de la cuisse gauche. » (16 mai 1919).

Marconnet Jacques-Henri, sergent au 172ᵉ R. I. Classe 1914.
2 citations à l'O. du régiment (26 sept. 1916, 3 avril 1917) ;
1 citation à l'O. de la division (22 avril 1918).

(C. à O. de la 10ᵉ A.) « Le 3 août 1918, faisant partie d'une reconnaissance offensive, s'est fait remarquer par sa grande bravoure et son sang-
froid au cours d'un combat dans les rues d'un village. Cerné par un ennemi supérieur en nombre, s'est frayé un passage après avoir abattu plusieurs Allemands. » (19 sept. 1918).
(Médaille militaire et croix de guerre avec palme). « Pendant les combats du 15 au 23 octobre 1918, s'est constamment fait remarquer par sa

vaillance et son entrain, toujours en avant, donnant le plus bel exemple d'audace et de courage.

Le 20 octobre 1918, son chef de demi-section étant tombé, a pris le commandement et a magnifiquement entraîné ses hommes à l'attaque malgré des feux très violents d'artillerie et de mitrailleuses, 1 blessure, 4 citations. » (30 nov. 1918).

Meyrat Albert, soldat au 42ᵉ R. I.

(Médaille militaire et croix de guerre avec palme). « Bon soldat, brave et énergique, a été très grièvement blessé le 25 septembre 1915 en se portant à l'assaut des tranchées allemandes. Amputé du bras gauche. » (14 août 1916).

Potiez Léon, sergent au 21ᵉ B. C. P.

(Médaille militaire et croix de guerre avec palme). « Sous-officier énergique, au cours du combat du 23 août 1914, a su, par une initiative hardie, porter sa section à un emplacement d'où elle a pris d'enfilade la ligne adverse et a ainsi contribué largement au progrès de sa compagnie. A été très grièvement blessé (fracture du bassin), le 9 septembre 1914 en entraînant sa section à l'attaque. »

Py Gaston-Delphin, soldat au 133ᵉ R. I.

(Médaille militaire et croix de guerre avec palme). « Soldat courageux et dévoué, a été grièvement blessé au cours d'un coup de main auquel il participait comme volontaire. » (25 août 1918).

Rothen René-Ulysse, soldat au groupe cycliste de la 8ᵉ D. de cavalerie.

(Médaille militaire). « Sujet méritant qui a toujours fait son devoir. Grièvement blessé à son poste de combat dans les tranchées de première ligne dans la nuit du 25 au 26 août 1915. Perte de l'œil gauche. » (15 sept. 1915).

Schwander Marcel, sapeur au 28ᵉ R. du génie. Classe 1913.

(Médaille militaire et croix de guerre avec palme). « A montré, sous une rafale d'obus, une attitude au-dessus de tout éloge ; a été blessé par des éclats. » (1916).

Sieg Henri-Gaston, soldat au groupe cycliste de la 8ᵉ D. de cavalerie.

(Médaille militaire, 1915).

Sieg Louis-Frédéric, adjudant de réserve à la 7ᵉ section de C. O. A.

Croix de guerre (1ᵉʳ août 1918). Médaille militaire (1919).

Sittler Bertrand-Victor, sous-lieutenant au 116ᵉ B. C. P. Parti comme sergent au groupe cycliste de la 8ᵉ D. de cavalerie. 1 citation à l'O. du régiment, 5 juin 1916 ; 3 citations à l'O. du bataillon, 4 nov. 1916, 14 mai 1917, 10 mai 1918 ,

1 citation à l'O. de la brigade, 24 déc. 1916 ; les 2 citations ci-après. 1 blessure.

(Médaille militaire). Etant adjudant : « Sous-officier d'élite qui n'a pas cessé de faire preuve au cours des récentes attaques du plus grand courage et des plus belles qualités militaires.

A pris le commandement de sa compagnie privée de chefs [affaire de Beuvraignes] et l'a maintenue sur la position atteinte malgré deux contre-attaques ennemies ; a continué de faire preuve de beaucoup de mordant, de décision et d'initiative pendant les combats des 19 et 20 août 1918, poussant toujours son unité en avant jusqu'à ce qu'elle ait atteint l'objectif fixé. Six citations. » (24 sept. 1918).

Promu sous-lieutenant.

(C. à O. de l'A.). « A pris le commandement d'une compagnie dans des circonstances particulièrement difficiles et organisé solidement la résistance sur le terrain conquis. S'est précipité à l'attaque à la tête de sa compagnie, malgré un violent barrage de mitrailleuses. Blessé à son poste, est allé se faire panser et est revenu reprendre immédiatement le commandement de son unité. Sept citations. » (30 oct. 1918).

Sungauer Louis, adjudant au 14ᵉ B. C. A. 2 blessures.

(Médaille militaire et croix de guerre avec palme). « A fait preuve de dévouement dans des circonstances graves. Grièvement blessé à l'oeil gauche, le 29 août [1914], revenu au front à peine guéri, le 14 novembre, tandis qu'il soignait sous le feu son commandant de compagnie grièvement blessé, a eu l'avant-bras gauche presque sectionné par un éclat d'obus. (1915).

CROIX DE GUERRE

Ablitzer Henri, soldat au 21ᵉ R. colonial.

Ach, dit *Besançon* Julien, soldat au 250ᵉ R. I. T. 1 citation à l'O. du régiment (1917). 1 blessure.

André Georges-Louis, canonnier au 108ᵉ R. d'artillerie lourde. 1 citation à l'O. du régiment (1916). 1 blessure.

Bailly Maurice, caporal au 26ᵉ R. I. 1 citation à l'O. de la brigade (2 nov. 1917).

Bainier Georges-Louis-Frédéric, lieutenant au 42ᵉ R. I. Classe 1905. Parti comme sergent au 35ᵉ R. I. Etant sergent : 1 citation à l'O. du régiment (mars 1915). Etant adjudant, est proposé pour la médaille militaire (nov. 1915). Etant officier : 1 citation à l'O. de la brigade (15 avril 1916) ; 3 citations à l'O. de la division (8 juillet, 18 sept. 1916, 4 mai 1917). 3 blessures.

Bandelier Ernest-Joseph, soldat au 15ᵉ B. C. P.

Bandelier Paul-Eugène, canonnier au 47ᵉ R. d'artillerie coloniale. 1 citation à l'O. du régiment (1916).

Banzet, soldat au 35ᵉ R. I. ; fils d'Emile (voir *Médaille milit.*).

Barret Raoul, sergent-major au 15ᵉ B. C. P. 1 citation à l'O. de la brigade (1915).

Barrillot Georges-Jules-Eugène, lieutenant au 44ᵉ R. I. Classe 1912. Parti comme caporal. Prisonnier à Douaumont, 26 fév. 1916. (voir *Livre des prisonniers*). 1 citation à l'O. de la division (7 oct. 1915).

Baschung Fernand, soldat téléphoniste au 372ᵉ R. I. 1 citation à l'O. du régiment (nov. 1916).

Bauer Alfred, capitaine au 235ᵉ R. I. Campagne de Serbie et en Macédoine.

Baulard Jean, soldat au 152ᵉ R. I. 1 citation à l'O. de la brigade (8 mai 1915) ; 2 citations à l'O. du régiment (nov. 1916, juillet 1918). 1 blessure.

Baulard Paul, clairon au 42ᵉ R. I. coloniale. 1 citation à l'O. du régiment (1918). 3 blessures.

Begin Alphonse, sergent au 35ᵉ R. I. 1 citation à l'O. de la division (juin 1918) ; 1 citation à l'O. du régiment (15 août 1918).

(C. à O. du corps d'A.) « Chef de section ayant fait preuve de mordant, de calme et de sang-froid à l'attaque du 26 septembre 1918. A fait vingt prisonniers. 1 blessure antérieure, 2 citations antérieures. » (15 oct. 1918).

Begin Charles, sergent au 235ᵉ R. I. 1 citation à l'O. du régiment (1916) ; 1 citation à l'O. de la division (2 mars 1916) ; 1 citation à l'O. du régiment (juin 1916).

Begin Edouard, soldat au 1ᵉʳ R. de marche de tirailleurs. Classe 1918, engagé volontaire. 1 citation (1917).

Bernard. Voir *Iventzki.*

Bernard Alfred, caporal au 42ᵉ R. I. 1 citation à l'O. du régiment (10 oct. 1915).

Bernard Roger, adjudant au 417ᵉ R. I.

(C. à O. du 2ᵉ corps d'A.) « Très bon chef de section, blessé grièvement le 24 juillet 1916, a continué à donner ses ordres avec le plus grand calme. » (10 août 1916).

Bernard-Thierry, capitaine commandant le ... B. C. P. 1 citation à l'O. de la 77ᵉ division (1915).

Bertin Roger, sergent-fourrier au ... R. I. 1 citation à l'O. du régiment (1917).

Bideaux Eugène-Victor, soldat au 245ᵉ R. I. 1 citation à l'O. de la 52ᵉ division (12 oct. 1917).

Binétruy René, soldat au 21ᵉ R. I. 1 citation à l'O. du régiment (août 1916). 2 blessures.

Bitsch Charles, caporal au 102ᵉ B. C. P. Classe 1912. 1 citation à l'O. de la division (7 nov. 1916) ; 1 citation à l'O. du bataillon (30 mai 1917).

(C. à O. du corps d'A.) « Caporal d'une crânerie et d'une audace extraordinaires. Le 16 décembre 1916, au moment où son bataillon venait de pénétrer dans un village enlevé de haute lutte, s'est précipité sur quatre

Allemands qui résistaient encore dans un abri, tirant à revers sur nos troupes, et les a fait prisonniers. » (28 déc. 1916).

Blanc-Carin Claude-Adolphe, sergent au 42e R. I. 1 citation à l'O. de la 28e brigade (24 mars 1916). 1 blessure.

Blanc-Carin Georges-Henri, sergent au 172e R. I. 2 citations à l'O. du régiment (25 juillet 1916, 3 avril 1917) ; 1 citation à l'O. de la division (22 avril 1918). 1 blessure.

Blanchot Georges, soldat au 172e R. I. 2 citations à l'O. du régiment (25 juillet 1916, 17 juin 1918).

Blech Paul, sergent au groupe cycliste de la 8e division de cavalerie, puis au 107e B. C. P. 1 citation à l'O. de la brigade ; 1 citation à l'O. du bataillon ; 1 citation à l'O. de la division (1914-1918). Blessé à l'Épine de Dallon, devant St-Quentin, 19 sept. 1918.

Bleyer Charles-Joseph, maréchal-des-logis au 265e R. d'artillerie. Etant brigadier : 1 citation à l'O. de la 105e division (mars 1916). Etant maréchal-des-logis : 1 citation à l'O. du régiment (mai 1917).

Bloch Paul, maréchal-des-logis au 285e R. d'artillerie lour le. 1 citation à l'O. de la division du Maroc (1916).

Blum Gaston, soldat au 86e R. d'artillerie lourde. 1 citation à l'O. du parc d'artillerie du 32e corps d'A. (29 août 1917).

Bonhoure-Réess Gustave, maréchal-des-logis au 5e R. d'artillerie. 1 citation à l'O. de ...

Bony Louis, soldat au 250e R. I. T. 1 citation (1916).

Bosquette Marcel, sergent-major à la Cie divisionnaire du génie 13/2. Classe 1919.

Boucher Frédéric-Jules, caporal de réserve au 44e R. I.

(C. à O. de l'A.) « Brave sous-officier, d'une très belle attitude au feu, notamment le 29 août 1914. A été blessé le 10 décembre 1916, à Richemont, dans l'accomplissement de son devoir. Une blessure antérieure.» (2 juin 1919).

Boucher Georges, soldat au 67e R. I. 1 citation (1918).

Boulogne Charles, caporal au 44e R. I. Classe 1913. 1 citation à l'O. de la brigade (3 oct. 1916) ; 1 citation à l'O. du régiment (1917).

Bourlier Henri, de la C. M. S. Classe 1914.

Bourcevet Paul, sous-lieutenant au 54ᵉ R. I. T. 1 citation à l'O. du régiment (1919).

Bouvier Léon, soldat au 172ᵉ R. I. 1 citation à l'O. de la brigade (1915).

Bouverot Paul, caporal au 5ᵉ bataillon de tirailleurs sénégalais.

Bretillot Emile-Eugène, caporal au 45ᵉ B. C. P. 1 citation à l'O. de la brigade (25 juillet 1916).

Briot Auguste-Jules-Emile, soldat au 9ᵉ R. d'artillerie à pied. 1 citation à l'O. du régiment (1916). 1 blessure.

Bruot Charles-Emile, soldat au 60ᵉ R. I. Classe 1902. Campagne d'Orient. 1 blessure. 1 citation à l'O. du corps d'A. 1 citation à l'O. de l'unité bosniaque.

Bugnon, sergent-fourrier au 49ᵉ R. I. T. 1 citation à l'O. du régiment (1915).

Calame Henri-Louis, officier d'administration de 3ᵉ classe, gestionnaire de l'ambulance 7/4.

(C. à O. du service de santé du 4ᵉ corps). « Officier très actif et très zélé, a montré au cours des neuf premiers mois de campagne, comme officier d'approvisionnement, un dévouement de tous les instants, dans des circonstances souvent difficiles et périlleuses ; a accompli son service avec une régularité parfaite et digne des plus grands éloges. » (1915).

Camus Léon, sergent au 35ᵉ R. I.

Claude Henri, caporal-fourrier au 60ᵉ R. I. Classe 1913. 3 citations à l'O. du régiment (avril, août et oct. 1918). 2 blessures.

Couleru Alphonse, soldat au 31ᵉ R. de dragons. 1 citation à l'O. de l'infanterie divisionnaire (5 août 1917).

Courbet Pierre, soldat au 139ᵉ R. I. 1 citation à l'O. du régiment (1917).

Courtot Louis, sergent au ... R. I. 1 citation à l'O. du régiment (1915).

Courvoisier Auguste, maître pointeur au 52ᵉ R. d'artillerie. Classe 1916. 1 citation à l'O. du régiment (1916). 1 blessure.

Croissant Henri, soldat au 3ᵉ R. d'artillerie coloniale. 1 citation à l'O. de la division (1916).

Cuby Edouard, soldat au ... R. I. 1 citation (1918).

Cucuel Pierre, lieutenant au 8e R. d'artillerie. 1 citation à ... (oct. 1914) ; 1 citation à l'O. de la division (24 mars 1913). 1 blessure.

Cuenot Charles, aspirant au 5e groupe du 85e R. d'artillerie lourde. 1 citation à l'O. du régiment (sept. 1917).

Curnillon Joseph, soldat au 44e R. I. 1 citation àl'O. du régiment (1915).

Dalché d'Esplanels Henri, sergent au 101e R. I. 1 citat. (1915).

Décourbez Lucien, canonnier au 247e R. d'artillerie. 1 citation à l'O. du régiment. 3 blessures.

Desperrier Antoine, soldat à la 20e section d'Etat-major. 1 citation à l'O. de la 133e division (29 oct. 1917).

Devaux, sergent au 250e R. I. T. 1 citation à l'O. de la division (15 juillet 1916).

Devillers Charles, soldat au 172e R. I. 1 citation à l'O. du régiment (1916). 1 blessure.

Domon René, sergent-major au 143e R. I. 1 citation à l'O. du régiment (1919).

Dorland Albert, médecin-major de 1re classe.

Dubois Charles, pharmacien aide-major de 1re classe.

(C. à O. de la Direction du Service de santé des armées alliées). « Affecté depuis le 2 août 1914 à une ambulance, a fait preuve d'abnégation et de dévouement. Agé de 42 ans, a fait montre de rares qualités d'endurance et de courage pendant la retraite de Serbie. A contracté en Macédoine une dysenterie grave qui a nécessité son évacuation contre sa volonté. » (1916).

Dubois Charles-Louis, lieutenant au 107e B. C. P. 1 citation à l'O. de la 10e division de cavalerie (7 août 1915).

(C. à O. de l'A.) « Officier très brave et très énergique, chargé avec sa compagnie de tenir les tranchées de départ, n'a cessé de soutenir le moral de la troupe exposée à un bombardement intense. A été grièvement blessé. » (24 octobre 1916).

Dubret Joseph-Louis, soldat au 42e R. I.

(C. à O. de l'A.) « Excellent soldat, courageux et dévoué. Grièvement blessé en contribuant à la prise d'une batterie allemande, le 19 août 1914, à Dornach. »

Ducret, sergent au 48ᵉ B. C. P. Classe 1919. 1 citation à l O. de la brigade.

(C. à O. de l'A.) « Sous-officier très brave, d'un dévouement absolu. Au cours de l'attaque du 10 août 1918, ayant pris le commandement de sa section, dont le chef venait d'être tué, a su obtenir le rendement maxima et capturé 3 prisonniers. Blessé grièvement le 17. » (1918).

Ducrot Emile, lieutenant au 41ᵉ B. C. P. Parti comme sergent-major. 1 citation à l'O. du 1ᵉʳ B. C. P. (21 oct. 1915); 2 citations à l'O. du 41ᵉ B. C. P.; 1 citation à l'O. du 13ᵉ groupe de chasseurs (nᵒ 22). 2 blessures .

Chevalier de la Couronne belge ; décoré de la croix de guerre belge (12 déc. 1918).

Emonot Albert, trompette au 247ᵉ R. d'artillerie. 1 citation à l'O. du régiment (1919). Campagne en Orient.

Faber Jean, brigadier au 90ᵉ R. d'artillerie lourde. 1 citation à l'O. du régiment (1919).

Faber Louis, maréchal-des-logis mécanicien. 1 citation à l O. de l'artillerie de la 37ᵉ division (21 nov. 1918).

Faivre J., sous-lieutenant au ... R. I. 5 citations.

Faivre Philippe, brigadier au ... R. d'artillerie.

Faucher Léon-Georges, caporal au 172ᵉ R. I.

(C. à O. de la VIIIᵉ A.) « Le 25 septembre 1915, a fait preuve d'un très grand courage en entraînant résolument ses hommes à l'assaut des tranchées ennemies sous un violent bombardement et un feu nourri de mitrailleuses. Blessé grièvement au cours de l'action, a refusé d'être transporté à l'arrière en disant à ses camarades qui venaient le relever : « En avant, laissez-moi, en avant ! » (4 juin 1918).

Ferrand Emile, soldat au 35ᵉ R. I. Félicité par le Ministre de la guerre pour son étude sur le lancement précis des bombes en aéroplane (1914).

Feschotte Edouard, sergent au ... R. de tirailleurs. 3 citations. 3 blessures.

Feschotte Jules-Antoine, soldat au 101ᵉ R. I.

Flammarion, soldat au 250ᵉ R. I. T.

Florence Joseph, soldat au 44ᵉ R. I. 1 citation à l'O. du régiment (1918).

Flubacher Emile, soldat à la 7ᵉ section d'infirmiers militaires. 1 citation à l'O. de la division (13 oct. 1916).

Flubacher Eugène, clairon au 149ᵉ R. I. 1 citation à l'O. du régiment (1918). 1 blessure.

Flubacher Georges, sergent au 23ᵉ R. I. 1 citation à l'O. de la brigade (1916). 3 blessures.

Flubacher René-Charles, pointeur au 101ᵉ R. d'artillerie lourde. 1 citation (1918). Grièvement blessé le 13 avril 1918.

Fossard Camille, soldat au 407ᵉ R. I. 1 citation.

Frantz Marcel-Emile, sous-lieutenant au 87ᵉ R. d'artillerie lourde. Classe 1917. 1 citation à l'O. du régiment (25 nov. 1918).

Fridez Lucien, adjudant au 1ᵉʳ R. d'artillerie.

(C. à O. de l'A.) « La batterie à laquelle, il appartient ayant dû être abandonnée le 22 avril, sous l'effet des gaz asphyxiants, est allé la rechercher dès qu'elle se trouvait à 300 mètres à peine des tranchées ennemies, a réussi, après trois nuits de travail opiniâtre sous les balles, à ramener le matériel au complet. » (1915).

Fumagalli Maurice, tambour au 49ᵉ R. I. T. 1 citation (1916).

Gabry Arsène-Alphonse, sergent-major de la Cie 28-1 du génie. Classe 1906. Etant sapeur : 1 citation à l'O. du génie divisionnaire (1916). Etant sergent-major reçoit la croix d'or de Kara Georges de Serbie (décision du 28 déc. 1916).

Gangloff Charles, caporal au 117ᵉ R. I. Classe 1914. 1 citation à l'O. du régiment (14 août 1916) ; 1 citation à l'O. de la division (19 nov. 1917). 4 blessures.

Ganin Léon, soldat au 11ᵉ R. de chasseurs. 1 citation à l'O. de la division (1916).

Gay Alfred, sergent au 49ᵉ R. I. T. 1 citation à l'O. de la division (22 fév. 1916).

Gayont François, soldat au ... R. 2 citations à l'O. du régim.

Gelin Louis, maréchal-des-logis au ... R. d'artillerie. 1 citation à l'O. de la division (1916).

Giroud Jean-Baptiste, soldat au 35ᵉ R. I. 1 citation à l'O. du régiment (22 juin 1918).

Goegel Léon, brigadier au 16ᵉ R. de chasseurs. Classe 1915. 1 citation à l'O. de la brigade (3 juillet 1917) ; 1 citation à l'O. de la division (4 sept. 1917) ; 1 citation à l'O. du regiment (4 nov. 1917).

(C. à O. du corps d'A.) « A amené son groupe de nettoyeurs sur l'objectif désigné malgré le barrage intense et le tir des mitrailleuses ennemies ; a tué de sa main un mitrailleur sur sa pièce et aidé à la capture de prisonniers. A fait l'admiration de tous par son entrain et son mépris absolu de la mort. Plein de courage et de témérité. » (22 janv. 1918)

Gonthier René-Alfred, soldat au 107e B. C. P. 1 citation à l'O. de la brigade (3 nov. 1916). 1 blessure.

Goudey, sergent au 49e R. I. T.

Gros Georges-Jacques-Frédéric, sous-lieutenant observateur à l'escadrille Sahn 70, classe 1915, engagé volontaire au 8e R. A. de campagne. 1 citation à l'O. de l'artillerie de la 11e division (22 mars 1918) ; 1 citation à l'O. de la division (19 sept. 1918).

Guldenfels Emile, 2e ouvrier en fer au 3e R. d'artillerie coloniale. 1 citation à l'O. de la 32e division (6 oct. 1915) ; 1 citation à l'O. du régiment (7 mai 1917).

Guthwasser Jean-Louis, conducteur de la section sanitaire automobile 103. 1 citation à l'O. du service de santé (18 oct. 1916) ; 2 citations à l'O. de la division (avril et oct. 1918). 1 blessure.

Haffa Henri, maréchal-des-logis au 266e R. d'artillerie. 1 citation à l'O. de la division (1917).

Helfer Eugène, soldat au 15e B. C. P. 1 citation à l'O. du bataillon (1916).

Holler Camille, caporal au 250e R. I. T. 1 citation à l'O. du régiment (1918). 1 blessure (11 sept. 1916).

Hopp Alphonse, soldat au 44e R. I. 1 citation (1916). 1 blessure.

Ill Emile, caporal au 49e R. I. T. 1 citation à l'O. du régiment (1915).

Iventzki Bernard, soldat au régiment de marche de la Légion étrangère. Engagé volontaire pour la durée de la guerre. 1 citation à l'O. du régiment (26 août 1916).

Jeangirard Robert, sous-lieutenant au 10e R. du génie. 1 citation à l'O. de la division. 2 blessures.

(C. à O. du 34e corps d'A.) « Sous-officier qui a eu une attitude magnifique pendant la préparation des moyens de traversée de l'Escaut, puis comme chef d'un groupe de radeaux. A donné à tous un bel exemple de calme, de bravoure et de sang-froid. Déjà cité. Deux blessures antérieures. »

Jeannenot Marcel, sergent au 23ᵉ B. C. P. 1 citation à l'O. du bataillon (18 juin 1918).

(C. à O. de la 1ʳᵉ A.) « Le 7 novembre 1918, devant Etroengt a conduit sa demi-section avec une énergie remarquable dans un terrain opiniâtrement défendu par des mitrailleuses, l'entraînant par sa bravoure personnelle. » (10 déc. 1918). Croix de guerre italienne (mars 1918).

Jenny Jean-Alfred, soldat au 172ᵉ R. I. 1 citation (1915).

Jeanperrin Charles-Léon, sous-lieutenant au 18ᵉ escadron du train des équipages.

(C. à O. de la direction des Services automobiles). « Officier d'un dévouement absolu. A, sous un violent bombardement, le 29 mars 1918, dépanné lui-même, au cours d'un transport de troupes, un camion exposé au feu de l'artillerie ennemie, faisant preuve d'un mépris complet du danger. » (17 avril 1918).

Jeanperrin Eugène-Henri, sergent au 1ᵉʳ R. étranger. 1 citation à l'O. de la division du Maroc (23 oct. 1915). Grièvement blessé.

Joly Julien, caporal au 55ᵉ B. C. P. 1 citation à l'O. de la division (21 juin 1916).

Jonte Emile, sergent au 21ᵉ R. I. 1 citation à l'O. du régiment (1918) ; de la division (28 nov. 1918).

Jonte Robert, soldat au 66ᵉ R. I. 1 citation à l'O. de la brigade (16 juin 1918).

Joseph Louis, maréchal-des-logis du service automobile du 34ᵉ corps d'A. Classe 1905.

(C. à O. du 34ᵉ corps d'A.) « Sous-officier dévoué, actif et consciencieux. Sur le front depuis le début de la campagne. A toujours fait preuve du plus entier dévouement et des plus sérieuses qualités morales et militaires, donnant en toute occasion, dans les circonstances difficiles, l'exemple du sang-froid et de l'énergie. »

Juillerat Alfred-Albert, soldat au 1ᵉʳ R. étranger. Classe 1915. 1 citation à l'O. du régiment (1917) ; 3 citations à l'O. du régiment (1918). 1 blessure.

Kauffmann Jean, adjudant au 105ᵉ R. d'artillerie lourde. 2 citations à l'O. du régiment (1916, janv. 1919). 1 blessure.

Kiger Alphonse, sergent au 35ᵉ R. I. 1 citation à l'O. de la division (12 oct. 1916) ; de l'infanterie divisionnaire (6 juin 1918).

C. à O. de l'A.) « S'est présenté comme volontaire pour ravitailler en grenades un détachement chargé d'un coup de main sur les pentes de la côte 344. A pris une part active et vigoureuse au coup de main lui-même, se faisant remarquer de tous au milieu d'un détachement d'élite. (18 oct. 1917). »

Kleboth Prosper, sergent au 42ᵉ R. I. 1 citation à l'O. du rég.

Kurtz-Charles-Louis, caporal au 49ᵉ R. I. 2 citations à l'O. du régiment (1916, 1918).

Kurtz Joseph-Emile, caporal à la 101ᵉ Cie de mitrailleuses. 1 citation (1916). 1 blessure.

Kuss Frédéric-Paul, capitaine adjudant-major au 42ᵉ B. C. P. Parti comme sergent. Etant sous-lieutenant : 1 citation à l'O. de la division (7 sept. 1915) ; 1 citation à l'O. du corps d'A. (9 avril 1917) ; 1 citation à l'O. du bataillon (25 juin 1917).

Etant lieutenant : 1 citation à l'O. du bataillon (10 avril 1918).

Etant capitaine : 1 citation à l'O. du bataillon (sept. 1918).

Etant capitaine adjudant-major : 1 citation à l'O. de l'A. (après 18 oct. 1918) ; 2 citations à l'O. du 17ᵉ groupe de B. C. P. (19 nov. 1918, 28 fév. 1919). 3 blessures.

(C. à O. du corps d'A.) « Officier dévoué d'une bravoure remarquable, s'est particulièrement distingué dans la période du 18 au 24 mars 1917, en exécutant comme officier de renseignements des reconnaissances jusque dans les lignes ennemies. Blessé le 24 mars au cours d'une de ces reconnaissances. » (9 avril 1917).

(C. à O. de l'A.) « Officier possédant les plus belles qualités militaires, esprit de sacrifice, esprit de devoir, brillant courage. Au cours des combats des 17 et 18 octobre 1918, est allé sous des rafales de mitrailleuses, soutenir les postes avancés établis dans des marécages sans aucune tranchée. Au prix des plus grandes difficultés, a ramené le corps d'un de ses chasseurs tué en patrouille. » (1918).

Voir au même livre (L. d'H.), son frère Robert, et au *Livre des Morts*, son frère Marcel.

Lacroix Marcel-Albert, soldat au 19ᵉ B. C. P. 1 citation à l'O. de la division (20 oct. 1916). 1 blessure.

Laforge Louis, sergent au 67ᵉ B. C. A. 1 citation à l'O. du bataillon (20 fév. 1916) ; 2 citations à l'O. de la division (15 août 1918, 18 fév. 1919). Grièvement blessé, 22 oct. 1918.

Lafuge Victor, sergent au ... R. du génie. 3 citations (6 janv. 19 nov. et 29 déc. 1916).

Lagarde Jean, brigadier à la 48ᵉ division d'artillerie. 1 citation à l'O. du régiment (2 oct. 1916).

Lambert Armand, sergent au 124ᵉ R. I. 1 citation à l'O. du régiment (juin 1917) ; 2 citations à l'O. du corps d'A.

(C. à O. du corps d'A.) « Brillant sous-officier, exemple d'audace. Dans la nuit du 4 au 5 oct. 1917, au cours d'un coup de main ennemi, a fait preuve des plus belles qualités en s'exposant au feu de l'ennemi pour maintenir le moral de ses hommes. » (22 oct. 1917).

(C. à O. du corps d'A.) « Sergent téléphoniste d'infanterie dévoué et courageux. Chargé, pendant la bataille du 1ᵉʳ au 4 nov. 1918, de la construction et de la réparation des lignes téléphoniques, a fait preuve de grand sang-froid et d'une belle attitude, sous le feu. A été grièvement blessé à son poste par éclats d'obus le 3 novembre. »

Laurent Charles, canonnier au 47ᵉ R. d'artillerie de campagne. 1 citation à l'O. du régiment (11 oct. 1918).

Laurent Paul, sergent au 68ᵉ R. I. 1 citation à l'O. de la division (4 sept. 1916). 2 blessures en 1914 ; 1 blessure en 1915.

Léber Georges, sapeur-mineur au 28ᵉ bataillon du génie. 1 citation à l'O. de la place de Belfort (10 fév. 1915) ; 3 citations à l'O. de la division (6 nov. 22 déc. 1916, 5 juillet 1918). 3 blessures.

(C. à O. de l'A.) « Sapeur courageux et dévoué, se dépensant sans compter dans les circonstances difficiles. A été blessé, le 6 mai 1917, en accomplissant, avec beaucoup de bravoure, une mission de liaison. 2 blessures antérieures, 3 citations. » (12 fév. 1919).

Léber Gustave, soldat au 44ᵉ R. I. 2 citations à l'O. du régiment (9 et 30 avril 1917). Grièvement blessé.

Lecureux Robert, soldat au 122ᵉ R. I. 2 citations à l'O. de la brigade (1917, 1918).

Lehec Joseph, caporal au 42ᵉ R. I. 1 citation à l'O. de la brigade (1915).

Lion Charles, soldat au 172ᵉ R. I. Classe 1893. 1 citation à l'O. du régiment (1918).

Lods Georges, soldat au 174ᵉ R. I. 1 citation à l'O. du régiment (5 août 1918).

Mangeol Paul, soldat au ...ᵉ B. C. P.

Marchand Charles, soldat au 15ᵉ B. C. P.

Marciset François, soldat au 5ᵉ R. d'artillerie. 1 citation à l'O. de la division (12 mars 1916).

Martel Jean-Emile-Antoine, maréchal-des-logis au 5ᵉ R. d'artillerie.

Martel Jules-Emile, maréchal-des-logis au 47ᵉ R. d'artillerie. Classe 1907. 1 citation à l'O. du régiment (1918).

Marti André-Samuel-Jules, soldat au 15ᵉ B. C. P. 1 citation à l'O. du bataillon (29 juin 1915) ; 1 citation à l'O. de la brigade (29 juillet 1915).

Martinet Emile, caporal-fourrier au 35ᵉ R. I. Classe 1916. 2 citations à l'O. du régiment.

Maurice Charles, adjudant au 35ᵉ R. I.

Mazimann Georges, lieutenant observateur à l'escadrille ...

Meckert Charles-Auguste, sergent à la compagnie 23/54 du génie. 2 citations à l'O. de la 133ᵉ division (27 août et 21 oct. 1918).

Mégnin Georges, sergent au 35ᵉ R. I. 1 citation à l'O. du régiment (1918).

Ménétrey Maurice, sergent-major au 172ᵉ R. I. 1 citation à l'O. du régiment (17 déc. 1918).

Messager Ernest-Emile, brigadier au 6ᵉ R. de chasseurs à cheval. 1 citation à l'O. de la division.

Métin Louis, soldat au 355ᵉ R. I.

(C. à O. de la IVᵉ A.) « Soldat d'une bravoure exemplaire, père de trois enfants. Toujours volontaire pour accomplir des missions périlleuses, a été blessé le 23 janvier 1916, en posant des fils de fer barbelés à proximité de l'ennemi, 30 mètres. » (4 février 1916).

Mettey Georges, maréchal-des-logis au 5ᵉ R. d'artillerie. 1 citation à l'O. de la division (1915).

Meyer Emile, soldat au 41ᵉ R. I. coloniale. 1 citation à l'O. de la division (15 mars 1917). 2 blessures.

Monnin Charles, canonnier au 121ᵉ R. d'artillerie lourde. Engagé volontaire pour la durée de la guerre. 1 citation à l'O. de la division (26 juillet 1916). Grièvement blessé le 15.

Morlot Gaston, téléphoniste de l'Etat-major du 3ᵉ groupe du 1ᵉʳ R. A. M. 1 citation à l'O. de l'artillerie de la division (11 nov. 1918). 1 blessure.

Muller Edouard, caporal téléphoniste au 42ᵉ R. I. 1 citation à l'O. du régiment (10 oct. 1915).

Muller Ernest, sergent au 42ᵉ R. I. 1 citation à l'O. de la brigade (30 avril 1917) ; 1 citation à l'O. de la division (23 oct. 1918).

Muller Louis-Jules, sergent-major au 31ᵉ B. C. P.

(C. à O. de l'A.) « Commandant une reconnaissance, a dispersé à deux reprises successives à la baïonnette, un poste allemand qui l'attaquait et a ramené un prisonnier et des blessés ennemis. » (13 nov. 1914).

(C. à O. de l'A.) « Belle conduite au cours de l'attaque du 25 septembre [1915]. A pénétré le premier dans la tranchée ennemie tuant plusieurs Allemands qui résistaient. Grièvement blessé au cours de l'attaque. » (1915).

Naviet Justin-Charles, sergent au 250ᵉ R. I. T. 1 citation à l'O. du régiment (5 fév. 1918).

Nicod Georges, canonnier au 31ᵉ R. d'artillerie. 1 citation à l'O. de la brigade (14 sept. 1917).

Nicot Léon, sergent-major, Cie hors rang du ... R.

Noirot Emile, soldat au 26ᵉ R. I. 1 citation à l'O. du régiment (sept. 1918).

Pameyer Frédéric, sergent au 250ᵉ R. I. T. 1 citation à l'O. de la division. Grièvement blessé le 26 mars 1917

Pameyer Gustave, sous-lieutenant au 161ᵉ R. I.

(C. à O. du corps d'A.) « Le 16 avril 1917, a énergiquement entraîné sa section à l'assaut des tranchées ennemies malgré un feu violent des mitrailleuses et de l'artillerie. S'est cramponné au terrain conquis. » (1917).

Parer Léon, bombardier au 2ᵉ R. de tirailleurs marocains. 1 citation à l'O. du régiment (1917). 5 blessures.

Parrand Emile, sous-lieutenant au 5ᵉ B. C. P. Classe 1915. chasseur cycliste, 16 déc. 1914 ; caporal, 8 mars 1916 ; élève aspirant, 17 mai ; aspirant, 5 sept.; sous-lieutenant, 1ᵉʳ oct. 1918. 1 citation à l'O. du bataillon, 25 déc. 1916 ; 1 citation à l'O. de la brigade, 31 août 1917. 1 blessure.

Pegeot René, caporal au 37ᵉ R. I. 1 citation à l'O. du régiment (1918).

Pelay Louis, maréchal-des-logis au ... 1 citation à l'O. du régiment (1918).

Perret Emile, canonnier au 116e R. d'artillerie lourde. Classe 1903. 1 citation à l'O. de l'artillerie lourde du 32e corps d'A. (1917). 1 blessure.

Perret Eugène, soldat au 8e R. de marche. 1 citation à l'O. du régiment (1918).

Perret Henri, soldat au 5e R. I. 1 citation à l'O. de la division (22 mai 1917).

Peter Marie-Joseph-Victor, maréchal-des-logis au 47e R. I. Grièvement blessé devant Verdun, 12 mai 1916. 1 citation à l'O. de la division (1916).

Petitmaitre Eugène, soldat au 90e R. I. 1 citation à l'O. du régiment (13 juillet 1918).

Pettmann, du 9e R. de tirailleurs. 1 citation à l'O. de la division (9 fév. 1917). 1 blessure.

Peugeot Edmond, caporal au 67e B. C. P. Classe 1918, engagé volontaire. 2 citations dont une à l'O. de la brigade (1916).

Pfaff Charles, caporal au 171e R. I. 1 citation à l'O. du régiment (1916). 1 blessure.

Picard Charles-Paul, lieutenant au 7e R. I. T. Etant sous-lieutenant au 49e R. I. T. : 1 citation à l'O. de la brigade (16 juin 1916) ; étant sous-lieutenant au 56e R. I. T. : 1 citation à l'O. de la division (10 mars 1917) ; étant lieutenant au 7e R. I. T. : 1 citation à l'O. de la division (24 nov. 1918). (Alsace, Vosges, offensive de Champagne, sept.-nov. 1918).

Piot Fernand, soldat à l'escadrille M. F. 5. Classe 1914. Engagé volontaire.

(C. à O. de l'A.) « Excellent soldat, très dévoué et de belle tenue. Le 21 septembre [1915], transportant des officiers pour un exercice de T. S. F. auprès des batteries, a montré baucoup de sang-froid dans la traversée d'un village bombardé. A été blessé sérieusement à la tête par un obus éclatant à trois mètres de la voiture. A continué à conduire avec maîtrise surmontant la souffrance avec beaucoup d'énergie. » (1915).

Piequet René, soldat au... R.. Classe 1917, engagé volontaire. 1 citation à l'O. de la division (1916).

Pierson Félix, sapeur-mineur au ... R. I. 1 citation à l'O. de la 45e division (31 janv. 1915).

Piquard Emmanuel, soldat au 250e R. I. T.

Pitey Louis, caporal au 69ᵉ R. I. 1 citation à l'O. de la division
(7 mars 1917). Grièvement blessé.

Play Henri, caporal infirmier au 44ᵉ R. I. 1 citation à l'O.
de la division (1916).

Poirot Jules, caporal au 250ᵉ R. I. T. 1 citation à l'O. de la
brigade (1916). 1 blessure.

Pommey Georges, lieutenant au 42ᵉ R. I. 2 citations à l'O.
de la division (1915 et 21 nov. 1917).

(C. à O. du 7ᵉ corps d'A.) « Sous-officier d'une valeur exceptionnelle,
a montré pendant les journées du 16 au 20 avril, les plus belles qualités
de sang-froid et de courage en se portant à l'attaque avec un effectif
réduit par des pertes sévères. Resté seul gradé à la compagnie en fin de
combat, n'a cessé un moment de maintenir les hommes à leur poste dans
une tranchée violemment bombardée et de ranimer leur courage. » (13
mai 1917).

(C. à O. du 7ᵉ corps d'A.) « Officier plein d'entrain et d'audace. Au
cours des attaques du 31 octobre au 2 novembre 1918, commandant la
compagnie de première ligne, a su en diriger heureusement la progression et atteint habilement les objectifs assignés. » (8 déc. 1918).

Porst Charles, sous-lieutenant au ... R. I.

Potiez Philippe, canonnier au 203ᵉ R. d'artillerie. 1 citation
(1918).

Pourchet Maurice, maréchal-des-logis au ... R. d'artillerie
1 citation à l'O. de la division (16 nov. 1917).

Prevot Louis, soldat à l'Etat-Major de la ... division de chasseurs alpins. 1 citation (1918).

Primard Jean, soldat au 51ᵉ R. I. T. 2 citations à l'O. du régiment (1916, 1917) ; 2 citations à l'O. de la brigade (23 nov.
1916 ; 23 mars 1917).

Py Emile, brancardier au 5ᵉ B. C. P. 1 citation (1916).

Py Jean-Baptiste, soldat de la compagnie 7/63 du génie.

(C. à O. du 32ᵉ corps d'A.) « S'est signalé par sa bravoure en avant
de l'infanterie et a assuré efficacement la destruction d'abris où l'ennemi
résistait. » (17 mai 1918).

Quaile Charles-Emile, soldat au 4ᵉ R. de zouaves. 1 citation
à l'O. du régiment (1918). 2 blessures.

Quélet Fernand, sergent au 5ᵉ R. du génie. 1 citation à l'O.
du régiment (22 mai 1918).

Quélet Maurice, dentiste auxiliaire au 11ᵉ B. C. A. 1 citation à l'O. du bataillon (12 fév. 1919).

Questel Armand, sergent-fourrier au 15ᵉ B. C. P. 4 citations. 3 blessures.

Quidort Eugène, maréchal-des-logis au 141ᵉ R. d'artillerie coloniale. 1 citation à l'O. du régiment (3 oct. 1918). Blessé en 1917.

Rapp Jules, soldat au ... R. 1 citation à l'O. du régiment (fév. 1915). 1 blessure.

Réess Eugène, capitaine au 55ᵉ R. I. T. Parti comme lieutenant. 1 citation à l'O. de la brigade (1918).

Rémy Maurice, soldat au 18ᵉ B. C. P. Classe 1916. 1 citation à l'O. du bataillon (1918).

Richard Pierre, soldat au ... R. I. Classe 1915. 1 citation (1915). Blessures multiples le 25 sept. en Champagne.

Robert, sergent au 13ᵉ R. I. Citations (1916, 1918).

Rohmann Jules, maréchal-des-logis au 1ᵉʳ R. d'artillerie coloniale. Avait trois frères aux armées, dont l'un Joseph, fut tué le 15 août 1914 à Montreux-Jeune.

Rohner Adolphe, soldat au ... R. I. 1 citation à l'O. du régiment (1917).

Roqua Antoine-Pierre-Joseph, caporal brancardier au 44ᵉ R. I. 2 citations à l'O. de la division (1915, 1917) ; 1 citation à l'O. du régiment (1917) ; 1 citation à l'O. de l'infanterie divisionnaire (1918). 1 blessure.

Rossel François, capitaine au 1ᵉʳ groupe du 77ᵉ R. d'artillerie lourde à grande puissance. 1 citation à l'O. du régiment (14 sept. 1917).

Rousseau Charles, soldat au 171ᵉ R. I. 1 citation à l'O. du régiment (1916). Grièvement blessé le 8 avril.

Roy Emile-Ernest, sergent-fourrier au 44ᵉ R. I. 1 citation à l'O. de la division (12 sept. 1916).

(C. à O. du 15ᵉ corps d'A.) « Sous-officier de valeur. Venu des C.O.A. sur sa demande en octobre 1915, a pris part à tous les combats depuis cette époque. S'est particulièrement distingué le 9 septembre 1917 en faisant vaillamment son devoir pendant la contre-attaque. Blessé, a refusé de se faire évacuer. » (15 nov. 1917).

Roy Georges, sous-lieutenant au 401ᵉ R. I. 1 citation à l'O.
du bataillon, étant sergent au 61ᵉ B. C. P.

(C. à O. de l'A.) « Au cours de l'attaque du 18 août 1918, a pris le
commandement d'une compagnie dépourvue de tous ses cadres dans des
circonstances des plus critiques. Par son énergie, s'est maintenu sur les
positions conquises en dépit de trois violentes réactions ennemies. » (18
septembre 1918).

Roy Georges, soldat au 42ᵉ R. I.

(C. à O. de l'A.) « Le 2 septembre 1918, sachant une tranchée fortement occupée par l'ennemi, n'a pas hésité avec un seul camarade, à sauter
dans cette tranchée, et après une lutte très vive, a réussi à ramener 27
prisonniers dont un sous-lieutenant, sous le feu rapproché d'une mitrailleuse ennemie. » (1918).

Roy Léon, soldat au 131ᵉ R. d'artillerie lourde. 1 citation
à l'O. du régiment (janvier 1919). 1 blessure (3 juin 1918).

Roze Joseph, brigadier au ... R. Classe 1915. 1 citation à l'O.
de l'infanterie divisionnaire 77. (nov. 1918). .

Roze Léon, soldat au 38ᵉ R. I.

(C. à O. de la 11ᵉ A.) « Blessé par une balle au début d'un coup de
main ennemi, est resté à son poste de fusilier mitrailleur, refusant de se
laisser panser. A continué à tirer jusqu'à ce que les Allemands soient re-
poussés. » (24 mars 1918).

Sahler Pierre, mitrailleur au ... R. I. 1 citation à l'O. du
régiment (1916). 1 blessure.

Salomon, soldat au 21ᵉ B. C. P. 1 citation à l'O. du bataillon
(1915) ; 2 blessures.

Schindler Daniel, sous-lieutenant au 257ᵉ R. d'artillerie. 2
citations à l'O. de l'artillerie divisionnaire (1917, 1918).
Classe 1915. Engagé volontaire.

Schirlin Joseph, soldat au 49ᵉ R. I. T.

Schmitt Gaston-Edmond-Henri, soldat au 372ᵉ R. I. 1 citation
à l'O. du régiment (1918) ; 1 blessure.

Schwab Roger, médecin aide-major de 1ʳᵉ classe, ambul. 5/7.

Schwander Georges, capitaine au 47ᵉ R. d'artillerie. 3 citat.

Schweikardt Georges-Frédéric, lieutenant au 11ᵉ R. de dragons. 1 citation à l'O. de la 73ᵉ division (19 sept. 1918).
Parti comme maréchal-des-logis.

Semon Albert, zouave au ... R. de marche. 2 citations (1916).

Sender Charles, soldat au 11e R. I. 1 citation à l'O. du régiment (5 décembre 1918).

Seveno Jean-Charles, sous-lieutenant au 265e R. d'artillerie de campagne. Classe 1918. Elève aspirant, 13 août 1917 ; aspirant, 13 décembre 1917 ; sous-lieutenant 15 sept. 1918. 2 citations à l'O. de l'artillerie divisionnaire (11 et 23 mai 1918) ; 1 citation à l'O. de la 133e division (10 nov. 1918).

Stemmelen Edouard, adjudant au 213e R. I. 1 citation à l'O. du bataillon (5 oct. 1915) ; 1 citation à l'O. de la division 1er juin 1917).

Thiérry Henri, sergent au 35e R. I. 2 citations (1916). 1 bless.

Thomas Evariste, lieutenant au 49e R. I. T. Parti comme adjudant. 1 citation (1916).

Thomassey Louis, soldat au 250e R. I. 1 citation à l'O. de la brigade (23-10-1916). 1 blessure.

Thomassey René, soldat au 24e B. C. A. 1 citation à l'O. de la brigade (1918).

Thomassin Charles-Edmond, soldat au 250e R. I. T. 1 citation à l'O. de la brigade (1916). Très grièvement blessé en Alsace, le 10 octobre.

Thouvïot Léon, soldat au 21e R. I. 1 citation à l'O. de la division (3 mai 1915).

(C. à O. du 35e corps d'A.) « Grenadier d'élite au 1er bataillon du 21e régiment d'infanterie. — Pendant toute la période du 7 au 17 septembre 1916, s'est offert comme volontaire pour toutes les patrouilles. Dans la nuit du 17 au 18, s'est cramponné à un petit poste ennemi et l'a harcelé sans cesse jusqu'au fléchissement de la ligne ennemie. A ainsi contribué à la poussée en avant le 18 septembre 1916. Déjà cité. » (5 oct. 1916).

Tissot Abel-Georges-Léon, canonnier au 9e R. d'artillerie à pied. 1 citation à l'O. de l'artillerie de la 35e division (29 août 1917).

Tournier Marcel, soldat au 415e R. I.

(C. à O. du coprs d'A.) « Excellent soldat, courageux et dévoué. Les 29 et 30 mars, n'a pas hésité à s'élancer en avant à la baïonnette pour arrêter net une attaque allemande. A été blessé au cours de l'action. » (29 avril 1918).

Tourot Pierre-Louis, soldat au 42e R. I. 1 citation à l'O. du régiment (1915).

Truchot Alphonse, soldat au 44ᵉ R. I. 1 citation à l'O. du régiment (1915).

Ulmann Emile, soldat au 44ᵉ R. I. 1 citation à l'O. du régiment (3 décembre 1918). A marché avec le 244ᵉ R. I. en 1915, âgé de 16 ans. Engagé en mars 1916, a fait la campagne de Salonique où il a contracté les fièvres paludéennes. S'est signalé par son adresse aux combats du Mont Kemmel, en mai 1918.

Ulmann Jean, soldat au 26ᵉ R. d'artillerie.

Vaisseau Georges, soldat au 44ᵉ R. I. Classe 1917. 1 citation à l'O. du régiment (1918).

Vasseur Lucien, soldat mitrailleur au 107ᵉ B. C. P. 1 citation à l'O. de la division (4 oct. 1915) ; 1 citation à l'O. du bataillon (1916).

Vergon Maurice, soldat au 15ᵉ B. C. P. 1 citation à l'O. du bataillon (1915). 1 blessure.

Vincent Ernest, sergent au 49ᵉ R. I. T. 1 citation à l'O. de la brigade (4 fév. 1916).

Veuillemenot Charles, sapeur au 7ᵉ bataillon du génie. 1 citation (1915).

Vuillement Gaston-Ernest, soldat au 35ᵉ R. I. Classe 1916. 1 citation à l'O. du régiment (1916).

Vuillequez Edmond-Charles, sous-lieutenant au 52ᵉ R. I.

(C. à O. du 14ᵉ corps d'A.) « Officier brillant ayant une haute conception du devoir. Le 23 octobre, a enlevé dans un élan superbe sa section à l'assaut d'une puissante organisation ennemie. Chargé de nettoyer un groupe d'abris, est descendu résolument dans celui qui lui était désigné et y a fait plusieurs prisonniers. » (6 nov. 1918).

Walter André, lieutenant commandant le peloton auxiliaire du génie de la 51ᵉ division d'infanterie. 1 citation à l'O. de la division (16 déc. 1915) ; 1 citation à l'O. du régiment (11 janv. 1916) ; 1 citation à l'O. de la brigade (18 sept. 1916). Voir au *Livre des Morts*, ses frères Georges et Pierre ; au présent *Livre*, son frère Jean.

Walter Charles-Georges-Albert, médecin aide-major. 1 citation à l'O. de la 14ᵉ division, 24 sept. 1917.

Weill Gaston, adjudant au 27ᵉ R. I. 1 citation à l'O. de la brigade (15 août 1916).

Weité Armand-Frédéric, caporal au 35ᵉ R. I.

(C. à O. du corps d'A.) « Excellent gradé, plein d'entrain. Fait prisonnier le 10 août 1914, a réussi après une tentative infructueuse (mai 1916), à s'évader d'Allemagne dans des conditions très difficiles en juin 1917. A subi vaillamment les plus dures épreuves. » (1917).

Wendling Emile, sergent colombophile. 1 citation à l'O. du régiment.

Wittmer Jean-Georges, capitaine au 1ᵉʳ bataillon de pionniers du 71ᵉ R. I. T. Parti comme sergent ; sergent-major, 28 août 1914 ; sous-lieutenant, 8 sept. 1914 ; lieutenant, 5 juin 1915 ; capitaine T. D. 21 fév. 1916. 1 citation à l'O. de l'infanterie divisionnaire de la 157ᵉ division (5 mars 1917) ; 1 citation à l'O. de la 163ᵉ division (29 avril 1917) ; 1 citation à l'O. du 1ᵉʳ bataillon de pionniers du 71ᵉ R. I. T. (25 oct. 1918). Blessé, 23 avril 1917.

Zefel Roger, caporal de l'infanterie divisionnaire 14. 1 citation à l'O. du régiment et 1 citation à l'O. de cette infanterie (1918). 2 blessures.

Zettwoog Henri, soldat au 404ᵉ R. I. 1 citation à l'O. de la division (7 sept. 1918).

PIÈCES ET DOCUMENTS DIVERS

I. — PIÈCES ADMINISTRATIVES

I

Réquisitions

Du 1er février 1915

Le maire de Montbéliard au sous-intendant militaire,

J'ai l'honneur de faire remarquer à M. le sous-intendant qu'il nous avait chargé de demander à M. C. quel est le corps de troupes qui a réquisitionné les fournitures de ses 3 factures.

Nous lui avons donc transmis la réponse de M. C. qui déclare que les fournitures ont été requises par la S. H. R. et levées par des chasseurs à pied dont il ne connaît pas le numéro du bataillon.

Nous n'ignorons pas que, dans cette période, se trouvait à Montbéliard le dépôt du 15ᵉ bataillon de chasseurs à pied, mais cette question ne nous avait pas été posée jusqu'ici ; et il n'y a pas nécessairement une liaison de cause à effet entre la présence de cette unité en notre ville et le numéro du bataillon auquel appartenaient les chasseurs ayant pris livraison des marchandises.

II

Travaux

Du 5 février 1915

Le maire de Montbéliard au ministre du Commerce,

J'ai l'honneur de vous accuser réception de votre dépêche du 3 courant Par votre décision du 28 juillet 1914, vous avez bien voulu accorder à la ville de Montbéliard, pour agrandissement de son Ecole Pratique, une subvention de 17.800 francs, 1/4 de 71.227,04 montant des travaux. Vous me demandez pour ordonnancer le montant de l'annuité 1914 de vous adresser les pièces justificatives constatant *la mise en train des travaux* qui ont motivé votre décision susvisée.

J'ai l'honneur de vous faire connaître qu'à la date du 6 août 1914, nous avons été avisé par la sous-préfecture de votre bienveillante décision, mais le dossier des travaux que vous avez approuvés, dossier que par votre dépêche à M. le préfet du Doubs, du 28 juillet, vous chargiez ce magistrat de nous transmettre, ne nous est point encore parvenu.

L'eussions-nous reçu qu'il nous eut été impossible, vu l'état de guerre, de procéder à une adjudication des travaux, en raison de la situation spéciale dans laquelle nous nous trouvons.

Nous ne parlerons que pour mémoire des perturbations apportées par la guerre à notre budget et à l'état de nos finances qui nous oblige à réduire nos dépenses au strict nécessaire.

La ville de Montbéliard, située à deux kilomètres du fort du Mont-Bart et à quelques mètres seulement du fort de la Chaux, est dans la zone des armées. La circulation dans la région, qui est réglementée par la place de Belfort, est extrêmement difficile, lorsqu'elle n'est pas impossible. Architectes, entrepreneurs, ouvriers, sont tous aux armées ; les matériaux font défaut.

A proximité de l'Alsace dont nous entendons le canon depuis six mois, nous ne pouvons envisager la mise en train des travaux d'agrandissement, à l'heure actuelle. Nous ne pourrons le faire que lorsque les circonstances le permettront, c'est-à-dire quand l'avancement des opérations militaires aura rendu impossible une invasion du pays de Montbéliard.

Nous ne doutons point de la victoire finale, nous sommes persuadés que nos forts de Belfort et de Montbéliard opposeront une barrière infranchissable à l'ennemi.

Il n'en est pas moins vrai que la connaissance de l'histoire du Pays de Montbéliard, — de ce petit pays qui, à travers les âges, a toujours été envahi et ravagé par les hordes venues de l'Est et qui échappe pour la première fois, depuis des siècles, à l'invasion — nous dicte une certaine réserve et nous inspire des sentiments de prudence dont, certainement, Monsieur le ministre, vous reconnaîtrez la légitimité.

III

Taxes d'abatage

Du 23 juin 1915

Le maire de Montbéliard au sous-intendant militaire,

J'ai l'honneur de répondre à votre lettre du 21 courant en vous faisant remarquer que la question ne s'est jamais posée de savoir si la ville de Montbéliard avait ou n'avait pas droit à une indemnité pour l'occupation de son abattoir par l'administration militaire.

Dans sa lettre du 11 courant, M. l'officier gestionnaire du service des vivres à Belfort nous faisait connaître que le sergent, gérant l'annexe du service des vivres, au fort la Chaux, lui avait rendu compte que je consentais à ne pas faire payer le montant des taxes d'abatage sur les animaux abattus en ville et dont la viande est destinée au fort la Chaux, à condition que les issues nous fussent abandonnées.

Il nous envoyait en même temps, en double exemplaire, une convention à signer.

J'ai répondu le 16 juin à M. l'officier du service des vivres qu'il n'avait jamais été question de semblables arrangements, ce qui est parfaitement exact, et que les intentions qui nous étaient attribuées étaient certainement le résultat d'un malentendu.

Je lui renvoyais en conséquence le projet de convention.

Aujourd'hui, vous me retournez vous-même ce projet de convention, en nous menaçant, si nous n'y adhérons pas, de faire payer à la ville « l'abonnement au casernement dans la place de Montbéliard, depuis le premier jour de la mobilisation, pour toutes les troupes qui se sont succédées dans notre ville ».

J'ai l'honneur de vous faire connaître que la ville de Montbéliard ne s'est jamais dérobée à ses devoirs, qu'elle s'est toujours acquittée de ses obligations, qu'elle est toute disposée à payer, du chef précédent, ce que l'administration militaire établira régulièrement comme étant par la ville légitimement dû.

Mais il ne m'est pas possible de traiter avec l'administration militaire lorsque celle-ci emploie la forme comminatoire.

Veuillez, je vous prie, formuler des propositions ; elles seront examinées immédiatement par le conseil municipal de la ville de Montbéliard, qui, soucieux des intérêts qui lui sont confiés par la loi mais animé aussi du plus pur patriotisme, fera certainement tout ce qui dépendra de lui pour servir l'armée.

IV

Avions ennemis

Du 16 octobre 1916

Le maire de Montbéliard au ministre de l'Intérieur,

J'estime qu'il est de mon devoir d'attirer votre bienveillante attention sur les faits suivants :

Les avions ennemis bombardent très fréquemment Belfort et Besançon. La ville de Montbéliard, située entre ces deux villes, quoique moins maltraitée que celles-ci jusqu'à présent, n'a point été non plus épargnée. Trois bombes ont été jetées avenue Carnot et le mois dernier un avion allemand a mitraillé nos habitations.

Il existe une batterie anti-aérienne à la ferme des Buis (près de Valentigney, canton d'Audincourt, arrondissement de Montbéliard), mais nous estimons cette défense trop éloignée et insuffisante car les avions ennemis, en s'abaissant sur notre ville, cessent d'être aperçus de la batterie.

Pour protéger les Montbéliardais contre les avions, nous pensons qu'une défense anti-aérienne, — ne fût-elle constituée que par une seule pièce, — pourrait être établie très utilement sur le plateau qui domine la ville, soit la Citadelle.

Non seulement par sa présence elle rassurerait notre population de 10,000 habitants, mais encore elle remplirait certainement un rôle efficace pour repousser les attaques aériennes ayant pour objectif Besançon.

Je vous serais reconnaissant de bien vouloir soumettre ces observation à la vigilance patriotique de M. le ministre de la guerre.

V

Travailleurs indigènes

Du 26 mai 1917

Le maire de Montbéliard au ministre de la Guerre,

À la date du 24 mai 1917, j'ai reçu de M. le commandant d'étapes les documents dont j'ai l'honneur de vous envoyer copie sous les lettres A et B.

Par sa lettre du 23 mai (pièce A), M. le commandant d'étapes me priait 1° de porter à la connaissance des débitants de Montbéliard votre circulaire du 3 avril, n° 2746-1/10, aux termes de laquelle la consommation du vin et des boissons spiritueuses est interdite aux travailleurs indigènes de toute origine ; 2° d'examiner la question de savoir si, dans notre ville, « il n'y aurait pas lieu *d'interdire* d'une façon absolue aux débitants de *recevoir* les travailleurs indigènes ».

J'ai été surpris, après cet appel au concours municipal, de recevoir l'extrait d'un ordre de la Place, en date du même jour et signé par M. le commandant d'étapes, où cette question, sur laquelle il me demandait précisément de me prononcer, se trouvait déjà tranchée par lui dans le sens de l'interdiction pure et simple de l'accès des débits aux travailleurs indigènes (pièce B).

J'ai été bien plus surpris encore lorsque, ayant pris connaissance de votre circulaire n° 2746-1/10 du 3 avril, je me suis rendu compte que M. le commandant d'étapes faisait résulter du texte ministériel même l'interdiction dont il s'agit :

« Les débitants de la ville de Montbéliard sont prévenus qu'une *circulaire du ministre de la guerre* en date du 3 avril *interdit* la consommation du vin et des boissons spiritueuses aux travailleurs indigènes... et *ordonne* que les débitants devront *refuser* à ces indigènes *l'accès de leurs débits.* »

Je remarque, en effet, que la circulaire ministérielle interdit vin et spiritueux aux indigènes, mais que, bien loin de leur interdire l'entrée des débits, elle leur reconnaît le droit d'y pénétrer, puisqu'elle prescrit une surveillance active de ces établissements « en vue d'empêcher les travailleurs indigènes d'y consommer des boissons autres que les boissons hygiéniques : bière, café, thé, chocolat ».

Satisfaisant au désir exprimé par M. le commandant d'étapes, j'ai adressé à tous les débitants une note (pièce C) leur faisant connaître que la consommation du vin et des boissons spiritueuses est interdite aux travailleurs indigènes, lesquels ne peuvent, dorénavant, consommer que des boissons hygiéniques : bière, etc... Mais ma note avait été précédée de celle de la Place invoquant une défense ministérielle inexistante pour interdire à ces hommes l'accès des débits.

Les négociants de Montbéliard, placés entre des ordres contradictoires émanant d'autorités différentes chargées de leur communiquer votre circulaire, se trouvent fort perplexes.

J'ai l'honneur, Monsieur le ministre la Guerre, d'attirer votre attention sur cette situation, en vous faisant respectueusement observer que l'interdiction de l'accès des débits aux travailleurs indigènes me paraît excessive. Je ne m'arrête pas au préjudice matériel qu'elle cause au commerce. La question est plus haute. Hier, deux travailleurs libres, d'origine algérienne, employés à l'usine J.-Ch. Goguel travaillant à la défense nationale, se sont vu fermer la porte des restaurants où ils s'étaient présentés. Il a fallu notre intervention pour leur faire servir à manger. De pareils faits peuvent se reproduire souvent.

Il est à craindre que les travailleurs de nos colonies, se voyant traités en parias dans le pays des Droits de l'homme, auquel ils viennent prêter leurs bras pour aider à la libération de son sol, se désaffectionnent de la France, — qu'il est de notre devoir, et aussi de notre intérêt, de leur faire aimer.

Du 18 octobre 191-

Le maire de Montbéliard au sous-préfet de l'arrondissement,

Par une lettre du 5 octobre 1917 adressée par M. le Président du Conseil, ministre de la guerre, à M. le Préfet du Doubs, et dont vous voulez bien me communiquer le texte, M. le ministre de la guerre prie ce haut magistrat d'inviter le maire de Montbéliard, pour les motifs qui y sont déduits, « à revenir sur l'arrêté interdisant aux travailleurs coloniaux l'accès de cette localité. »

J'ai l'honneur de vous faire connaître que la décision ci-dessus, qui fait l'objet des critiques de M. le ministre de la Guerre, n'émane point de l'autorité municipale mais de l'autorité militaire.

Il m'eut été d'autant plus difficile de la prendre que moi-même, à la date du 26 mai 1917, j'ai attiré l'attention de M. le ministre de la guerre sur la contradiction qui existait entre sa circulaire du 3 avril 191- n° 2746-1/10) interdisant vin et spiritueux aux indigènes et prescrivant une surveillance active des débits « en vue d'empêcher les travailleurs indigènes d'y consommer des boissons autres que les boissons hygiéniques : bière, café, thé, chocolat », d'une part, et d'autre part, un ordre militaire qui, s'appuyant sur la même circulaire enjoignait aux débitants de refuser aux indigènes l'accès de leurs débits.

Après avoir signalé à M. le ministre de la guerre les inconvénients qui me paraissaient résulter de cette mesure, je terminais par ces mots :

« Il est à craindre que les travailleurs de nos colonies, se voyant traités en parias dans le pays des Droits de l'homme, auquel ils viennent prêter leurs bras pour aider à la libération de son sol, se désaffectionnent de la France, — qu'il est de notre devoir, et aussi de notre intérêt, de leur faire aimer. »

La lettre de M. le ministre de la Guerre du 5 octobre 191- me permet de constater, avec satisfaction, qu'il partage ma manière de voir...

VI

Termes comminatoires

Du 23 juin 1917

Le maire de Montbéliard au sous-intendant militaire,

Au courrier de ce jour, je reçois un imprimé que vous m'adressez le 20 juin pour m'informer que vous avez reçu un état d'indemnité de logement s'élevant à 131 francs et afférent à un rappel de sommes dûes, à Mlle B., et pour me demander de vous envoyer l'état de répartition correspondant.

En marge de cet imprimé, je lis la mention manuscrite suivante :

« Je vous préviens qu'à défaut de réponse dans un délai de quinze jours, je me verrai dans la nécessité de rendre compte à l'autorité préfectorale du retard inexpliqué que vous apportez dans l'envoi de ces états.»

Je suis très surpris de la forme *comminatoire* employée par vos bureaux pour me réclamer une pièce que je vous ai adressée, avec quatre autres états, le 2 juin 1917, ainsi qu'il résulte du récépissé postal 344-345.

VII

Responsabilité des communes

Du 2 janvier 1918

Le maire de Montbéliard au commandant d'Etapes,

J'ai l'honneur de vous accuser réception de votre note du 2 janvier et de la copie de la note portant la date du 1er janvier, par vous adressée à M. le maire de Sainte-Suzanne au sujet d'un accident causé par une luge à un cheval appartenant à l'armée.

Votre arrêté, interdisant sur les chemins et les routes du territoire du commandement d'étapes de Montbéliard les jeux et exercices de luges et traîneaux non attelés, a été régulièrement publié à Montbéliard.

Dans ces conditions, les contrevenants sont passibles des pénalités qui sanctionnent la violation de tout arrêté pris par une autorité compétente, sans préjudice de l'action en dommages-intérêts qu'il appartient au propriétaire du cheval d'exercer, en vertu de l'article 1382 du Code civil, contre le ou les auteurs de l'accident.

Dans la note à M. le maire de Sainte-Suzanne, note qui, si l'accident a eu lieu sur le territoire de Montbéliard, doit s'adresser — dites-vous — au maire de cette ville, vous déclarez à ce magistrat municipal que « la responsabilité de l'accident vous paraît incomber au maire, et qu'il est exposé à rembourser la valeur du cheval qui doit être abattu ».

Je ne saurais accepter cette manière de voir. J'ai une tout autre conception juridique du quasi-délit et de la responsabilité des communes, et je suis bien certain que les tribunaux, si la ville de Montbéliard est mise en cause, la partageront.

VIII

Union sacrée

Du 25 janvier 1918.

Le maire de Montbéliard. à M. X...

...Respectueux de l'union sacrée et étant donné la conception que je m'en fais, j'ai pris la décision comme maire, dès le mois d'août 1914, de ne prendre part pendant la guerre à aucune manifestation — si louable qu'en puisse être le but — émanant de groupements politiques, religieux ou philosophiques.

Je considère que cette réserve volontaire est le meilleur témoignage que je puisse donner du respect que je professe pour les opinions de tous.

Le maire de Montbéliard pendant la guerre entend ne plus être qu'un Français qui travaille pour la patrie.

II. — LETTRES DE POILUS MONTBÉLIARDAIS

(1914-1918)

EXTRAITS

Beaucoup de fragments réunis dans ce florilège épistolaire émanent de poilus obscurs et sans galons, qui n'avaient à offrir au pays que leur forte discipline, leur endurance, leur foi inébranlable dans les destinées de la France et le triomphe du droit. Nous avons cru bon de rétablir l'orthographe afin de ne pas dérouter inutilement les yeux du lecteur, et pour lui permettre de goûter de prime abord le charme de ce style net et franc, où se manifestent, dans toute cette correspondance, les qualités de notre race : le besoin de la clarté, le sens de la mesure, de la nuance, la finesse, le don de rencontrer sous la plume et plus souvent sous le crayon, le mot simple et juste pour exprimer de grandes choses.

---

9 août 1914. — Nous sommes entrés hier dans Mulhouse sans tirer un coup de fusil. Nous avons défilé, musique en tête, pendant 4 kilomètres et 60,000 Alsaciens nous acclamaient, criant : « Vive la France ! » distribuant boissons fraîches, bière, cigares. La sueur coulait ; les jeunes filles nous lançaient et donnaient leurs mouchoirs pour nous éponger. Quel enthousiasme ! Quelle fête !...   X.

Alpes du St-Bernard, 26 août 1914. — Nous sommes dans l'attente des événements. Nous, Suisses français, nous saluons tous les succès de votre armée. Vous ne pouvez croire tout l'intérêt que nous portons à la France. A l'instant, nous apprenons que les Allemands ont été rossés près de Lunéville, et c'est presque un délire dans nos rangs. Les chefs enrayent un peu l'expansion à cause de notre situation neutre, mais nous voyons qu'ils partagent nos sympathies.

Dimanche, dans un discours, on nous a fait saluer la vaillance des Belges et j'ai entendu cette phrase : « Il existe une nation assez lâche pour effacer avec du sang ce qu'elle a signé avec de l'encre ».

(Discret). En haut lieu, on dit que les plans allemands étaient ceux-ci : traverser la Belgique, aller sur Paris le plus vite possible, c'est-à-dire battre la France, avant que la Russie soit prête, et marcher sur elle ensuite. Mais bernique ! la résistance belge et la bonne marche de votre mobilisation a réduit à rien ce premier projet d'invasion. Pour la Suisse, ils ont réfléchi ; en 2 jours nous avions 200,000 hommes entre Bâle et Constance, et sans les flatter, tous décidés à vendre cher le territoire helvétique.

Soyons confiants en l'avenir. Pour mon compte, je cultive parmi mes hommes l'amour de ma seconde patrie qui est la France.

...Mon bout de bougie s'éteint et force m'est de terminer... Dites aux amis que des Alpes suisses, du pied de nos glaciers, un cœur dévoué jusqu'au sacrifice, bat pour eux, pour Montbéliard et pour la France.

                    J. C., *Convoi de munitions de montagne.*

Cholet, 28 septembre 1914. — Les bonnes paroles ne sont pas rares mais, venant de bouches connues, elles sont beaucoup plus douces. Ma blessure va mieux, beaucoup mieux. Sous peu, on procédera à l'extraction de l'éclat et j'entrevois le moment où je pourrai quitter Cholet où je rejoindrai mon dépôt, d'où j'irai, à nouveau, faire pleuvoir sur ces vandales modernes, quelques-uns de nos obus de 75.

                    Maréchal-des-logis B., *5e d'artillerie.*

[Dans la Somme], 24 octobre 1914. — Nous avons été violemment engagés et le groupe a subi des pertes sensibles. Je t'ai déjà dit que B. avait été tué le 9 d'un éclat d'obus. Je venais de le quitter, moins de 5 minutes avant pour aller retrouver C. à qui je voulais préciser des ordres. Quelle journée que celle du 9 ! J'ai cru et de loin, tous ceux qui assistaient au combat ont cru que le groupe était perdu à tout jamais. Nous avons pu nous maintenir. Le 10, cela a recommencé : W. a été tué ce jour-là. Le groupe a été cité à l'ordre de la division ; il le sera peut-être à l'ordre de l'armée. Depuis, toujours sur la brèche : on ne veut plus nous lâcher et nous avons une vie impossible. Nous vivons dans la terre. Depuis 15 jours

nous ne nous sommes ni deshabillés ni lavés. Nous creusons la terre, nous subissons le canon et le fusil et le rendons... La guerre que nous faisons à l'heure actuelle est inouie : on gagne le terrain mètre par mètre sous terre, à la sape. Nous sommes avec le [4ᵉ bataillon de chasseurs] et plus particulièrement avec le [2ᵉ bataillon de Lunéville]... Je ne sais pas combien de temps tout cela va durer. Mais je crois qu'il faut compter sur une campagne d'hiver. *Lieutenant* G.

23 *novembre* 1914. — Me voici devenu un guerrier. Ma compagnie travaille à la construction d'un pont sur l'Oise et à la dérivation de la ligne de Paris-Amiens. Nous sommes à environ 20 km. du front et ces jours derniers, ça canardait dur. On travaille jusqu'à la nuit noire. Les pays ont souffert énormément de l'invasion et c'est ici qu'a eu lieu une partie de la bataille de l'Oise. J. F., 5ᵉ *génie.*

30 *novembre* 1914. — ...Je conserve toujours mon courage et mon sang-froid et je me sens la force de le conserver jusqu'au bout qui, j'espère, est bientôt proche. Toujours, mort aux Boches ! E. G.

4 *décembre* 1914. — ...Nous sommes dans une période moins agitée que celle où j'ai eu l'occasion de vous revoir. Ce n'en est pas moins fatigant. Nous attendons avec la placidité et la calme confiance de gens sûrs du succès final, plus ou moins éloigné ; et cette placidité et ce calme des Français doivent étonner les Anglais eux-mêmes, — et non moins, probablement, les Boches. *Lieutenant* G.

20 *décembre* 1914. — Il pleut presque continuellement et avec ça, un fort vent qui n'a rien de chaud. Je crois que je n'ai jamais tant vu de boue que dans ces pays-ci [Aix-Noulette]. J'ai reçu une lettre de Montbéliard, elle n'a mis que 13 jours pour venir, c'est peu. Pour la première fois depuis quinze jours, il fait une journée ensoleillée, agrémentée de beaucoup de coups de canon. Les nôtres qui nous passent par dessus la tête vont remuer les fesses des Boches et leurs avions qui deviennent parfois trop curieux. M. G., *caporal au* 10ᵉ *chasseurs.*

En Alsace, 1ᵉʳ *janvier* 1915. — Que vivement nous soyons maîtres de ces sâles Boches, afin que cette terrible guerre se termine et que nous soyons rendus à nos familles qui nous attendent avec impatience. Ce sera là le beau jour, mais en attendant, il y a encore bien à faire, mais nous sommes Français, nous sommes courageux, et notre devise est : vaincre ou mourir. G., 49ᵉ *territorial. Secteur* 42.

En campagne [Soissons], 18 *janvier* 1915. — ... Nous arrivons à l'endroit indiqué à 9 heures du soir, et là nous apprenons que la journée a été chaude, que le matin les Allemands ont attaqué en masse avec des renforts considérables et que nos troupes ont tenu héroïquement toute la journée en infligeant à l'ennemi des pertes énormes...
Nous, cavaliers, partons immédiatement à pied dans les tranchées, à 4 kilomètres de là, par une nuit épouvantable. Les tranchées sont pleines d'eau autant par les inondations de l'Aisne que par les eaux de pluie. Les

nôtres bordent la voie ferrée, ce qui, pendant les accalmies, nous permet
de nous mettre sur le ballast où l'on est heureusement au sec. On arrive
même à dormir un peu avec le rail comme oreiller, mais on dort en
gendarme. Les Allemands ne sont pas loin, mais, très éprouvés par le feu
de notre artillerie pendant toute la journée, ils n'ont plus la force de
bouger.

Au jour, la bataille reprend de plus belle. Nos soldats ont été admirables de courage et d'endurance. Non seulement ils sont parvenus à arrêter 50,000 Allemands avançant en masse, mais encore ils regagnaient une
partie du terrain perdu la veille. Quelles brutes que ces chefs allemands !
Ils amenaient leurs troupes en rangs serrés contre nos tranchées, où elles
étaient littéralement fauchées par notre artillerie ; ceux qui échappaient
tombaient sous le feu de notre infanterie. De mon coin, je regardais cela
à la jumelle. Rien que dans l'espace que je pouvais découvrir j'ai vu des
milliers de cadavres.

A la fin de la journée, nos troupes, forcément décimées, et n'ayant
pas encore été renforcées, durent se replier quelque peu, mais dans le milieu de la nuit des renforts nous arrivèrent.

Le lendemain, la lutte recommença. Au milieu de la journée, non seulement nous avions repris tout le terrain perdu depuis deux jours, mais
nous en gagnions d'autre quand l'ordre de se replier arriva.

Que s'était-il passé ? Pendant ces trois jours, il avait plu à torrent.
Sur l'Aisne, les ponts de bateaux qui nous reliaient à notre arrière avaient
été emportés par la crue ; il ne restait que le pont de Soissons, bien exposé et insuffisant. Par prudence, toutes les troupes engagées dans la
boucle formée par l'Aisne furent retirées, car si la rivière avait continué
à grossir, elles auraient été perdues.

Les journaux ont donné le récit de ces combats. Des sceptiques ont pu
croire à un échec français qu'on cherchait à expliquer par la crue de
l'Aisne. C'est à elle seule pourtant qu'il convient d'imputer notre mouvement de *retrait*.

Je puis affirmer que nous étions victorieux, que nous étions en train
de conquérir du nouveau terrain lorsque des ordres supérieurs sont arrivés pour les raisons que j'ai dites.

J'ai vu les inondations de l'Aisne : Nos hommes dans les tranchées
avaient de l'eau jusqu'à la ceinture. Il était d'une prudence élémentaire
de les faire repasser de l'autre côté de l'Aisne.

... Si dans cette bataille de Soissons nous avons perdu du monde, les
pertes allemandes sont *effrayantes et inimaginables*.

G. C., médecin-major.

En secteur, 19 janvier 1915. — Dans notre nouveau village nègre, nous
avons à 500 mètres, à notre gauche, ce qui reste de la fameuse ferme de
Moscou dont il a été si souvent question, un moment dans les communiqués... Mon plus grand travail, quand mon peloton est en première ligne,
consiste à porter les ordres, la nuit, dans la boue jusqu'aux chevilles.
C'est le moment de ne pas perdre le bon sentier, à peine tracé dans la
forêt. Ce soir, j'y suis allé encore et plusieurs obus sont tombés autour de
moi dans les branches. Rien n'est plus impressionnant que de se sentir
seul en forêt et d'entendre le bruit des obus éclatant autour de vous... Une

fois le premier boyau atteint, il s'agit de n'en pas prendre un mauvais et de se rappeler les bifurcations et les tournants. Impossible d'allumer une lumière si près des Boches qui, d'ailleurs, se chargent bien souvent de vous éclairer avec leurs boules lumineuses... Le point de repère pour retrouver son bon chemin est un petit cimetière au bord de la route sur un mamelon. Il y a là une dizaine de soldats déjà. Lorsque dans l'obscurité on distingue les croix, on est un peu rassuré, car on sait que là-bas dans la cagna un bon feu de sapin flambe dans la cheminée rustique taillée dans la craie, et on pense aux copains qui sont dans la tranchée de première ligne, n'ayant que leur toile de tente et leur couverture contre le froid de la nuit. B. S.

Tranchées d'Alsace, 29 janvier 1915. — Je suis heureux de vous apprendre que j'ai un gros garçon depuis le 20 courant. Encore un petit Français de plus, tant mieux ! Le mari d'Angèle est toujours à l'hôpital en bonne voie de guérison. Vous savez probablement que Marcel a été blessé à une main. Le mari d'Estelle est toujours avec moi. Finalement nous sommes encore tous là, et gare les Boches ! E. G., *secteur 42.*

Tranchées, 15 janvier 1915. — Bien souvent j'ai pensé, en méditant dans la tranchée, aux Gustave Aymard et aux Meyne-Reid que je dégustais autrefois. J'y suis donc sur ce sentier de la guerre ; et ce n'est pas le tomahawk de quelque Apache ou Comanche mystérieux qui siffle dans l'air, mais c'est quelque bonne petite balle boche ou quelque crapouillaud ou marmite qui passe au-dessus de votre tête. La nuit, ne faisons-nous pas l'Indien, lorsque, à pas furtifs, nous quittons la tranchée pour aller placer un poste d'écoute ? N'ont-ils pas, eux, des ruses de Comanche et nous, des ruses d'Apache, pour nous démolir réciproquement et tâcher d'avoir quelques chevelures qui, en l'occurence, sont des casques ? N'avons-nous pas fumé le calumet de la paix, lorsque, une nuit, dans le Nord, nous sommes entrés en relations avec eux, que nous leur avons donné du rhum, qu'ils nous ont donné des cigares et que, d'un accord tacite, ni les uns ni les autres n'avons tiré un coup de fusil jusqu'au lendemain soir ? N'avons-nous pas avec nous des tribus amies, Belges, Anglais, Russes, Serbes, et eux, n'ont-ils pas de perfides alliés, Autrichiens et Turcs ?

B. S., *sergent-fourrier, secteur 124*

[Ferme de Moscou, près Baconnes], *9 février 1915.* — Nous habitons dans une forêt de sapins des cahutes en bois de sapin. La maison est, bien entendu, sous terre, couverte de 5 couches de rondins et de terre pour résister au bombardement. Elle se compose d'une pièce servant de chambre de réunion, à côté le dortoir, — un grand grillage recouvert de paille. De la salle de réunion on communique par un couloir souterrain avec la cuisine — salle à manger, également sous terre et recouverte de rondins. Dans chaque pièce, une cheminée comme on n'en fait que dans les chics maisons : la craie du sous-sol se prête à cela. On ne peut pas faire de feu le jour, à cause du bombardement attiré par les fumées. On fait du feu la nuit ; le jour, on brûle du charbon de bois. Nous avons surnommé notre installation : *les Abeilles.*

5 *mars* 1915. — ... On ne peut pas vivre avec les morts. Aussi hier soir, à 11 h. ½, *dans la Villa des Trois-Fourriers*, on oubliait les événements de la veille... P. B. était notre hôte, et il fallait entendre la vie qu'on menait dans notre souterrain à cette heure indue, à la clarté d'une bougie. L'un de nous fredonnait le refrain de la Marseillaise, l'autre sonnait la charge, le troisième simulait le bruit des mitrailleuses et le quatrième criait : « En avant, à la baïonnette ! » Il ne manquait que l'adjudant qui loge avec nous pour faire le bruit du canon. Et comme il dormait depuis deux heures, nous le réveillâmes brusquement. Sur quoi, il nous dit : « Hé ben quoi ! vous devenez fous, bande de c...». Paroles déplacées pour un instituteur, lui fîmes-nous remarquer. Sur ce, satisfaits de notre attaque, nous sommes allés nous coucher, comme je vais le faire maintenant, car il est 11 heures.   B. S.

Calonne Ricouart, 12 *mars* 1915. — Je suis actuellement peu éloigné des cannibales qui souillent notre beau pays de France et, d'ici, on entend la grande voix des canons. Mais le 10 au matin pendant près de 4 heures, une formidable bataille se livrait près de la Bassée : les maisons tremblaient, les 75 faisaient un bruit de tonnerre continuel pendant que les grosses pièces dominaient, sans interruption, ce vacarme de leur grande voix.

... Enfin patience et espérance, que l'on écrase ce militarisme prussien vivement, pour rentrer dans sa famille et revoir ses amis.   F.

Dans les Vosges, 30 *avril* 1915. — ... Sur le front, tout le monde est gai, joyeux, plein d'entrain. Les seuls moroses sont les derniers arrivés de l'intérieur. Au bout d'une semaine, ils chantent comme des pinsons.

... Quant à nous, artilleurs, nous avons sur les fantassins l'avantage inappréciable de n'avoir pas le temps de nous ennuyer. On casse des Boches pour tuer le temps.

Personnellement, je suis tour à tour : observateur dans les tranchées, électricien, téléphoniste, mécanicien-ajusteur, orienteur, géomètre, dessinateur, photographe, parfois vétérinaire et même... artilleur.

... Aujourd'hui, calme complet ; une légère pluie, ce matin, a mis du brouillard sur la crête, maintenant le soleil brille, et c'est un spectacle merveilleux que les cerisiers en fleurs dans la plaine, alors que sur la montagne on voit encore des taches de neige. Les promenades dans les bois de sapins sont épatantes. Avec la fusillade constante, mais peu intense, il me semble toujours faire l'ouverture de la chasse et entendre la société de chasse de Montbéliard tirailler, sans grands résultats d'ailleurs. Pour parler maintenant de choses sérieuses, les nouvelles militaires actuelles sont mieux que bonnes. Je crois que nous serons prêts à démarrer d'ici peu. Si nous avions eu des munitions, je ne dis pas en septembre, mais en janvier. nous serions loin d'ici. Je crois qu'on nous en fabrique maintenant pas mal. Nous comptons faire l'ouverture de la chasse sur le Rhin.   *Lieutenant* F.

22 *juin* 1915. — Dernièrement, nous avons été alertés et sommes allés plus près du front dans la région où 11 divisions allemandes prononçaient une attaque arrêtée, dit le communiqué, par une dépense de

3oo.ooo obus. Il est de fait qu'il y avait un effroyable potin mais nous n'avons pas eu l'occasion de donner et sommes revenus dans notre château-caserne.   *Secteur* 124

6 *juillet* 1915. — Il fait une chaleur terrible ; le soleil tape fort dans la tranchée et dans les boyaux ; il se reflète sur la craie, tout est blanc. Nous ne sommes plus des diables bleus mais des plâtriers. Les sapins décharnés et ébranlés par les obus sont recouverts d'une poussière blanchâtre.

Hier, première journée dans les nouvelles tranchées, les Boches nous étrennent avec une quarantaine de 15o sur un front de 200 mètres. La terre vole, les sapins se soulèvent, un épais nuage de poussière noire et blanche envahit les tranchées, à tel point qu'on croirait voir leurs fameux gaz. Heureusement, les hommes se sont mis dans les abris souterrains car un de leurs abris d'escouade a été défoncé malgré l'épaisse couche de terre et de rondins. Enfin, l'avalanche passée, on constate que, sauf la cagna éventrée, une tranchée de tir un peu démolie et quelques boyaux en partie comblés, il n'y a pas de mal. On a un peu soif, mais cela se supporte ; l'eau qu'on nous apporte est blanche mais assez fraîche.   S., *Secteur* 124

Tranchées, 20 *juillet* 1915. — ... M. Wuillequez, à l'École Modèle, nous a appris à lire dans les *Chants du soldat*. J'ai dans mon sac une édition de ces chants et, aux moments difficiles, l'hiver dernier, parmi les terribles épreuves du froid, de la boue et de la faim, les lire me réconfortait. Les airs que ce brave M. Wuillequez nous a appris, je les ai tous retenus ; et je les chante à mes poilus.

Vous ne sauriez croire combien le souvenir que m'adresse ma ville natale, m'est sensible. En effet, dans le milieu où nous nous trouvons, la vie que nous menons, les villes que l'on a habitées ne comptent plus, on est de telle ou telle région, de tel ou tel pays. Et que la ville elle-même me confirme que je suis toujours des vôtres, c'est un des plus grands plaisirs que l'on ait pu me procurer. Si je suis fier d'être ici, soyez sûr que je suis fier aussi d'être *Trissu*. Pour vous remercier tous, je pense que la meilleure façon est de vous dire, à vous autres qui attendez les grands beaux jours, que notre moral au front est excellent, que nous sommes tous forts, tous résolus, que les Boches ne nous inspirent aucune crainte. Nous les avons vus, *de dos*, à Hébuterne et à la ferme Toutvent, il y a un peu plus d'un mois. Nous avons fait un massacre du 170e bavarois, un régiment de la garde du kronprinz de Bavière, et nous attendons qu'on nous lâche à nouveau sur eux, lorsque — nous le savons — nos approvisionnements seront à hauteur de la tâche à accomplir. Je vous le dis, allez, vous verrez de beaux jours.

            E. D., *sergent au* 75e *d'infanterie, secteur* 114.

[*Vitry-le-François*], 31 *août* 1915. — ... Nous avons réussi au mieux possible au prix de quelques sacrifices, hélas ! mais qui sont loin heureusement d'être aussi grands qu'on pouvait le craindre. Les chasseurs ont été splendides. Quels cruels et émouvants spectacles j'ai eus sous les yeux ! Nos blessés ont fait l'admiration de ceux qui les ont vus. Enfin, le groupe a fait au-delà de ce qu'on pouvait attendre de nous...

[En Champagne], 24 *septembre* 1915. — D'ici quelques jours, nous aurons le plaisir d'enfoncer les Boches, ce qui se fera sur tout le front. C'est une proclamation de Joffre qui le dit et précise même que la poursuite se fera jour et nuit... Je profite d'un compatriote de Longevelle qui part travailler aux usines Peugeot pour vous faire parvenir cette lettre. J'espère que ma prochaine lettre sera écrite de l'autre côté des tranchées boches.

29 *septembre* 1915. — ... Je vous envoie cette carte pour vous faire part des deux blessures que j'ai reçues le lendemain de l'attaque [en Champagne], qui a si bien tourné pour nous. On est très heureux de marcher quand c'est bien mené. Nous étions tous contents d'aller de l'avant. Je vous assure que ça fait tout de même quelque chose de voir tant de monde en ligne. Mais sur le moment, on ne pense à rien.

[En Champagne], 30 *septembre* 1915. — Tout marche bien et nous continuons à manger du singe et de la *gulasch* des Boches comme supplément, car par suite du bombardement notre ravitaillement se fait maigre.

St-Remy-sur-Bussy, 1er *octobre* 1915. — Nous étions dans la chaude affaire de Perthes où l'on nous a mis en réserve immédiatement derrière le bataillon qui attaquait la fameuse butte de Tahure, en face la cote 193. Par trois fois, l'attaque fut essayée et trois fois échoua. Les coloniaux et l'infanterie n'y purent rien. Nous avons progressé de 7 à 8 km., par là, sauf à droite et à gauche où la cavalerie dut revenir ; mais nos pertes sont insignifiantes par rapport aux Boches. Ce n'est pas croyable.

Jamais le colis de rhum n'est venu à propos, c'est-à-dire au Trou Bricot, près de l'Arbre... Voyez le croquis du *Matin*, du 28, je crois. On la pilait ; car les routes de Perthes à Sommes-Suippes étaient bombardées furieusement. Le colis de biscuits et de gâteaux faisait à notre repas un complément que notre général ne devait peut-être pas avoir. Le terrain est littéralement haché et bouleversé. On a envoyé des millions d'obus asphyxiants, incendiaires et autres, des torpilles aériennes. Dans le nombreux matériel boche que l'on a pris, j'ai vu leur fameux appareil à lancer des flammes. Il faut plusieurs trains pour emporter le matériel qu'ils ont abandonné en s'enfuyant. J'ai vu de mes yeux plus de 5000 prisonniers dans le seul endroit où nous sommes passés. Mais les Boches ont du se ressaisir car ça retape et on n'avance plus que lentement. Dans une cagna, on a trouvé sur son lit le cadavre d'un lieutenant boche, tué en se réveillant ; il avait encore ses binocles sur le nez. Ils avaient installé une brasserie pouvant contenir 200 personnes avec tables, etc. ; des journaux étaient suspendus aux murs. Quant aux Boches tués, il y en avait des tas...

S.

2 *octobre* 1915. — Nous avons élu domicile sur la frontière, à un col bien connu. Notre champ d'action s'étend des lacs Blanc et Noir au Rheinkopf en passant par la Schlucht, le Honeck, le Spitzenkopf et le Kastelberg; il comprend aussi la partie du versant alsacien située entre les crêtes et la ligne de feu. Le travail qui se fait sous le canon de l'ennemi ne peut toutefois s'effectuer que de nuit et n'est pas exempt de dangers. Toutefois il est intéressant. Depuis le début de la campagne, je n'ai pas

cessé en effet de travailler dans l'entourage immédiat d'un colonel du génie... J'assiste ainsi à la fois à l'éclosion des projets et à leur réalisation, ce qui ne manque pas d'intérêt.

La vie matérielle offre moins d'attraits. Dans notre petite cabane de bois, au milieu d'une forêt de sapins dont les branches la dissimulent aux avions ennemis, la vie n'est pas d'une gaieté folle. Des surprises désagréables telles que des bombardements de nuit nous attendent parfois. Il est vrai que, par une chance extraordinaire, les dégâts ont été jusqu'ici purement matériels. *M., sapeur au 8e génie.*

9 *octobre* 1915. — Cela nous fait du bien au coeur de voir qu'au pays on pense aux absents, à ceux qui se battent, et cela nous encourage pour continuer la lutte à outrance, jusqu'à la victoire complète du droit et de la liberté. *E. M., conducteur au 39e régiment d'artillerie.*

11 *octobre* 1915. — ... Je vous parlerai un peu comment la division s'est conduite pendant l'attaque, car il ne doit plus guère en rester. Le vendredi nous montons derrière le 3e bataillon qui prenait les tranchées. Toute la nuit nous avons travaillé jusqu'à 3 h. ½ du matin. Après, nous avons reçu chacun trois grenades. A 7 h. le capitaine nous dit qu'on attaquait à 9 h. ½. Il ne faut pas demander si le coeur nous serrait à tous. A 10 h. moins le quart, la première vague sort des tranchées et s'élance, mais ils furent arrêtés par les mitrailleuses boches qui les fauchaient, ils sont presque restés tous sur le terrain. Il y avait un bataillon. Alors ils ont demandé de l'artillerie qui a tiré sur les tranchées. Après, notre bataillon de sortir.

Vous pouvez croire que ça nous a coûté cher, surtout au 35e et au 42e qui étaient sur notre gauche.

Nous prenons trois lignes de tranchées. Arrive le soir, on n'avait pas encore pris le bois. La nuit de samedi, très calme ; pas beaucoup de coups de canon.

Je vous jure que ça tombait, la pluie de samedi à dimanche, le matin à 2 heures.

Le colonel demande l'effectif qu'il y avait pour le régiment. Nous avons su par les chefs que, à 4 h. du matin, il restait au 35 : 375 hommes, gradés compris. Alors notre colonel a été obligé de demander 1 bataillon du 44e et 1 du 54e, pour renforcer le 35e. Le matin, nous prenons le bois d'assaut ; nous faisons beaucoup de prisonniers et une batterie de 105 avec le capitaine et ses hommes. Je vous garantis qu'on était content. Nous allons dans leur camp derrière les cinq lignes qu'on avait prises mais les hommes avaient diminué ; il y avait au moins huit mètres de fil de fer barbelé à traverser. On ne pouvait pas aller comme ça. On a fait bombarder la tranchée jusqu'à 1 heure, et on part. Mais pas sitôt sortis que nous étions fauchés. Alors on s'arrête, et nous demandons de l'artillerie qui rebombarde. Alors, à 2 heures, nous recommençons. La première vague va bien. Nous en envoyons une autre. Et c'est là que je suis été blessé, tout près de la tranchée. La balle que j'ai reçue au bras droit a été tirée à bout portant car elle a brûlé les chairs. Et l'autre, je l'ai reçue sous le cou et c'est près de la carotide. Enfin, après, je ne sais plus si on a avancé ou bien reculé, mais j'ai vu sur les journaux que ce point a été très difficile à prendre.

En retournant pour prendre une auto pour me diriger sur l'hôpital de Suippes, que de morts sur le terrain et de blessés ! C'est affreux à voir. Les uns, plus de jambes, plus de bras ni de tête ; d'autres partagés en deux. Quand on marche en avant, on n'y fait pas attention, mais en revenant en arrière, que c'est triste de voir tout ça.

Un de mes copains, qui est resté jusqu'au 5ᵉ jour, me dit que le capitaine, les deux lieutenants sont morts, et les deux adjudants tués aussi, et qu'il restait 3o hommes pour la compagnie...

E. B., 35ᵉ Régiment d'infanterie.

11 octobre 1915. — ... J'espère bien que je pourrai rendre à la ville de Montbéliard ce qu'elle m'a fait de bien. En attendant, je ne cesserai de me battre pour la France et pour la liberté des peuples.

E. A., 235ᵉ régiment d'infanterie, secteur 42.

20 octobre 1915. — Vous avez pu être content ces jours-ci à la lecture du communiqué. Quel matériel ! que de choses ! Nous avons passé quelques jours pénibles mais combien intéressants ! Moral très élevé, beaucoup d'entrain. Un peu trop de pluie, par exemple !

Capitaine G., secteur 124

Orléans, 3o octobre 1915. — Le colis ainsi que l'argent m'ont procuré un énorme plaisir : de voir qu'on n'oubliait pas les Montbéliardais. Mes blessures sont très bien et bientôt j'espère être debout et reprendre ma place à côté de mes camarades. Et du courage, l'on en aura toujours.

P. R.

2 novembre 1915. — La liberté a disparu depuis 14 mois et nous ignorons quand nous pourrons enfin « retrouver la parole perdue ». Le cabinet noir fonctionne comme aux plus tristes jours de notre histoire et nous n'avons rien à envier à nos aïeux du temps de la Terreur blanche. Plus que jamais, le silence est de rigueur, mais il n'empêchera pas les consciences de se libérer un jour et les langues de dire ce que les yeux ont vu.

C. M., secteur 97.

9 novembre 1915. — Je vois que la ville de Montbéliard n'oublie pas ses mobilisés qui sont sur le front pour défendre notre chère patrie. Nous sommes 5 garçons sur le front, dont deux sont déjà tués et parmi ces deux l'un qui était sergent, a été cité à l'ordre du régiment et à l'ordre du 16ᵉ corps et a eu la médaille militaire. Nous ferons notre devoir jusqu'au bout.

C., 49ᵉ territorial, secteur 161

[En Champagne], 2 décembre 1915. — Il est maintenant 5 h. 45 du matin, le jour ne tardera pas à venir ; je veille depuis 3 heures au téléphone. Quel silence dans notre cave ! On n'entend que le bruit de ma plume, la respiration de K. qui dort ainsi que son ordonnance, quelques souris grattant dans la litière...

B

5 décembre 1915. — ... Je continue mon devoir de soldat jusqu'au jour où je serai près de vous, dans ce vieux Montbéliard si attendu déjà depuis seize mois. Recevez de votre combattant les meilleurs vœux de santé et de bonheur.

J. L., 42ᵉ régiment d'infanterie.

Lyon, 6 décembre 1915. — Je viens de subir une opération. J'ai été blessé à cette grande attaque de Champagne ; j'ai eu beaucoup de misères mais il le faut pour vaincre ces sâles Boches, nos ennemis, et s'il faut encore donner le reste de ma vie, je le ferai comme un véritable Français.   Z.

25 décembre 1915. — ... Je suis toujours au grand complet, j'ai mes quatre membres en bon état. Le moral est toujours excellent comme d'ailleurs pour tous, ici. On ne voit en première ligne que de joyeux lurons, et, à part le service, je crois qu'on parle beaucoup plus de femmes que de politique. ... Nous constatons de plus en plus que le moral des Boches baisse, et nous espérons que le printemps prochain nous amènera dans les plaines d'Alsace et dans la Forêt Noire.   *Lieutenant* F.

En Alsace, 28 décembre 1915. — Si la guerre que nous subissons doit finir par les armes et que d'autres facteurs n'interviennent pas, je crains bien que ce soit encore long...   T., *maréchal des logis,* 9ᵉ *artillerie*

Camp retranché de Salonique, 12 *janvier* 1916. — Croyez que je ne souhaite qu'une chose, c'est la victoire et l'anéantissement de cette maudite race boche qui, espérons-le, une fois écrasée, nous permettra de vivre dans une vie de liberté et fera que tous les sacrifices et les pertes humaines n'auront pas été vains...
H. D., 235ᵉ *régiment d'infanterie, secteur* 508

15 *janvier* 1916. — Je vous dirai que le temps me dure bien que cela finisse par une victoire prochaine et de me trouver à Montbéliard. Nous ne lâcherons pas avant la délivrance complète de ces barbares.
Ch. V., 1ᵉʳ *sapeur-génie, secteur* 44

[*En Alsace*], 20 *janvier* 1916. — Je pense aller en permission dans les derniers jours de février et espère en profiter pour voir beaucoup d'amis et leur remonter le moral, s'il est trop bas. Ici, dans les altitudes élevées des Vosges, il est forcément très haut, et la chute du mont Lowcen ou même du Montenegro nous atteint infiniment moins que celle de la pluie neigeuse qui nous noie en ce moment dans la boue.
... De plus en plus, d'après les spécimens qui nous arrivent d'en face, la qualité du Boche baisse, alors qu'au contraire, de notre côté, nous voyons la valeur militaire de ceux qui nous restent, croître sans cesse. Donc, bon espoir !
Par contre, les poilus d'ici sont très malheureux quand ils sont fumeurs. Il y a impossibilité de se procurer des allumettes-tisons ou des journée sans vent, ce qui fait qu'il est presque difficile de fumer ou plutôt d'allumer une pipe. Quand j'irai en permission, je m'adresserai certainement à notre député pour faire cesser cet état de choses qui est devenu intolérable.   *Lieutenant* F., *secteur* 44.

28 *janvier* 1916. — Merci à vous et aux généreux donateurs qui sont assez bons pour penser aux pauvres poilus qui combattent en ce moment pour la liberté du monde contre l'impérialisme allemand et la fameuse *Kultur.*

14*

Malheureusement, je suis pour le moment en traitement dans un hôpital, à St-Chinian, où j'espère ne pas rester longtemps pour retourner, après une courte permission qui me permettra d'aller embrasser les miens, reprendre ma place parmi les défenseurs de la patrie. Jusqu'au bout : mort aux Boches et aux tyrans qui les conduisent ! Vive la France et ses Alliés ! Vive la liberté !

E. M., 108e Régiment d'artillerie lourde.

Aux Armées [Verdun], 6 avril 1916. — [Actuellement, le combat se continue acharné sur certains points et vous permettrez à un acteur de ce grand drame de vous narrer un épisode très récent de cette bataille gigantesque.

Je ne vous dirai pas le lieu, mais vous le devinerez, car c'est celui qui a été le théâtre des plus furieux assauts allemands.

L'autre jour, en première ligne, je me trouvais avec ma section de mitrailleuses ; — après avoir subi durant plusieurs heures un bombardement comme je n'en ai encore jamais vu durant toute la campagne, l'infanterie allemande se rua à l'assaut de nos tranchées. Elle sortit en rangs serrés, fonçant droit sur nous.

Ce fut un spectacle inoubliable, et il n'existe pas de mots pour le traduire.

Sous les feux nourris de mousqueterie et de nos nombreuses mitrailleuses, les hommes s'effondraient par quatre, par 8, tourbillonnaient sur eux-mêmes et s'abattaient définitivement au milieu de nuages de poussière. Aussitôt le 75 donna, implacable, dans les rangs ennemis, avec une précision admirable ; les obus tombaient et faisaient sauter en l'air des sections entières. Vision horrible mais combien réconfortante !...

Malgré ce massacre, les vagues ennemies sortaient toujours à l'assaut et se faisaient faucher presque aussitôt ; au bout de quelques minutes, devant l'inutilité de leurs efforts, les Allemands se tinrent tranquilles.

Le crépitement de nos merveilleuses mitrailleuses et la canonnade se ralentirent peu à peu ; et le calme se rétablit quelques instants après.

Devant notre muraille vivante, un bataillon allemand gisait inerte entre deux lignes. Chacun de nous, après ces terribles instants vécus, se regardait, et l'on pouvait lire dans nos yeux un sentiment de contentement et de grande confiance.

Tout le monde avait fait son devoir, froidement, avec un calme dont ne se départit jamais un « vieux » de la campagne !   *Lieutenant* P.

11 *avril* 1916. — ... En attendant cela, il faut finir cette guerre et chacun s'en retournera chez lui, la conscience tranquille d'avoir lutté jusqu'au bout pour la liberté et le droit.   L., 140e *régiment d'infanterie*

Mailly-le-Camp, 27 mai 1916. — Hier, grande revue au camp. Par hasard, je me trouvais bien placé, derrière la plateforme présidentielle. Nous devons être même de toutes les photos.

Dans un vallonnement, impeccablement alignés, les sept mille, rangés par carrés de bataillon, trois à droite, trois à gauche, attendaient, absolument trempés : la pluie ne décessa point. Pour la première fois déployés, les deux superbes drapeaux de soie, imagés, vrais gobelins, séparaient les deux régiments. Les séparaient aussi les deux petites fanfares russes (une quinzaine d'hommes chacune, mais qui font le bruit de trente) et celle française. Les continuaient les deux compagnies de mitrailleurs (la bretelle de la carabine, blanche) et le bataillon de dépôt (épaulette rouge).

Impressionnant, formidable taillis humain, silencieux absolument ! A l'arrivée des autos, sept mille fusils apparurent, levés au « présentez, armes » d'un choc net : clac ! Les colonels, au galop, chevauchant chacun sur le front de leur régiment respectif, déclenchèrent alors, à chaque levée de sabres, de formidables hourras... Cependant que notre Président, en touriste bleu gris, guêtres jaunes, casquette-voyage (assez russe pour la circonstance), descendait tout simplement de voiture. Tout aussi simplement, le général commandant la brigade, veste kaki et pantalon d'artilleur, casquette russe, la poitrine couverte de décorations, vint, d'une chevauchée simple et svelte, modèle d'esthétique militaire, saluer d'un sabre preste. Donc, ce fut les présentations : monsieur l'ambassadeur russe, les généraux Gilinski, Roques (défiguré d'un côté par une lie de vin, mais qui se soucie peu de paraître), Gouraud (la manche droite vide), Duparge, etc... Et monsieur Poincaré parcourut la longue haie humaine, saluant chaque unité, puis revint, toujours avec sa suite, assister, debout sur la plateforme, au défilé qui commença.

Madame Iswoski, dame de l'ambassadeur, accompagnait son éminent mari, mais se tint dans une tente, élevée près de la tribune des dames du camp.

Ils défilèrent sur deux rangs, l'arme en position de charge, et par vague de compagnie. Et ce fut sauvage magnifiquement, à chaque passage, le cri au chef d'État, crié de toutes leurs forces, mâchoires béantes : « Nous saluons votre Haute Excellence ! », répondant au « Spacebò malàttchi », flûté en russe par monsieur Poincaré lui-même (« merci, mes gaillards ! »).— En effet, rien que pour avoir si passivement subi, aux heures d'averse ils méritaient bien ce merci-là.

Avec l'accolade, il fut remis au général de la brigade la cravate de commandeur, aux deux colonels et médecin-chef, la Légion d'honneur. Félicitations, embrassades... On alla déjeûner et moi aussi... Naturellement aussi, la pluie cessa, dès qu'il n'y eût plus à rester dehors. Midi.

A part ça, l'entraînement continue : ils ont commencé les tirs, théorie de la mitrailleuse française, etc. En rase campagne, on progresse comme nous par vagues ; rassemblés, on manœuvre généralement par demi-compagnie. Ça ne diffère guère de ce que nous faisons. Il y a plus d'ensemble peut-être, mais trop lourd,— et ça tient plus au tempérament qu'aux bottes, car elles sont très légères : une belle chaussure de guerre.

Les prières du soir commencées au signal de la première sonnerie de l'appel, les hommes alignés devant les baraques par tous les temps, tête nue, psalmodiant gravement les graves psaumes orthodoxes, — comme tableau, restent le clou. On entend cette immense rumeur harmonieuse à trois kilomètres, depuis la gare ! — Même avant de prendre les plats, là, devant la cuisine, on chante un bout de prière : ça fait partie de l'entraînement. C'est beau d'ailleurs : le rite n'est point trop machinal, mais sérieux, passif, convaincu....

Sergent J. V., du groupe cycliste de la 8ᵉ D. de cavalerie

En Macédoine, 30 mai 1916. — Je suis en Orient, en pays sauvage habité par des gens de toutes nations, Turcs, Grecs, Serbes, etc. Les villages sont en partie détruits ; il faut toujours être sur le qui-vive. On ne trouve rien à acheter. Pays montagneux et non boisé, pas même cultivé ; terre bonne à son aspect mais pas de travail de la part des habitants.

E. G., caporal.

10 septembre 1916. — Je regrette le groupe cycliste dissous, pour bien des choses, pour les camarades dispersés dans six bataillons de chasseurs différents, pour quelques-uns de nos bons chefs, pour nos machines à quoi nous tenions comme le cavalier à son cheval, pour le groupe lui-même que j'avais vu naître, qui a fait du bon travail et qui commençait à avoir sa fière petite histoire dans la grande qui est en train de s'écrire, pour son fanion décoré de la croix de guerre à deux étoiles....

B. S., 107e B.C.P.

1er octobre 1916. — ... Je vois qu'à Montbéliard on est patriote et comme on dit ici [Verdun], je crois aussi qu' « on les aura ».

S., sergent.

Niccy, 20 octobre 1916. — Par un permissionnaire d'Audincourt, je vous envoie cette lettre.

... Je vous écrirai de nouveau lorsque nous serons revenus de Verdun où nous devons coopérer à une petite opération peu importante. D'ailleurs nous avons été pendant huit jours déjà dans Verdun même d'où nous allions travailler à Fleury et au fort de Souville que les Boches avaient pris, étant même allés bien au-delà... Tout cela n'a jamais été su.

Le fort de Souville a été repris heureusement ; on dit aussi ici que sous peu on tentera de reprendre le fort de Douaumont.

[Sous Verdun], 26 octobre 1916, 20 h. 30. — Toujours en bonne santé après de bien dures épreuves. Nous avons bien travaillé mais non sans peine. C'est ici presque l'enfer, mais enfin on est bientôt relevé... Nous n'avons plus qu'un officier.

10 novembre 1916. — Nous voici enfin de retour de Verdun ; il n'est pas trop tôt d'être sorti de cet enfer.

Nous avons bien travaillé puisque Douaumont est pris. Nous occupions l'ouvrage de la Fausse Côte et nous y avons reçu quantité de marmites. Sans mon casque, j'y passais. Un de mes caporaux a été coupé en deux et un sergent qui était avec moi dans la tranchée que nous avons creusée a été presque enterré, de même qu'un autre de mes caporaux et un homme. Nous avons travaillé un quart d'heure pour les dégager, nous aidant des mains ; j'ai les bouts des doigts entamés.   B. S., sergent.

23 décembre 1916. — De mon P. C., au travers des rafales de vent, de pluie... et du reste... Troisième anniversaire dans les tranchées. Sera-t-il le dernier ? On finirait par s'y habituer. Il y a un tel mouvement, des choses tellement curieuses à voir tout autour de soi, qu'en vérité, quand on les voit, on regretterait d'avoir manqué le coup d'œil.

Seulement, l'avenue de la gare de Montbéliard, autrefois réputée pour son épaisseur de boue, est largement décovronnée...

Capitaine G., secteur 193

8 *janvier* 1917. — Demain nous partons à... où le Président de la République doit nous remettre la fourragère résultant de la citation obtenue pour la deuxième fois par notre bataillon, car notre participation aux affaires de Douaumont et d'Hardaumont, nous a valu chaque fois une citation à l'ordre de l'armée et pour chacune, une permission nouvelle avec deux jours supplémentaires, — ce qui est le plus agréable.

S., sergent au 107e chasseurs, secteur 161

5 *avril* 1917. — Cher parrain, nous sommes revenus en campagne. Je crois que dans quelques jours le bal va commencer. Je crois que les Boches vont prendre quelque chose. Il faut bien espérer que l'offensive va continuer et que ma chère famille sera délivrée des mains de ces sales Boches, car voici le bon temps qui s'approche.

P. B. (filleul de la ville), 84e régiment d'artillerie lourde.

4 *mai* 1917. — ... Nous avons marché un mois sans lâcher ; nous sommes partis du département de l'Aisne, nous l'avons traversé, puis la Marne, puis l'Oise, tout cela à pied. Et puis, les Boches qui battaient en retraite... Quand nous sommes arrivés : les ponts tous sautés, les maisons toutes brûlées, les arbres tous coupés. C'est un vrai désastre, un aspect affreux à voir. Jamais nous ne leur rendrons ce qu'ils nous ont fait, car le Français n'a pas le cœur assez barbare pour cela. Et pendant tout ce voyage, nous n'avions pas même le temps de nous laver la figure... Avec cela nous ne trouvons rien dans ces pays dévastés. Ainsi, je vous écris à 10 heures du soir, dans une loge à cochon qui est restée debout et je me suis installé dedans. J'ai une petite planche sur mes genoux et je suis accroupi pour pouvoir écrire... Enfin, malgré tout, je pense qu'on les licadra, ces infâmes Boches.

F. L., 140e régiment d'infanterie, train de combat de la S. H. R.
Secteur 114.

9 *mai* 1917. — Pour l'instant, nous sommes tous hors de portée des obus boches et... français aussi. Figurez-vous, pendant plus d'une heure, toutes les pièces françaises faisant un tir de destruction, mais *sur nous*. Erreur de tir de plus de 1 km. tant pour les 75 que pour les 155. Plus de 50 fusées demandant d'allonger le tir furent lancées sans résultat (et au grand plaisir des Boches) à nos artilleurs qui n'en firent rien. Puis alors, les Boches, à leur tour, nous marmitèrent ... Ce ne fut que sur l'ordre des la brigade — et combien de temps après — que le tir cessa...

[*Westvleteren*]. 31 *juillet* 1917. — L'attaque a commencé ce matin à 4 heures. Une canonnade effroyable ne cesse de tonner. Il est 11 heures et d'après les derniers tuyaux, on aurait avancé de 3 kilomètres. Le canal de l'Yser est franchi... A notre droite et à notre gauche, les Anglais tapent comme des sourds. Nos 75 ont passé le canal et continuent leur vacarme ainsi que les grosses pièces lourdes qui sont autour de nous et qui attendent les tracteurs à chenille et les tracteurs automobiles pour aller de l'avant. Les troisièmes lignes boches sont occupées par nous, nous dit un blessé du 1er régiment d'infanterie, que nous interrogeons au passage...

19 h. 30. — Changement de décor... Demain matin, nous touchons grenades, pistolets, etc., c'est-à-dire que nous montons en ligne. Ça barde toujours.

[En Belgique], 10 août 1917. — Nous sommes depuis trois jours dans la boue glorieuse. Vu passablement de Boches la nuit et nez à nez. Chance incroyable ! P. et B. vont bien. Eau et boue en quantité, malgré le beau temps. C'est presque une guerre de rase campagne.   S.

7 novembre 1917. — Espérons que le printemps prochain nous ouvrira des horizons meilleurs et que l'on tiendra le bon bout pour ne plus le lâcher.   T., 8e artillerie à pied, secteur 184.

23 avril 1918. — Nous avons attaqué et progressé, puis nous avons repoussé une forte attaque. C'était un plaisir. J'avais une de mes équipes embusquée à une fenêtre du rez-de-chaussée d'une ferme, qui fauchait les Boches sitôt qu'ils se levaient. Puis, moi avec deux bons tireurs, nous sommes montés au premier étage et, à l'aide de mes jumelles, je signalais ceux qui pour échapper rampaient derrière leur masque de terre ou derrière des buissons. J'ai vu mordre la poussière à sept ou huit, de cette façon.

24 avril 1918. — Le temps de remettre cette lettre au vaguemestre et je vais au cimetière du village où se trouve enterré mon camarade S. Le cimetière se trouve autour du village. Les obus y tombent dru et de gros calibre, mais je dois bien cela à ce pauvre vieux.

13 mai 1918. — Ma compagnie est citée pour ce qu'elle a fait dans la Somme et ici dans les Flandres. Il est vrai que nous en avons mis un sérieux coup. Un des épisodes dont je garderai mémoire est celui-ci...
Le plus beau spectacle dont je me souviendrai est celui de ma compagnie traversant le barrage en ordre parfait, au pas, le capitaine en tête, canne à la main, toutes ses décorations étalées, légion d'honneur, médaille militaire, croix de guerre avec palmes et étoiles et médailles coloniales. A chaque tranchée anglaise que nous franchissions, c'est une ovation : « Bonne Français ! Bonne ! Hip ! Hip ! Hourra ! » C'était réconfortant.   B. S.

7 juin 1918. — Je serais bien heureux de recevoir de vos nouvelles. Ça m'est un réconfort et on en a besoin par le temps qui court. Voilà 12 jours, ça a été dur. J'ai eu la satisfaction de provoquer par mon bataillon, l'enthousiasme d'un régiment voisin que je dégageais par une contre-attaque. J'ai eu bien des marques d'estime, d'affection, des félicitations.

11 juin 1918. — Ici, ça va ! J'ai perdu pas mal des miens. On est très content de nous, de mon bataillon en particulier. J'en suis très fier. Un si beau et si bon bataillon ! Le voilà remonté à neuf ou presque, aujour-

d'hui ! Figures nouvelles mais bonnes figures. Il faudrait les avoir quinze jours en mains. Mes deux camarades (chefs de bataillon) sont l'un prisonnier, l'autre blessé. Moi j'ai réussi à n'avoir qu'une égratignure au bras ! Avec des jeunes ! reçus de la veille, j'ai fait une contre-attaque comme jadis au Mont-Chevis : une belle manœuvre mais avec quelques balles de mitrailleuses... par exemple. J'ai eu de la pure fierté.

Commandant X.

Aux Armées, 13 *juin* 1918. — Depuis quelque temps, nous boulotons quelque chose comme kilomètres en auto ; on en est rassasié.

Mais chaque fois que nous quittons un endroit pour venir vers un autre point menacé, les Boches attaquent vers l'endroit que nous venons de quitter, ce qui fait que nous ne faisons que faire la navette.

Comme aviation, les Boches n'existent pas, les nôtres ne les laissent pas sortir. Ils ne sortent que la nuit et nous balancent quelque chose comme bombes... Ça descend par douzaine à la fois, ran... ran... ran.... ran... Mais les nôtres leur en font pis encore. Au cours du dernier combat, ils ont attaqué un village au nombre de 60. Ils l'ont arrosé de bombes puis mitraillé, si bien que les Boches affolés s'enfuirent.

Mais il est regrettable que malgré tout cela, les Boches continuent d'avancer, car, malgré tout, ils progressent toujours...

23 *juin* 1918. — Toujours en ...ᵉ ligne, dans un gros village complètement démoli par les obus. Heureusement que les caves, taillées à même la roche crayeuse, offrent un abri à l'épreuve des grosses marmites ; mais il ne fait pas bon dans la rue principale du village balayée par les obus.

Néanmoins, pendant les accalmies, nous montons au rez-de-chaussée d'une maison où se trouve un piano intact ! On joue et on chante à tue-tête jusqu'à ce que quelques obus tombant à proximité, nous font rentrer dans nos tannières...

S.

4 *juillet* 1918. — Aujourd'hui, fête nationale de l'Amérique. J'espère que la ville de Montbéliard fêtera cette fête avec entrain et fierté car ces braves gens sont venus du bout du monde verser leur sang pour le droit des peuples et la civilisation.

... J'ai un de mes frères qui a été blessé. Un éclat d'obus lui a coupé le bras gauche. On l'a amputé. Mais aussi on voit briller sur sa poitrine la médaille militaire et la croix de guerre. C'était pour la troisième fois qu'il était blessé. Il combattait comme un lion jusqu'à bras le corps avec les Boches. Il était au 28ᵉ bataillon de chasseurs alpins. Il a fait son devoir.

F. L.

Camp des Cercottes, 18 *juillet* 1918. — Des nouvelles du front ?... Elles sont bonnes pour les premiers jours du choc. Depuis presque 4 ans, c'est un peu drôle pour moi de ne pas me trouver dans quelque coin de la bagarre. Pour le moment, j'ai une administration un peu hétéroclite : pas mal de mécaniques et de mécanos, quelques soldats-militaires provenant d'un peu partout. Une formidable voiture automobile est désormais ma monture...

X., *commandant de chars d'assaut*

14 août 1918. — Nous logeons en ce moment dans un petit bois, et pour ma part, j'ai établi mon P. C. sous un buisson, afin d'y passer la nuit le plus confortablement possible, ce qui est arrivé en effet, à part que quelques bombes d'avions boches nous ont réveillés en sursaut. Donc, au petit jour, je sens la fraîcheur et me réveille couvert de rosée, puis me mets à éternuer.

« Bon, me dis-je, tu as encore pigé un rhume ! Tant pis, c'en est un de plus à ajouter aux autres. » Et comme il était trop bon matin, je me décide à remettre ça encore une fois, en rabattant ma capote sur ma tête, mais rien à faire ! Me voilà de nouveau pris d'une quinte d'éternuements à tout casser : atchoum ! atchoum ! atchoum ! Et mon nez de couler comme une source... Alors je me vois obligé de me lever et je constate avec satisfaction que je ne suis pas le seul à faire de la musique avec mon nez... Tout le bataillon en fait autant ; les artilleurs font de même, les cavaliers les imitent, jusqu'aux chevaux qui font des « Pfu ! » désespérés avec leurs naseaux, enfin toute la profondeur du bois retentit d'interminables éternuements. J'en ai mouillé un mouchoir... C'était ces s... de Boches qui nous avaient fait ce petit cadeau sans qu'on s'en aperçut, car les obus éclataient comme les autres, à quelques centaines de mètres derrière nous et nous n'y avions pas pris garde. Enfin, au bout d'une heure, tout était passé. Ces gaz sont gênants mais inoffensifs ; il n'en était pas de même de ceux qu'ils nous ont envoyés la veille du jour où nous les bousculions.

3 septembre 1918. — Voyant que ça marche à merveille pour nous, ça vous met du sang dans les veines et l'espoir au cœur. J'espère que, d'ici la fin de cette année, nous aurons une décision. Et puis, s'il faut, les vieux brûleurs de loup sont encore un peu là pour finir la victoire complète...

L., 122ᵉ *Cie P. G.*

4 novembre 1918. — Je vous dirai que hier j'ai fêté la fête de la victoire, car elle s'avance à grands pas. On les tient. L'Autriche a signé l'armistice. Bientôt, on restera chacun chez soi. Ah ! quel bonheur pour tous que ce jour-là.

L., 122ᵉ *Cie de P. G.*

15 novembre 1918. — Je suis à Reims, dans cette jolie ville qui a souffert horriblement de la barbarie de l'ennemi.

... Les Boches, vous le savez, ont capitulé. Mais après cette guerre, ils ne seront pas prêts de nous en faire une autre, car vous avez vu les conditions qu'on leur a imposées. Ils ne s'en relèveront pas d'ici cent ans. Ah ! les vaches, ils nous en ont bien fait, mais ils payeront.

L., François, *R. A. T., voie est, 2ᵉ section.*

Aux armées, 24 novembre 1918. — ... Nous voici enfin au bout du rouleau et nous allons d'ici quelques mois pouvoir rentrer au pays après 52 mois de guerre.

Entré en août 1914 un des premiers en Alsace, j'ai pu, le 7 novembre 1918, entendre le clairon français sonner le « halte-là » et le « rassemblement », car c'est dans notre coin que les Boches sont venus demander l'aman, alors que notre division était en pleine attaque. Nous eûmes

donc, le 7, un premier armistice dans notre secteur seulement ; le combat
reprit le 8, à 6 heures du matin ; puis, un second armistice ; et enfin
l'armistice final, le 11. Mais nous avons bien compris à l'armistice du 8.
que c'était la fin. Aussi, il me semble que ce clairon du 8 sonnait d'un
souffle si puissant que la terre entière, d'un pôle à l'autre, en avait le fris-
son ; nos casques en saluèrent les dernières notes...

Lieutenant S.

III. — CHRONIQUE MONTBÉLIARDAISE

(1915-1919)

EXTRAITS

D'une volumineuse **Chronique Montbéliardaise**
écrite presque jour par jour (d'août 1915 à juin 1919)
qui intéressera sans doute nos descendants, lorsqu'on
pourra la publier dans quelque cinquante ans, nous
avons extrait les fragments ci-après destinés à com-
pléter, dans une certaine mesure, notre relation sur
Montbéliard pendant la Grande Guerre.

Lundi 11 octobre 1915. — A un impresario qui, du Pré St-Gervais.
demande le théâtre pour le Chemineau, de Richepin, le maire répond
qu'à Montbéliard où nous entendons la canonnade d'Alsace toute la journée et souvent toute la nuit, nous sommes trop près du champ de bataille
pour que nous puissions songer, sans inconvenance. à donner en ce moment des représentations théâtrales.

Lundi, 6 décembre 1915. — Le capitaine X.. venu en permission. me
disait aujourd'hui qu'il y a de durs moments à passer. Dans une attaque
tout d'un coup, il se trouve entouré dans la tranchée de quatre de ses
soldats horriblement mutilés : l'un entre autres a un bras et une jambe
arrachés et il ne veut pas qu'on l'emporte, qu'un camarade risque sa vie
pour lui, car il sent que c'est fini. Et en effet, il est mort tout de suite
après. Le capitaine. pour cacher son émotion, est obligé de s'appuyer
aux parois de la tranchée... et il faut donner des ordres. commander l'ac-

tion, envoyer d'autres hommes à la place qu'occupaient les malheureux qui étaient venus se réfugier autour de lui comme autour d'un protecteur.

Il me dit aussi que très curieuse est cette entente tacite qui s'établit à trente mètres des Boches entre les deux tranchées en présence. A certaines heures, très régulièrement, on se canarde, on se jette des grenades ; puis, quand arrive l'heure des repas, très scrupuleusement, on observe une trêve réciproque. Pendant la soupe, on peut sortir de la tranchée et fumer sa pipe sur le parapet. Jamais l'adversaire n'ouvre le feu. Ce serait une « sale blague » dont on se vengerait aussi par un vilain tour.

Vendredi, 10 *décembre* 1915. — On danse, on chahute salle Tivoli, devenue le Foyer du soldat. Le maire n'a pas caché ses craintes à l'autorité militaire sur les suites de ces réjouissances qui lui paraissent loin d'être opportunes. Mais l'autorité militaire entend que la troupe ait... des distractions. Jamais les instincts physiologiques n'ont été plus lâchés.

Lundi, 13 *décembre* 1915. — Samedi, dans la soirée, notre maire passait dans la rue. Son attention fut attirée par le bastringue du café X. Le piano mécanique ronflait, on dansait ferme. Il entra, demanda au sergent et aux militaires qui s'étaient immobilisés à son entrée, s'ils étaient autorisés à danser. Ils croyaient qu'ils pouvaient le faire, puisqu'on danse salle Tivoli. Le maire fit la grosse voix, leur dit qu'au foyer du soldat, c'était autre chose, puisque c'était un local réservé aux soldats et placé sous l'autorité militaire, mais que Montbéliard était une ville convenable et qu'il n'entendait pas qu'on danse dans les cafés, quand tant de monde est dans le deuil. Bref, il allait en rendre compte au général Tassin, commandant la 157e division..

Le maire n'avait voulu que leur donner un avertissement. Les soldats exprimèrent des regrets que le maire accepta, naturellement, et il rentra chez lui. Tous les soirs, il en est ainsi dans ce café. Les soldats vont sur la porte et ils font des invites aux femmes qui passent, pour venir danser.

Lundi, 24 *janvier* 1916. — Le sous-lieutenant X., du 35e régiment d'infanterie, est toujours en Alsace... Le plus dur, c'est quand on reçoit l'ordre d'attaquer pour telle heure... Il y a là un moment d'émotion pour tout le monde. Quand l'action est déclanchée, ce n'est plus rien ; on est dans les balles, les marmites, sans sourciller. De temps en temps, il y a quelqu'un qui tombe. En arrivant sur le champ de bataille, la vision est affreuse : ici un corps sans tête, là une poitrine enfoncée, là deux corps mélangés, en bouillie rouge... Le sous-lieutenant disait à sa section : « Ne regardez pas ! ». Les hommes étaient émus. Puis, ils ont monté une petite crête. Là-haut, c'était la bataille. Déjà ils avaient oublié la vision, ils étaient dans l'action.

— C'est long, certes, dit X.. mais on ne se décourage pas, on est patient à l'avant et tout le monde marche. Il suffit de montrer l'exemple ; les hommes suivent. A peine, quand je me retourne, un ou deux qui hésitent et qui, étant vus, rattrapent les camarades.

Jeudi, 17 *février* 1916. — Beaucoup de personnes préparent de nouveau des paquets. Que nous réservera demain ?

Hier, à 15 heures, nous avons retiré de nos Archives les Chartes de franchises jusqu'à la confirmation faite par le premier prince boche, Eberhard le Jeune, de Wurtemberg, pour les avoir sous la main et les envoyer en lieu sûr, si c'est nécessaire.

Vendredi, 25 février 1916. — Une grande bataille se livre de l'autre côté de Verdun depuis deux jours ; 300,000 Boches attaquent.

Dimanche, 27 février 1916. — Les nouvelles de la grande bataille de Verdun sont presque très bonnes. On a confiance, mais quelle attente !

Vendredi 17 mars 1916. — A 15 heures, on songe à préparer le logement du généralissime Joffre. Dans l'après-midi, il passe en revue des troupes à Etupes, remet des décorations ; mais il ne couche pas à Montbéliard et repart par train spécial.

Jeudi, 30 mars 1916. — La blonde Germaine B. nous arrive du front avec son fiancé, soldat, pour qu'on les marie ce matin à 11 heures. On lui fait remarquer que pour que le mariage puisse avoir lieu ici, il faut que soit son fiancé, soit elle-même, y ait une résidence d'un mois. Or, elle est arrivée à Montbéliard dimanche où le maire et son secrétaire l'ont vue à 18 heures.

Les jeunes gens sont invités en conséquence à célébrer leur union : ou par procuration au domicile de la future, ou dans la commune du front où le futur est cantonné lui-même depuis plus d'un mois, si Germaine est autorisée à s'y rendre.

Samedi, 8 avril 1916. — Entretien avec le lieutenant-colonel d'artillerie B.

Dans le commencement, on s'est battu comme des insensés, nous laissant attirer par les Allemands qui ne nous opposaient que de faibles effectifs, jusqu'à ce que nous avons rencontré un mur de mitrailleuses et de canons. Nous allions de l'avant comme des hordes désordonnées. Il aurait fallu faire ce qu'a fait à Belfort *votre Denfert* : des tranchées. Il déplore l'incapacité, au début, du haut commandement. Depuis 1900 à 1914, c'étaient les protégés qui prenaient du galon et qui n'ont rien compris à la guerre.

Mardi, 18 avril 1916. — Chez M. X., qui a, à sa table, le général xxx. Mme X., interroge :

— Mon général vous qui avez été longtemps en Afrique, vous avez dû voir des lions ?

— Oh ! oui, certainement. On est couché. Au milieu de la nuit, on se réveille, on s'étire, on se frotte les yeux, on regarde... C'est un lion qui rôde et qui décampe sans bruit. On voit souvent comme ça des lions, des lionnes avec leurs petits. Mais il est bien rare qu'ils s'attaquent à l'homme. Quand on en rencontre, quand on est bien armé, on leur envoie une balle. Alors il ne faut pas se contenter de les blesser, car ils deviennent méchants et se jettent sur vous... Des lions ? il m'est arrivé seulement d'en tuer deux. Des fois, un lion rencontre une bande de cynocéphales. Il en prend un dans sa gueule et se sauve pour le manger plus loin, poursuivi par la bande dont les uns lui tirent la crinière, les autres les oreilles... Le lion continue sa course laissant bientôt en arrière ses adversaires et, à plusieurs kilomètres du lieu de sa prise, il s'installe derrière un rocher pour dévorer le cynocéphale qu'il a capturé.

— Et les éléphants, mon général ?

— Les éléphants ? Vous êtes dans de l'herbe haute comme le plafond (la salle à manger a bien cinq ou six mètres de haut) et au-dessus il 'y a des arbres. Les éléphants arrivent là-dedans par troupe : si vous ne pouvez pas vous mettre de côté, ils vous piétinent, car rien ne résiste à leur passage... L'animal le plus terrible, c'est le buffle. Quand il vous aperçoit, tout de suite il devient furieux et vous charge...

Le général revient à la guerre. Il a un grand regret.

— C'est bien triste que depuis deux ans la cavalerie n'ait pas trouvé l'occasion de faire plus de travail. Nous sommes toujours à l'arrière, à attendre, à nous morfondre...

Il espère cependant que le moment arrivera.

C'est de lui que M. X me disait :

— Si on lui ordonnait ce soir d'aller avec un de ses régiments de cavalerie à Mulhouse, il partirait droit devant lui et rien ne pourrait arrêter ce régiment, que sa destruction..

Mercredi, 26 avril 1916. — Du capitaine G., en permission :
Ce qui est le plus dur pour nos soldats, aujourd'hui dans la forêt de Parois, c'est de ne pouvoir prendre contact avec la nature que par des créneaux (à leurs risques et périls) ou la nuit. Il était heureux de pouvoir marcher debout à travers la campagne et de regarder librement les choses qui l'environnaient, les fleurs, les feuilles des arbres.

Lundi 1er mai 1916. — Le capitaine M. qui a fait l'Alsace, la Champagne et aussi la Marne, nous dit que, tant qu'il vivra, il se souviendra de cette dernière bataille, vraiment épique.

Les chevaux étaient fourbus, mourants ; les hommes n'en pouvaient plus. Le 9 septembre 1914, à 4 heures, on les réveille harassés, en leur disant que les Allemands fuyaient... Ce fut une scène inoubliable. Toute l'armée cria : Vive la France ! Les hommes s'embrassaient ; les officiers embrassaient les hommes. En un clin d'œil, on repartit en avant, à la poursuite d'un ennemi affolé. Ah ! si on avait eu encore des munitions... Il restait 8 ou 10 coups par pièce, juste de quoi se défendre honorablement, avant de mourir, si l'ennemi avait pu persister.

S. en permission raconte... — Un jour de septembre 1915, au trou Bricot, devant Tahure, le général Baratier, commandant la 8e division de cavalerie, qui était d'excellente humeur, composait des vers satiriques qu'il chantait au fur et à mesure en les corrigeant... En voici un spécimen :

> *Si on n'peut pas l'prendr' le Français l'prendra*
> *Nous autr's on s'en fout. Signé : Cadorna.*

Cela se passait à un kilomètre des Boches.

Jeudi 5 mai 1916. — Petite scène à la mairie, à 10 heures, provoquée par une brave femme qui voudrait à toute force qu'on lui délivrât aujourd'hui un certificat constatant qu'elle est en vie... à la date de demain.

Autre scène à 3 heures. Un jeune homme s'obstine à demander copie de son acte de naissance. Il est né dans une commune voisine, mais cela ne fait rien. Voilà assez longtemps qu'il habite Montbéliard...

Il est très difficile de faire entendre raison à ces braves gens qui sortent persuadés qu'on met de la mauvaise volonté à les servir. On sent la lassitude de deux ans de guerre à des nerfs qui n'en peuvent plus.

Hier, encore une scènette avec une brave femme d'origine française et veuve d'un Suisse. Le représentant de l'autorité militaire ne lui avait-il pas remis un papier où il disait que Mme X., ayant perdu son mari qui était Suisse, était redevenue Française par suite du décès de ce dernier !...

Mardi 16 mai 1916. — Dernièrement, trois militaires se présentent à 11 heures, au restaurant de la Petite Vitesse. Ils demandent à Mme Kiger si le général des troupes qui embarquent à la gare des marchandises, pourrait déjeûner tout de suite avec quelques officiers.

— Mais certainement, répond l'hôtesse.

Peu après, se présente un nouveau militaire encapuchonné. Mme Kiger, occupée dans la salle, lui dit :

— C'est vous l'ordonnance du général ? Vous êtes pressé ?

— Oui.

— Eh bien, venez m'aider à mettre la table.

Elle va prendre une nappe et, suivie de l'arrivant, elle entre dans la petite salle voisine. Quand il s'agit d'étendre la nappe, le soldat avança les bras. Il y avait deux étoiles dessus. Mme Kiger se sauva au premier étage.

Au dessert, le général la fit appeler pour la complimenter du menu improvisé ; mais elle n'osa pas se montrer.

Jeudi 18 mai 1916. — H. C. va aujourd'hui à Chaumont visiter son fils qui, après un mois passé sous Verdun, a été évacué pour permettre à ses nerfs de se rétablir. Dans une lettre que celui-ci adresse à ses parents, il dit que, lorsque notre 75 se met à cracher, on a beau voir tomber les camarades sous les marmites. On ne peut s'empêcher de *rire*, lorsqu'on aperçoit l'effet de nos obus sur les Boches qui débouchent et dont les membres sont projetés en l'air, comme des morceaux de pantins cassés... Swift avait déjà remarqué ça dans son voyage chez les Houyhnhnms.

Samedi, 10 juin 1916. — Rencontré un officier du 44e régiment d'infanterie et qui a « fait » Verdun.

Dans la conversation, il nous dit qu'à un certain moment l'ordre de se replier de plusieurs kilomètres est arrivé ; rien ne justifiait cette mesure. Cela a été une faute. On a voulu nier cet ordre. « Mais, nous dit l'officier en frappant sa tunique, j'en ai un exemplaire, là, dans ma poche. »

Samedi 8 juillet 1916. — ... La lutte se poursuit très vive dans la région de ce « *Fertoun* » — lisez : Verdun — qui fait la terreur des soldats Allemands.

Jeudi 13 juillet 1916. — Toujours Verdun. L'ennemi gagne un peu de terrain à la Chapelle Ste-Fine...

Lundi, 17 juillet 1916. — Nos rues sont pleines, le dimanche, d'indigènes d'Afrique et de nègres, — main-d'œuvre envoyée depuis deux mois pour travailler dans les usines locales. Ils boivent et quelquefois se battent entre-eux, même à coups de couteau. Ils ne se plaignent jamais, ne voulant pas faire intervenir les Français dans leurs affaires.

Ils chantent dans la nuit, en rentrant au fort la Chaux ou dans les baraquements. Ils s'accompagnent avec des instruments à bouche. Ils sont habillés grotesquement. On leur avait distribué des chemises ; ils les ont mises en pardessus pour venir en ville. Les nègres ne sortent pas sans parapluies, même les jours où le temps est superbe. Notre climat en a fait des sceptiques.

Les gosses leur courent après, en leur criant : « Labess ! » ce qui est, paraît-il, une salutation.

Pauvres horizons trissus, comme la guerre vous a changés ! On va sous la Chaux ; on s'assied pour contempler le paysage. Quelque chose remue, là-bas, derrière un tas de foin... On croit surprendre une jolie diaichotte qui flâne, et c'est, coiffée d'une toque rouge, la tête d'un nègre qui apparaît...

Mardi, 25 juillet 1916. — Lundi soir, pendant que le canon ronflait par rafales (attaque de nos positions vers Balschwiller), des jeunes filles dans la rue poussaient des cris, se lutinaient avec les « bleuets » de la classe 18.

— Tu entends le canon. Ecoute ! disait Henriette, en plaisantant.

Au bout de deux ans, toute la jeunesse ne sent plus rien. Autour de ceux qui souffrent, pleurent, on rit, on chante.

Les gens des villages autour de Belfort éprouvent, me disait G.. le même sentiment d'insouciance. Ce qui est à côté, tout près, mais qui ne touche pas immédiatement, les laisse indifférents.

— Qu'est-ce qu'on dit ? demandait-il à un paysan de Botans.

— Oh ! rien. Toujours la même chose, le canon, les obus, les bombes. Mais on s'y fait. Ce n'est pas chez nous.

Mercredi, 20 septembre 1916. — Dans les premiers temps, au fort du Mont-Bart... Le lieutenant Senton qui faisait une ronde de nuit arrive devant une sentinelle qui, apercevant le falot et interpelée par l'officier, parce qu'elle ne l'arrête pas, s'écrie en patois : « Qu'a ce qu'vôs cri ? Vôs ai perdju aique ? ». (Qu'est-ce que vous criez ? Vous avez perdu quelque chose ?)

Dimanche, 24 septembre 1916. — Au Parc, le long de la voie ferrée, nous recueillons des « tarpes de loup » pour nourrir « les lapins du préfet ». Le préfet du Doubs, en effet, a fait des appels pressants pour engager tous ceux qui le peuvent à faire l'élevage de cet « intéressant quadrupède ».

Notre pauvre préfet en a gros sur le cœur depuis la guerre, du fait de l'autorité militaire qui est heureuse de faire sentir son sabre au pouvoir civil et semble chercher l'occasion de l'humilier. Dans les premiers temps on lui a refusé un sauf-conduit d'auto qu'il n'a pu obtenir qu'à force de fermeté.

Samedi, 14 octobre 1916. — Notre ami Gret nous en raconte un bien bonne.

Ayant besoin de se rendre à Belfort pour acheter de la camomille et des fleurs d'oranger, il adressa, à un jour d'intervalle, deux demandes de laisser-passer à la place de Belfort. L'une est établie par M. Emile Gret, négociant, rue de Besançon ; l'autre, par M. Gret, tout court, commerçant place Ferrer (sa maison se prête à ces deux adresses). Qu'arriva-t-il ? La demande Emile Gret lui fut retournée, rejetée « pas de motifs suffisants ; la demande Gret, tout court, fut prise en considération et le permis pour Belfort lui fut remis par le même facteur, à la même tournée.

Lundi, 16 octobre 1916. — La mauvaise impression de mon ami, le capitaine X., s'accentue. Il est obligé de sévir rigoureusement pour maintenir la discipline. Il a plus distribué de prison et de cellule depuis un mois dans son nouveau régiment que pendant les deux années qu'il a passées sur le front. Les soldats, pour un oui ou un non, jouent du couteau et du revolver.

Jeudi, 21 décembre 1916. — C'est la guerre... Notre maire, hier soir, a dû assister le Dr Tuefferd père — il n'y avait pas de sage-femme — pour accoucher une pauvre femme.

— « Je tenais la chandelle, nous disait-il ce matin. La dame a été bien courageuse. On fait tous les métiers... Le matin, à 6 heures, à l'incendie de l'épicerie Jacob, j'avais de l'eau jusqu'à la cheville. J'ai été obligé d'aller mettre du linge sec. »

Samedi, 17 février 1917. — Nos enfants....

Dans la rue, un garçonnet de sept ans, au teint hâve, raconte à un petit camarade :

— « Il avait déjà tiré son couteau... alors, je l'ai attrapé par le cou et je l'ai roulé à terre, mon vieux ! »

Vendredi 6 avril 1917. — Le Sénat américain a voté la résolution proclamant l'état de guerre avec l'Allemagne.

... Depuis trois ans, nous avons bien souffert mais de vivre des jours comme ceux qui passent, cela fait oublier tout le mal ancien. On redevient fier d'être un homme. L'idéal apparaît de plus en plus comme la valeur suprême de l'univers, et tous les sacrifices sont des joies.

Samedi, 7 avril 1917. — A 9 h. 34, nous avons arboré au balcon de l'hôtel de ville le drapeau étoilé. De chaque côté, un drapeau français. La Chambre des représentants a voté à son tour la résolution de guerre. La jeune Amérique, issue de la pensée révolutionnaire française du XVIIIe siècle, va apporter la liberté à la vieille Europe. N'est-ce pas encore — à travers elle — la France du XXe siècle qui, selon la parole de Michelet, déclarera la paix au monde ?

Mardi, 24 juillet 1917. — Ce matin, une jeune fille qui avait un fiancé mobilisé et un amant, s'est pendue au moyen d'une ceinture attachée au

pied de son lit, parce que l'amant ayant appris cette liaison lui avait dit
de s'en aller. Elle avait laissé ces mots écrits sur un bout de papier, à l'a-
dresse de l'amant : « Je meurs à cause de toi. J'embrasse tes jolis yeux ».
Est-ce beau et triste ?

Mardi, 7 août 1917. — Les mots qui passent...

Il y a quelques années, on ne parlait que de *schéma*. Depuis cinq ou
six mois, les journaux, les députés qui sont venus à Montbéliard n'ont
plus que ce mot à la bouche : *directive*.

Jeudi, 6 septembre 1917. — A Danjoutin. Surpris par un gros orage,
nous nous sommes réfugiés chez Mme Mouilleseaux, bouchère. J'ai assisté
là à une réédition d'un épisode du *Feu*, de Barbusse : des Poilus venant
demander un petit coin pour manger la soupe. Mme Mouilleseaux s'est
mise en quatre pour eux. Pendant qu'il pleuvait à torrent, la sentinelle
s'est réfugiée dans la cuisine. Les caissons d'obus se sont gardés tout
seuls. Nous les surveillions du seuil et l'un de nous avait pris le fusil
du poilu pour monter sa faction...

Dimanche, 21 *octobre* 1917. — A 16 h., promenade, en suivant la rive
droite du canal de la Savoureuse, jusqu'à la propriété Ienné. Derrière le
parc qui masque la maison, c'était un bruit d'enfer fait de grincements,
de tapements, de sonorités déchirantes sortant des usines Peugeot. Dans
le fond, faisant la basse, la voix sourde du canon d'Alsace qui ne disconti-
nuait pas. Des vols de corbeaux venant s'abriter pour passer la nuit dans
les grands arbres du parc Ienné, poussaient des cris lugubres. Dans la
nuit tombante où montait le brouillard, un coup de feu a retenti, tiré
sur les corbeaux. Quelques-uns atteints ont passé au-dessus de ma tête,
tout bas, avec des cris sauvages, douloureux, encore plus troublants...

Lundi, 22 *octobre* 1917. — Etablissement des cartes de pain. Une vision...

La foule à laquelle on a distribué des numéros d'ordre s'entasse dans le
salon de l'hôtel de ville. Par paquets de dix, on fait pénétrer le public
dans la mairie, pour établir les cartes. Charles, appelant les numéros, en-
trouve la porte du salon. La foule se rue. Il retient la poussée, la jambe
tendue à travers la porte. Un monsieur apparaît sur le seuil, plié en deux.
Il pique de la tête, fait son entrée à plat ventre, Charles tombe sur lui.

Tout ceci n'a duré qu'une seconde. Tous deux se relèvent ; le monsieur
brosse du coude son chapeau, l'air moitié figue, moitié raisin ; Charles fait
barre de nouveau sur la porte.

Alors, sous la pression de la foule, c'est la projection devant les bureaux, — comme d'un joujou mécanique lançant des pantins, — de tous
ceux dont le numéro a été appelé : les femmes échevelées ou bien le chapeau de côté qu'elles redressent d'un coup de main, les hommes, la
coiffure de travers, tous les visages crispés, mauvais, des lueurs dans les
yeux où des larmes s'apprêtent, toute cette humanité grotesque et douloureuse se demandant s'il faut se fâcher ou rire et, par respect humain,
dans la lumière électrique qui l'éclaire crûment, chacun finissant par
rire, d'un rire nerveux, devant les employés impassibles.

Ceux-ci déjà interrogent :

— Un tel, quel âge ? Quelle profession ? Travaille-t-il de nuit ? S'il a un gros appétit, on peut lui donner 200 grammes de plus que la ration ordinaire qui est de 500 grammes... S'il a une profession active, encore 200 grammes. Vous voulez de la farine ? Oui, naturellement. Alors il faut que dans le ménage il y ait quelqu'un qui se contente de 300 grammes de pain par jour. Comme ça, il procurera 125 grammes de farine par semaine dans le ménage... Non, ça n'irait pas ? Tout le monde a besoin de la ration complète ? Alors, si vous voulez quand même de la farine, il y a encore un moyen pour vous en procurer. Il faut demander une ration de pain un peu au-dessus de la moyenne. A la fin de la semaine, la moitié de la différence en poids entre le pain attribué et le pain délivré pourra, si vous le demandez au boulanger, se convertir en farine, mais à condition que chaque membre du ménage ne reçoive que 125 grammes, au maximum, de farine par semaine... Si vous avez quelqu'un qui vient vous voir ? Vous aurez du pain pour lui chez votre boulanger qui doit toucher 2 pour 100 de farine, en sus de la quantité totale correspondant à la consommation hebdomadaire de ses clients... Si votre fils vient en permission ? C'est la même chose ; le cas est aussi prévu. Il n'aura qu'à présenter son titre de permission au boulanger.

Pendant huit jours, jusqu'à 11 heures du soir on tint un langage analogue, quelquefois plus long, pour chaque carte de pain. Pauvre public, ah oui ! mais aussi pauvres, pauvres employés de mairie !

Mercredi, 14 novembre 1917. — Rencontré dans la rue deux instituteurs. Si la guerre finissait et que l'Allemagne victorieuse nous prît un ou deux départements, gardât Lille, étendît sa main sur Belfort, qu'est-ce que ces instituteurs, à part l'orthographe, le calcul et la géographie, pourraient enseigner aux enfants ? La revanche ? Nos maîtres ne les laisseraient pas faire et puis, cette revanche serait-elle possible ? Oseraient-ils leur parler de droit, de justice, quand le monde entier se serait incliné devant la Force triomphante ?

Il n'y a pas deux morales, une qui régit les individus, une autre les peuples. La vie humaine deviendrait diabolique par la reconnaissance officielle et le couronnement de l'égoïsme. C'est pour cela que ceux qui, dans notre groupe de belligérants, parlent de paix sont des criminels. Nous deviendrons des esclaves ou nous réduirons les Boches. La *Kultur* et la *civilisation* sont antagoniques. L'une doit tuer l'autre.

Mercredi 21 novembre 1917. — Le commandant G. me racontait l'autre jour qu'un jeune Boche blessé et impatient de se faire soigner, répétait sur un ton impossible à rendre : « Brou, brou ! automobile. Brou, brou, automobile ! »

Nos poilus ne pouvaient s'empêcher de rire. C'était si cocasse !

Mercredi, 26 décembre 1917. — ... Nous vivons toujours dans l'attente du grand coup que les Allemands vont porter sur notre front. Que deviendra Montbéliard dans tout cela, les personnes, nos archives, la bibliothèque, le musée ? C'est le secret de demain, comme dit souvent un journal de la région. En tout cas, on est très calme ; et l'appétit reste excellent...

Jeudi, 3 janvier 1918. — Le premier jour de l'An a été bien triste. Il est venu le matin deux enfants à notre porte souhaiter la nouvelle année. Ce sont tous les « souhaiteurs » que nous avons vus depuis quatre ans.

Mme X. continue de se plaindre au sujet des ouvriers mobilisés, en pension chez elle, et qui ne savent plus — avec un gain de 18 francs par jour — sur quoi mordre. Elle leur sert à leur petit déjeûner des beefsteacks ; de la charcuterie, des conserves leur sont offerts. Cela ne leur convient pas... Des familles d'ouvriers achètent oies, poulets, gibier, gâteaux, à des prix qui font honte. On veut jouir ; on se moque du lendemain.

La brave mère V., a eu la visite hier d'un soldat américain qu'elle a eu beaucoup de peine à comprendre. C'était son neveu qu'elle ne connaissait pas, qui venait l'embrasser. Le frère de la mère V. était parti, tout jeune, pour l'Amérique où il s'était marié avec une Américaine.

Jeudi, 28 *février* 1918. — A X.... plusieurs jeunes filles ont été contaminées par les soldats. Une d'elles est entrée à l'hôpital. Devant le tribunal, à la dernière audience, se sont révélées ici des moeurs abominables. Dans le train, rentrant de Besançon, j'ai entendu pendant une heure des propos indicibles. Si les plus sâles animaux pouvaient parler, ils n'auraient pas un pareil langage. Rien ne m'étonne guère dans le dévergondage verbal, mais la dernière fois, je rougissais en dedans. Et celui qui parlait, celui qui l'écoutait avec sa femme complaisamment, tous étaient, somme toute, de braves gens, aimant leur famille, se dévouant pour leurs enfants. C'est l'immonde guerre et la régression morale que nous avions prévue et tant redoutée. Ah ! vraiment, le vieux Thor doit être satisfait.

Les restrictions... Le gardien-chef de la maison d'arrêt demanda au sous-préfet l'essence nécessaire pour trois lampes Pigeon destinées... à l'éclairage de la prison. Le sous-préfet transmit la pétition au préfet avec avis favorable. Le Préfet l'envoya au maire pour la suite à donner...

La prison a obtenu son *litre* d'essence.

Samedi, 30 *mars* 1918. — Hier, nous avons ouvert un crédit de 15,000 francs pour renforcer des abris et en créer d'autres. Mais la main d'oeuvre manque. Les Etapes n'en ont plus et notre demande est renvoyée au général directeur des Etapes. En quittant à 18 heures l'hôtel de ville, grosse angoisse. Nous venions, sur la carte, de nous navrer le coeur en regardant le peu d'espace qu'il y a entre Amiens où les Boches font leur effort, et la mer. Nuit douloureuse. Ce matin, les nouvelles sont plus rassurantes. Cela se stabilise. La coulée se ralentit.

Mardi, 2 *avril* 1918. — La grande bataille de Picardie a pris une ampleur gigantesque. Nous gardons le grand espoir d'accomplir quelque chose d'énorme.

Lundi, 8 *avril* 1918. — Rien de bien spécial sur le front. « Ça va », comme disaient nos pères de la Révolution, « ça ira ».

Mardi, 9 *avril* 1910. — Toujours le mauvais temps. Les soldats — mollement — creusent un abri dans les jardins des bureaux de la voie. On consolide le local de la Laiterie, avenue de la Prairie. Les gens du quartier n'ont pas grande confiance dans l'invulnérabilité de l'abri. Autour de la ville, on installe des auto-canons.

Jeudi, 11 avril 1918. — La grande bataille continue et nous en suivons anxieusement les péripéties.

Dimanche, 14 avril 1918. — Visité le poste de mitrailleuses de la Miche-de-Pain. La citadelle est toute blanche d'aubépines ; le gazon verdit ; les feuilles des arbres déploient leurs jeunes parasols. Les poilus ont placé, comme girouettes, de petits avions en bois dont les hélices tournent, dans la bise très forte, avec un bruit de faucheuses. Les cagnas souterraines sont presque invisibles ; les mitrailleuses, à peine, montrent le bout du nez dehors. De la cuisine, un peu à l'écart, sort une bonne odeur de boulot.

Mardi, 30 avril 1918. — X., que j'ai rencontré hier à 18 heures, avait le « cafard ». Il m'a conté cette anecdote. Un monsieur à l'accent du midi vient le visiter, lui fait remarquer qu'il n'a pas besoin de faire du commerce pour vivre, ayant de quoi ; mais il veut aider au ravitaillement des poilus, ne pas les laisser avoir soif. X. l'interroge. Ce méridional était cantinier. Il a eu trois fils tués sur le front. Le premier était capitaine d'artillerie et sortait de Polytechnique ; le deuxième, officier d'infanterie, et sortait de St-Cyr ; le troisième était maréchal-des-logis, et sortait de l'École Centrale. — « Les deux officiers, lui dit le pauvre homme, c'était leur métier ; mais mon dernier, c'est le plus dur... Je suis bien malheureux ».

Et il s'en va, répétant : « Oh oui ! je suis bien malheureux ».

Vendredi, 3 mai 1918. — La population n'engraisse pas. Le plus grand nombre des gens que je vois me disent sincèrement « qu'ils ont toujours faim ». La nourriture apaise la faim mais n'est pas substantielle. Le gras, le sucré sont insuffisants.

Samedi, 4 mai 1918. — Un jeune homme est en train de lire le communiqué. Un groupe de poilus arrive en batifolant. L'un d'eux :

— Non, mon vieux, ils n'en fichent pas la secousse. Tu sais.... ils ne font rien... ça n'avance pas...

Lundi, 13 mai 1918. — Hier, promenade jusqu'à la nouvelle ligne reliant Voujaucourt à Audincourt. De l'autre côté du tunnel, dans une ferme au bord de la voie, nous avons vu des prisonniers boches. Il y en avait dont les visages semblaient taillés dans du bois à coups de serpe : des facies de Huns. L'un d'eux avait les sourcils blancs, des cheveux roux, une peau rubiconde. Quelle différence avec les Italiens que nous avons retrouvés dans le camp d'Arbouans, un peu plus haut : faces intelligentes et vives, souriantes, ouvertes — de Latins.

Tous ces prisonniers faisaient la corvée de quartier, vêtus d'uniformes délavés où le vert domine ; dans le dos, peintes en blanc, les lettres : P. G. Un vieux poilu, baïonnette au canon, gardait le troupeau des *Surhommes* (*Uebermenschen*).

Samedi, 8 juin 1918. — Le beau temps se maintient : quatre semaines sans pluie. Cela tourne au désastre. Je continue, le soir, de déverser mes arrosoirs bienfaisants sur légumes et fleurs. Une fois en train, je ne peux plus m'arrêter. Il me semble que les plantes, au passage, se tournent vers moi pour me dire : j'ai soif. Je donne ainsi à boire à tout le monde; les pavots, les soucis, les boutons d'or que je laisse croître près des murs de la maison, ne sont pas oubliés. Il n'y a que lorsque j'ai répandu l'eau rafraîchissante de la rivière sur tout le jardin, que j'ai la conscience tranquille. Alors, sur mon banc, sous le ciel plein d'étoiles, je fume une cigarette délicieuse, en respirant l'humus inondé.

Mercredi 3 juillet 1918. — Les femmes arrivent à se montrer dans les rues, presque nues, sous des voiles transparents qui découvrent les jambes, les bras, le dessous des aisselles, la poitrine. Il y en a dont les jupes s'arrêtent aux genoux, tels des tutus de ballerines. On s'habitue si bien à cette atténuation progressive du vêtement, qu'elles parviendront à la nudité complète, sans qu'on s'en aperçoive. Le trouble des hommes qui les frôlent s'accroît en raison directe de ce dévoilement. Tous les instincts se ruent.

Dimanche, sur le chemin de Grand-Charmont, j'ai vu deux jeunes femmes tout en noir, avec de longs crêpes, qui marchaient chacune enlacée par un poilu. Les deux couples trouvaient cela tout-à-fait normal, mais les passants se retournaient.

La mort sert d'amorce. Les filles, pour se rendre plus intéressantes, s'habillent en veuves. Il y avait quelque chose de répugnant dans ces enlacements de fantômes, quand même on sait que ce deuil est fictif, peut-être même surtout parce qu'on le sait...

Mercredi 14 août 1918. — ... Notre avance continue. Depuis le 20 juillet nous avons fait 75,000 prisonniers.

Jean G., en permission, me raconte... Mme Gourko, la femme du général russe, infirmière sur notre front, se trouvait dans un groupe de plusieurs personnes quand un gros obus éclata au milieu d'elles. Elles furent toutes tuées, entre autres un Dr Schmidt, de Tours. On mit dans un cercueil une botte de cuir et ce qu'on crut appartenir, dans les débris, au corps de Mme Gourko, et on obtint du G. Q. G. une autorisation verbale pour transporter le cercueil à Compiègne.

Jean G., fut chargé de la conduite. Il reçut une feuille de papier sur laquelle l'officier compétent avait écrit : « Ordre verbal du G. Q. G. de laisser passer, etc... » Il l'a détruite seulement il y a quelques jours, n'y attachant pas d'intérêt, le papier étant du reste déchiré en partie.

Derrière l'auto-camion qu'il conduisait, venait dans une auto découverte le général Gourko qui paraissait fort affecté. Il avala toute la poussière que soulevait le camion devant lui, — sur plus de 100 kilomètres de route. A Compiègne, il renvoya Jean G., après l'avoir remercié, en lui remettant vingt francs.

Jeudi, 3 octobre 1918. — A 14 heures, j'ai rencontré un bataillon de soldats américains, allant à Sochaux, en kaki, l'arme à chargeur couchée sur l'épaule, tous glabres, sans âge déterminable, parlant entre eux, les mouvements des muscles de la face faisant courir un tas de rides sur toute cette chair rose de petits enfants. Très curieuse vision.

Les prisonniers libérés, arrivés ces derniers jours, sont unanimes à constater qu'en Bochie le moral baisse. Comme au temps des guerres de la Révolution, les femmes se disputent les faveurs des poilus, les priant de les initier à la tendresse française, sans risques... Malgré tout ce qu'on a raconté, les Français font un peu ce qu'ils veulent, même dans les camps. Mille petits faits le montrent. A Rastadt, la musique des prisonniers, malgré toutes les défenses, exécute la Marseillaise, le jour du 14 juillet; tous les officiers boches, déjà assis pour la fête, s'enfuient scandalisés. Le lendemain, confection d'un immense drapeau français qu'on arbore dans la cour du camp... Un autre jour, des plumets tricolores sont attachés à la queue d'une douzaine de chats qu'on lâche ensuite dans la cour et que les sentinelles boches poursuivent vainement à la baïonnette....

Lundi, 11 novembre 1918. — Nuit d'attente, sans sommeil. A 8 heures M. accourt et me crie : « Ça y est ! »

L'armistice avec l'Allemagne a été signé aujourd'hui a 6 heures du matin ; les hostilités cesseront à 11 heures.

Joie ; allégresse. Les maisons se pavoisent. Contre la porte d'entrée de l'hôtel de ville, nous avons mis cette pancarte : *La mairie est fermée pour cause de victoire.* La foule se répand dans les rues. radieuse. A 11 h. toutes les cloches sonnent. Les ouvriers. les employés, les poilus, tout le monde manifeste ; les élèves du Collège et de l'Ecole Pratique défilent avec des tambours et des clairons ; les enfants ont aux mains de petits drapeaux ; le tramway est pavoisé ; les locomotives du P. L. M. sont décorées d'écussons aux couleurs alliées, comme un train présidentiel. A 17 heures, nouveau carillon des cloches. Les batteries des Buis déclanchent, dans le clair de lune, un dernier et formidable tir de barrage sur la ville. Avec de vrais obus, comme au temps des taubes ! On les voit éclater dans le soir tombant, où s'allument de petites flammes ; on entend la grêle des shrapnells sur les toits, comme devant. Ah ! ces artilleurs !

Mercredi, 4 décembre 1918. — En Bochie, la révolution s'étend... Le 19, à 13 heures 30, le maréchal Pétain est entré dans Metz à la tête de la 10ᵉ armée. Le 25, Pétain accompagné de Castelnau est entré dans Strasbourg à la tête de l'armée de Gouraud. Il y a eu dans toute l'Alsace et la Lorraine un enthousiasme sincère, indescriptible. Le 1ᵉʳ décembre. les troupes britanniques et américaines ont franchi la frontière allemande. Les Belges sont entrés à Aix-la-Chapelle ; les Français sont dans le Palatinat, les Américains à Trèves...

Mardi 31 décembre 1918. — L'année se termine mieux qu'elle n'avait commencé... avec des garanties de vie plus sûre, meilleure pour les sociétés humaines. Nous sommes bien heureux sur nos ruines. baignés dans notre propre sang. Mais le mourant se relèvera pour une vie plus forte. plus haute. Qu'est-ce que cette égratignure sur l'épiderme d'une humanité qui ne finira que dans un cataclysme cosmique !

A propos de l'Alsace-Lorraine

(Note adressée le 19 juin 1917 à divers hommes d'Etat français).

Il y a un argument qu'on ne met pas assez jusqu'ici en lumière, ni dans le Parlement ni dans la presse, en faveur de la thèse française : le retour de l'Alsace-Lorraine à la France.

C'est que le 3 août 1914, l'Allemagne a déclaré la guerre à notre pays ; que le traité de Francfort qui lie l'Alsace-Lorraine à l'Empire a été ainsi déchiré (chiffon de papier) par la propre volonté de l'Allemagne ; que l'Alsace-Lorraine se trouve donc replacée depuis le 3 août 1914 dans les mêmes conditions que celles où elle se trouvait politiquement avant 1870; que si une partie de l'Alsace-Lorraine est encore occupée par les Allemands, elle l'est *au même titre pour nous que nos départements du Nord* de la France ; que ne pouvant admettre aucun démembrement de notre patrie, nous considérons que l'Alsace-Lorraine, comme ces départements, doit être libérée de l'envahisseur et toute cette terre historiquement et volontairement française, — momentanément arrachée à nos populations par la violence, — rester *terre française* conformément au droit et à la justice.

J. M.

ERRATA

TOME PREMIER

Pages	53, 16e ligne, lire	*réjouit*	au lieu de	réjouirent
—	56, 22e —	*descendant*	—	descandant
—	74, 3e —	*maximum*	—	minimum
—	110, 10e —	*Hennequin*	—	Henequin
—	213, 33e —	*shrapnells*	—	shrapnelles
—	216, 5e —	*beaucoup*	—	beaucoups
—	221, 36e —	*aviateurs*	—	aviaturs
—	239, 21e —	*violente*	—	voilente
—	240, 32e —	*détonations*	—	détonnations
—	291, 18e —	*éclairage*	—	éclairge
—	320, 27e —	*adressa*	—	adessa
—	343, 6e —	*bataillons*	—	batailons
—	352, 26e —	*contenus*	—	contenues

TOME DEUXIÈME

—	8, 30e —	*paternel*	—	parternel
—	36, 27e —	*enfin*	—	enfit

TABLE DES MATIÈRES

CONTENUES DANS LE DEUXIÈME VOLUME

✶✶✶✶✶ LA RÉPERCUSSION DE LA GUERRE SUR LA CITÉ

✻✻✻✻✻✻ LIVRE D'OR
DES HÉROS MONTBÉLIARDAIS

FIN DU TOME DEUXIÈME ET DERNIER

MAUVEAUX (Julien). **Le Fonds Beurnier aux Archives communales de Montbéliard**, 1919. in-8 . . . . **6 fr.**

MAUVEAUX (Julien) *(en collaboration avec L. NARDIN)*. **Histoire des Corporations d'arts et métiers des ville et comté de Montbéliard** et des seigneuries en dépendant, d'après les papiers inédits de ces sociétés et les archives de la Principauté, 1910, 2 in-8° et pl. de sceaux . . . . **15 fr.**

MAUVEAUX (Julien) *(en coll. avec le même)*. **Archives et Archivistes de la Principauté de Montbéliard**, avec portrait de Jacques Lœffler (1583-1638) chancelier de Montbéliard, 1918, in-8. . **6 fr.**

BARTHOU (Louis), de l'Académie Française. **La Bataille du Maroc** 1919, 1 vol. in-16 de 128 pages, br.. . . . . **3 fr.**

> Dans un saisissant raccourci, M. Louis Barthou, ancien président du Conseil et membre de l'Académie Française, qui vient de parcourir le Maroc, nous dit les résultats de la bataille qu'y livra et gagna le général Lyautey pendant la grande guerre. Il parle comme un témoin et résume dans un style vif et entraînant, en historien et en homme d'Etat, une œuvre de guerre et d'organisation politique que le grand public soupçonne sans la connaître parfaitement.
>
> La bataille du Maroc a été plus qu'aux rebelles, livrée aux Allemands qui, dès le débarquement de Guillaume II à Tanger, avaient pris la plus grande autorité dans les intérêts commerciaux, industriels, politiques du Maroc. Pas un Français ne devait sortir vivant de la Chaouïa au cas d'un conflit entre la France et l'Allemagne. Au mois d'août 1914, le général Lyautey recevait l'ordre d'évacuer les Européens sur la côte et de renvoyer en France toute la force militaire agissante. Il sut maintenir intégralement tout son front et, avec les moyens militaires les plus réduits, il combattit les dissidents soudoyés par l'Allemagne, encouragés par les agences de propagande et les centres d'espionnage. Toute cette partie de l'exposé de M. L. Barthou a l'intérêt d'un drame et se lit comme un roman.
>
> La bataille du Maroc a été conduite également sur le terrain économique et par une action politique extrêmement heureuse. Tandis qu'il faisait la guerre, le général Lyautey a préparé la paix, exécuté un vaste programme de travaux publics, assuré la conquête du marché marocain.
>
> Le livre de M. Barthou, d'un intérêt passionnant, est un guide des plus utiles pour tous ceux qui cherchent à se renseigner sur le Maroc. Il juge avec un rare bonheur d'expression et une pondération remarquable la grande œuvre française réalisée par le général Lyautey.

FRANCE (Anatole), de l'Académie française. **Sur la voie glorieuse.** 1915, un beau volume in-4 coquille, fac-similé. **4 fr. 20**
> A été publié au profit de l'Œuvre de la Fédération des Mutilés de la Guerre.

GOURMONT (Rémy de). **Pendant l'orage**, 1916, in-4 de 124 p., planc. . . . . **6 fr.**
> A été publié au profit de l'Œuvre des Prisonniers de guerre.

MAURRAS (Charles), **L'Etang de Berre**, in-8°, écu, nouvelle édition . . . . **10 fr.**

MULLER (Daniel), **Les rentes viagères de Voltaire**. *Sous presse.*

Montbéliard. — Sté An^me d'Imprimerie Montbéliardaise.